中級微觀
經濟學（第二版）

主編 李毅 張樹民

前　言

便於教學使用是我們編寫本教材的核心思路。為此,本教材具有了如下特徵:①摒棄一些教材章節過多、過於分散的弊病,把全部內容歸納為15章,非常適合在一學期之內教授或學習中級微觀經濟學課程使用。②很多教師在教學中發現,課堂講授時間不夠。實際上,更有效率的教學方式是課堂教學和課后學習相結合。但這就需要所選擇的教材表述準確,敘述詳盡,易於理解。本教材恰好按照此要求編寫而成。③一個最終拿到經濟學博士學位的人在求學過程中可能依次學習過微觀經濟學、中級微觀經濟學和高級微觀經濟學三門課程。這就要求為中級微觀經濟學課程編寫的教材的內容必須適中,能夠使初學過微觀經濟學的人有所收獲,而又可為準備學習高級微觀經濟學的人提供必需的基礎。本教材就按此要求編寫而成。④掌握中級微觀經濟學的重要方法是做一些必要的練習。為此,我們專門編寫了本教材的配套讀物《中級微觀經濟學學習指南》。本教材每章后面的課后思考題都在該學習指南中作為例題給出了詳細的分析過程。

本書已在 2008 年出了第一版。本書一經推出,受到了廣大讀者的歡迎,但也有很多讀者指出了其中的錯誤和不足。在此基礎上,本書作者做了相應的調整和修改。在修改時我們做了如下考慮:①盡量保持第一版的風格,仍然分為15章,難度也大致保持不變。②對個別知識點做了調整,對一些錯誤的地方做了修正。③對應的《中級微觀經濟學學習指南》也做了相應調整,並刪減了部分不合適宜的題目,增加了一些新的題目。

本教材第一版的編寫分工如下:李毅負責第一章至第六章,張樹民負責第七至第十二章,吳開超與屈改柳負責第十三至第十五章。第二版的修改由李毅完成。在這裡特別需要指出的是,第一版中的主編之一張樹民因病於 2010 年去世,這本書的形成曾經凝聚了他大量心血,這次改版也算對他在天之靈的告慰。

本教材的編者長期從事此課程的教學工作,累積了豐富的經驗和教學素材。實際上,本教材就是在我們教學講義的基礎上整理而成的。但是,我們必須向以下教材

的作者致謝。長期以來,這些優秀的教材都是我們基礎知識和思想靈感的源泉。這些教材包括:《微觀經濟學:現代觀點》《微觀經濟理論:基本原理與擴展》,等等,請恕我們不在此一一列舉。

由於水平所限,也可能由於疏忽所致,教材中的錯誤之處可能難以避免,敬請讀者批評指正,並提供寶貴的修改意見。

編　者

目　　錄

第一章　最優化方法 ……………………………………………………（ 1 ）

　　第一節　集合和函數的基本概念 ……………………………………（ 1 ）

　　第二節　微分和求導 …………………………………………………（ 2 ）

　　第三節　最優化 ………………………………………………………（ 5 ）

　　復習思考題 ……………………………………………………………（ 9 ）

第二章　偏好與效用 ……………………………………………………（ 10 ）

　　第一節　商品與預算集 ………………………………………………（ 10 ）

　　第二節　偏好與無差異曲線 …………………………………………（ 13 ）

　　第三節　效用函數 ……………………………………………………（ 19 ）

　　復習思考題 ……………………………………………………………（ 23 ）

第三章　效用最大化和支出最小化 ……………………………………（ 24 ）

　　第一節　效用最大化 …………………………………………………（ 24 ）

　　第二節　支出最小化 …………………………………………………（ 30 ）

　　復習思考題 ……………………………………………………………（ 34 ）

第四章　比較靜態和福利分析 …………………………………………（ 35 ）

　　第一節　收入變化和價格變化分析 …………………………………（ 35 ）

　　第二節　收入效應和替代效應 ………………………………………（ 37 ）

　　第三節　彈性 …………………………………………………………（ 42 ）

　　第四節　消費者福利變化的度量 ……………………………………（ 45 ）

　　復習思考題 ……………………………………………………………（ 47 ）

第五章　具有初始稟賦的消費者行為 …………………………………（ 48 ）

　　第一節　基本理論 ……………………………………………………（ 48 ）

　　第二節　勞動供給的選擇 ……………………………………………（ 54 ）

第三節　跨期選擇 …………………………………………………………（56）
　　　復習思考題 ………………………………………………………………（60）

第六章　不確定條件下消費者行為選擇 ………………………………………（61）
　　　第一節　基本概念 …………………………………………………………（61）
　　　第二節　期望效用函數 ……………………………………………………（62）
　　　第三節　不確定性條件下的最優選擇 ……………………………………（66）
　　　復習思考題 ………………………………………………………………（69）

第七章　生產者行為理論 ………………………………………………………（70）
　　　第一節　生產技術 …………………………………………………………（70）
　　　第二節　成本最小化 ………………………………………………………（74）
　　　第三節　利潤最大化 ………………………………………………………（80）
　　　復習思考題 ………………………………………………………………（84）

第八章　完全競爭市場局部均衡與福利 ………………………………………（85）
　　　第一節　市場均衡 …………………………………………………………（85）
　　　第二節　資源配置與市場福利 ……………………………………………（91）
　　　復習思考題 ………………………………………………………………（95）

第九章　完全競爭市場一般均衡與福利 ………………………………………（96）
　　　第一節　交換 ………………………………………………………………（96）
　　　第二節　生產 ………………………………………………………………（105）
　　　第三節　生產與交換 ………………………………………………………（109）
　　　復習思考題 ………………………………………………………………（112）

第十章　壟斷 ……………………………………………………………………（113）
　　　第一節　線性定價模型 ……………………………………………………（113）
　　　第二節　價格歧視 …………………………………………………………（116）
　　　第三節　自然壟斷及治理 …………………………………………………（122）
　　　復習思考題 ………………………………………………………………（124）

第十一章　寡頭市場 ……………………………………………………………（125）
　　　第一節　合作的寡頭——卡特爾模型 ……………………………………（126）

第二節　競爭的寡頭模型 …………………………………………（128）

　　第三節　無限次重複性的相互作用與默契合謀 ………………（133）

　　復習思考題 ………………………………………………………（135）

第十二章　博弈論基礎 ……………………………………………（136）

　　第一節　完全信息靜態博弈 ……………………………………（137）

　　第二節　完全信息動態博弈 ……………………………………（144）

　　復習思考題 ………………………………………………………（151）

第十三章　外部性和公共物品 ……………………………………（152）

　　第一節　生產的外部性 …………………………………………（152）

　　第二節　消費的外部性 …………………………………………（157）

　　第三節　公地的悲劇 ……………………………………………（162）

　　第四節　公共物品 ………………………………………………（163）

　　復習思考題 ………………………………………………………（168）

第十四章　不對稱信息 ……………………………………………（170）

　　第一節　次品市場的逆向選擇 …………………………………（170）

　　第二節　文憑信號模型 …………………………………………（173）

　　第三節　道德風險與激勵 ………………………………………（174）

　　第四節　保險市場 ………………………………………………（176）

　　復習思考題 ………………………………………………………（180）

第十五章　社會福利與公共選擇 …………………………………（181）

　　第一節　社會選擇 ………………………………………………（181）

　　第二節　社會福利函數 …………………………………………（183）

　　第三節　公平配置 ………………………………………………（186）

　　復習思考題 ………………………………………………………（187）

第一章　最優化方法

在現代經濟學中,會用到一些數學知識,特別是最優化的方法。本章會對本教材用到的一些數學工具加以簡單的介紹,特別是關於函數、微積分和最優化理論的相關知識。我們在介紹數學知識的時候,更多的是注重對經濟學的應用,不追求數學的完整性和嚴謹性。

第一節　集合和函數的基本概念

集合是指由所有對象組成的全體,集合中的每一個對象稱為元素。通常用 X 表示集合,用 x 表示集合中的元素。在經濟學中用的最多的集合就是實數集 R,有時候我們也會用到正實數集 R^+。在經濟學中往往要用到 n 維的實數集 R^n 和 n 維正實數集 R^n_+。比如,在本教材中經常用到的由兩種商品組成的商品集 $X = \{x \mid x = (x_1, x_2), x_1 \geq 0, x_2 \geq 0\}$ 就是一個二維實數集。

在經濟分析中有一類集合顯得非常重要,這類集合為凸集。若集合 X 中的任意兩點 x^a, x^b,對每一個 $t \in [0, 1]$,點 $x^t = tx^a + (1-t)x^b$ 也屬於集合 X,則稱 X 為凸集。

現在以一個二維集合為例來看看凸集。如果 $X = \{x \mid x = (x_1, x_2)\}$ 是凸集,那麼意味著對於任意兩點 $x^a = (x_1^a, x_2^a) \in X$ 和 $x^b = (x_1^b, x_2^b) \in X$,點 $x^t = (tx_1^a + (1-t)x_1^b, tx_2^a + (1-t)x_2^b) \in X$。圖 1-1 是關於凸集的直觀圖示:

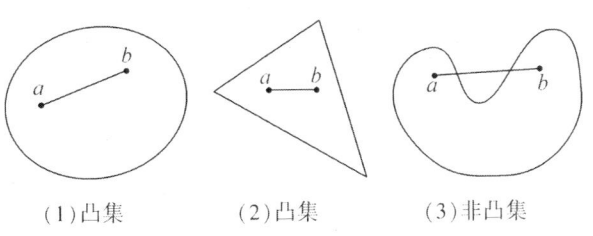

(1)凸集　　(2)凸集　　(3)非凸集

圖 1-1　集合圖示

在圖 1-1 中,(1)、(2)都是凸集,而(3)不是。從圖形上判別一個集合是不是凸集,就看這個集合中任意兩點的連線是否都在這個集合內。如果在集合內,那麼這個

集合就是凸集,否則就不是。

函數是指數學中的一種對應關係。具體說,設 X 是一個非空集合,Y 是一個非空數集,f 是對應法則,若對 X 中的每個 x,按對應法則 f,使 Y 中存在唯一的一個元素 y 與之對應,則稱對應法則 f 是 X 上的一個函數,記作 $y = f(x)$,稱 X 為函數 $f(x)$ 的定義域,集合 $\{y \mid y = f(x), x \in X\}$ 為其值域(值域是 Y 的子集),x 叫作自變量,y 叫作因變量,習慣上也說 y 是 x 的函數。

本教材中常用的函數是一元函數 $y = f(x)$ 和二元函數 $y = f(x_1, x_2)$。這些函數在數學中都屬於顯函數,因為 y 都可以由 x 顯性表示出來。還有一類函數稱為隱函數,即 y 沒有由 x 顯性表示出來,其一般形式為 $F(x, y) = 0$。

第二節 微分和求導

微分和求導在經濟學中的運用非常廣泛。在本教材中,用得最多的是一元函數和二元函數的求導和微分,而且經濟學中求導一般不超過二階,因此這裡重點講解一元函數和二元函數的一階導數和二階導數。

一、一元函數的導數和微分

假設一元函數 $y = f(x)$ 在 x_0 點的附近 $(x_0 - \varepsilon, x_0 + \varepsilon)$ 內有定義,當自變量的增量 $\Delta x = x - x_0 \to 0$ 時,函數值的增量 $\Delta y = f(x) - f(x_0)$ 與自變量增量比值 $\frac{\Delta y}{\Delta x}$ 的極限存在且有限,就說函數 f 在 x_0 點可導,並稱之為 f 在 x_0 點的一階導數(或變化率)。若函數 f 在定義域內的每一點都可導,便得到一個在定義域上的新函數,記作 $f'(x)$,f',y' 或者 dy/dx,稱為 f 的導函數,簡稱為導數。函數 $y = f(x)$ 在 x_0 點的導數 $f'(x_0)$ 的幾何意義為:曲線在點 $(x_0, f(x_0))$ 的切線的斜率。

$y = f(x)$ 的微分表示為 dy,$dy = f'(x) dx$。

下面給出經濟學中常見函數的導數:

(1) $y = C$(C 為常數) $y' = 0$

(2) $y = x^a$ $y' = a\, x^{a-1}$

(3) $y = \ln x$ $y' = 1/x$

(4) $y = a^x$ $y' = a^x \ln a$

特別地

    $y = e^x$ $y' = e^x$

以下是函數的和、差、積、商的求導法則:

(1) $y = f(x) + g(x)$ $\quad\quad\quad y' = f'(x) + g'(x)$

(2) $y = f(x) - g(x)$ $\quad\quad\quad y' = f'(x) - g'(x)$

(3) $y = f(x)g(x)$ $\quad\quad\quad\quad y' = f'(x)g(x) + f(x)g'(x)$

(4) $y = f(x)/g(x)$ $\quad\quad\quad\, y' = [f'(x)g(x) - f(x)g'(x)]/g^2(x)$

複合函數的求導法則：

$y = f(g(x))$ $\quad\quad\quad\quad\quad y' = f'(g(x))g'(x)$

反函數的求導法則：

如果 $y = f(x)$ 的反函數為 $x = h(y)$，則有

$$f'(x) = \frac{1}{h'(y)} \quad\quad\quad \frac{dy}{dx} = \frac{1}{dx/dy}$$

一元函數 $y = f(x)$ 的一階導數是求導的基礎，必須熟練掌握。接下來，我們討論一元函數的二階導數。一元函數的一階導數實際上也是自變量 x 的函數，所以可以對一階導數再次求導，就可以得到一元函數的二階導數，我們記為 y''，$f''(x)$，d^2y/dx^2。

同樣我們可以得到二階全微分 $d^2y = f''(x)dx^2$。

直觀來看，二階導數就是變化率的變化率，在曲線上就是斜率的變化率。實際上二階導數的大小可以用來表徵函數或圖形的凹凸性。關於函數的凹凸性，後面的章節有專門的介紹。

二、二元函數的導數和微分

（一）一階偏導數和一階全微分

設有二元函數 $y = f(x_1, x_2)$，因此 y 的變化由 x_1, x_2 的變化所引起，這時對二元函數求導就有兩個導數，我們稱為一階偏導數。具體而言，y 對 x_1 的一階偏導數是指當 x_2 保持不變時，y 的變化量 Δy 與 x_1 的變化量 Δx_1 的比值的極限，記為 $\partial y/\partial x_1$，$\partial f/\partial x_1$，f'_1 或 f_1。同理，我們也可以得到 y 對 x_2 的一階偏導數，記為 $\partial y/\partial x_2$，$\partial f/\partial x_2$，f'_2 或 f_2。

計算一階偏導數的方法很簡單，只要把其他變量看作常數，剩下的就相當於對要求的自變量求一階導數。

例1：求函數 $z = x/y + y\ln x$ 的偏導數。

解：求 z 對 x 的偏導數時，把 y 看作常數，有

$$\frac{\partial z}{\partial x} = \frac{1}{y} + \frac{y}{x}$$

同理有

$$\frac{\partial z}{\partial y} = -\frac{x}{y^2} + \ln x$$

一階偏導數在經濟學中有很強的經濟解釋。經濟學中邊際的概念就是用一階偏導數來表示的。經濟學中邊際的概念是指在保持其他條件不變的情況下，自變量的變化對因變量變化的影響，這正好對應著數學中一階偏導的定義。例如經濟學中的邊際效用無非就是效用函數的一階偏導，資本的邊際收益就是總收益函數對資本量的一階偏導。

偏導數是指其他變量不變時，某個自變量變化對因變量變化的影響。但因變量變化往往是由多個自變量變化所引起的，為了說明這種情況，就有了全微分的概念。二元函數 $y = f(x_1, x_2)$ 的全微分為

$$dy = \frac{\partial y}{\partial x_1}dx_1 + \frac{\partial y}{\partial x_2}dx_2$$

例2： 求例1中函數的全微分。

解： 根據例1的結果有

$$dz = \left(\frac{1}{y} + \frac{y}{x}\right)dx + \left(-\frac{x}{y^2} + \ln x\right)dy$$

有了二元函數的偏導數和全微分，我們就可以求解隱函數的導數。

設有隱函數 $F(x,y) = 0$，實際上這裡隱含著 y 是 x 的函數，那麼 y 對 x 的導數為

$$\frac{dy}{dx} = -\frac{(\partial F/\partial x)}{(\partial F/\partial y)}$$

證明： 因為 $F(x,y) = 0$

兩邊求全微分 $dF(x,y) = 0$，即

$$\partial F/\partial x dx + \partial F/\partial y dy = 0$$

變形后得到上述結論。

(二) 二階偏導數和二階全微分

二元函數 $y = f(x_1, x_2)$ 的二階偏導數一共有四個，分別是 y 對 x_1 的二階偏導數，記為 $\partial^2 y/\partial x_1^2$，$f''_{11}$ 或 f_{11}；y 對 x_2 的二階偏導數，記為 $\partial^2 y/\partial x_2^2$，$f''_{22}$ 或 f_{22}；y 對 x_1 和 x_2 的二階混合偏導數，記為 $\frac{\partial^2 y}{\partial x_1 \partial x_2}$，$f''_{12}$ 或 f_{12}；y 對 x_2 和 x_1 的二階混合偏導數，記為 $\frac{\partial^2 y}{\partial x_2 \partial x_1}$，$f''_{21}$ 或 f_{21}。

楊氏定理： 若 $\frac{\partial^2 y}{\partial x_1 \partial x_2}$ 和 $\frac{\partial^2 y}{\partial x_2 \partial x_1}$ 連續，則兩者相等，即

$$\frac{\partial^2 y}{\partial x_1 \partial x_2} = \frac{\partial^2 y}{\partial x_2 \partial x_1} \text{或} f_{12} = f_{21}$$

二階(偏)導數在經濟學中都是表示變化率的變化率，在經濟學中就可以用二階(偏)導數來表示邊際的變化率，比如用來表示邊際效用遞減或者邊際成本遞增等。

我們也可以得到二階全微分，用 d^2y 表示，代表 y 的一階全微分后的再次全微分

$$d^2y = f_{11}d x_1^2 + 2f_{12}dx_1 dx_2 + f_{22}d x_2^2$$

證明： $dy = \partial y/\partial x_1 dx_1 + \partial y/\partial x_2 dx_2 = f_1 dx_1 + f_2 dx_2$

$$d^2y = d(dy)$$
$$= (f_{11}dx_1 + f_{12}dx_2)dx_1 + (f_{21}dx_1 + f_{22}dx_2)dx_2$$
$$= f_{11}dx_1^2 + f_{12}dx_1 dx_2 + f_{21}dx_1 dx_2 + f_{22}dx_2^2$$

根據楊氏定理，最后得到

$$d^2y = f_{11}dx_1^2 + 2f_{12}dx_1 dx_2 + f_{22}dx_2^2$$

(三) 齊次函數

若函數 $y = f(x_1, x_2)$ 對於任意的 $t > 0$，有 $f(tx_1, tx_2) = t^k f(x_1, x_2)$，則稱函數 $y = f(x_1, x_2)$ 為 k 次齊次函數。在經濟學中，常用的齊次函數為零次齊次函數和一次齊次函數。

齊次函數中有一個很重要的定理——歐拉公式在經濟學中非常有用，介紹如下：

歐拉公式： 若 $y = f(x_1, x_2)$ 是 k 次齊次函數，則有

$$f_1 \cdot x_1 + f_2 \cdot x_2 = k f(x_1, x_2)$$

證明： 因為 $f(tx_1, tx_2) = t^k f(x_1, x_2)$

兩邊同時對 t 求導，得

$$\frac{\partial f(tx_1, tx_2)}{\partial (tx_1)} x_1 + \frac{\partial f(tx_1, tx_2)}{\partial (tx_2)} x_2 = k t^{k-1} f(x_1, x_2)$$

令 $t = 1$，則上式變為

$$f_1 \cdot x_1 + f_2 \cdot x_2 = k f(x_1, x_2)$$

當 $k = 1$，$f_1 \cdot x_1 + f_2 \cdot x_2 = f(x_1, x_2)$；

當 $k = 0$，$f_1 \cdot x_1 + f_2 \cdot x_2 = 0$。

第三節　最優化

在經濟學中，經常要碰到效用最大化、成本最小化、利潤最大化等問題，這些問題都是要求極(最)大值或極(最)小值，統統都可以歸結為最優化問題。現在我們就來學習一些基本的最優化的方法。

一、無約束的最優化

(一) 一元函數的最優化

一元函數的最優化問題比較簡單，但對后面的最優化問題有很強的啟示，我們先討論最大化問題 $\max y = f(x)$。

我們知道,當上式實現最大化時,必須滿足一階條件和二階條件,一階條件是必要條件,二階條件是充分條件。

一階條件:當 x^* 為最優解時,有 $f'(x^*)=0$

二階條件:當 x 為 x^* 時,$d^2y<0$,即 $f''(x^*)<0$

$f''(x)<0$ 實際上要求函數為凹函數。

對於最小化問題 $\min y=f(x)$。

一階條件:當 x^* 為最優解時,有 $f'(x^*)=0$

二階條件:當 x 為 x^* 時,$d^2y>0$,即 $f''(x^*)>0$

$f''(x)>0$ 實際上要求函數為凸函數。

(二)二元函數的最優化

對於最大化問題 $\max y=f(x_1,x_2)$。

一階條件:當 (x_1^*,x_2^*) 為最優解時,有

$$f_1(x_1^*,x_2^*)=f_2(x_1^*,x_2^*)=0$$

二階條件:當 x 為 (x_1^*,x_2^*) 時,有 $f_{11}<0$ 且 $f_{11}f_{22}-f_{12}^2>0$

現在來證明二階條件:

當 (x_1^*,x_2^*) 滿足一階條件時,並不一定能實現 y 的最大化,必須要滿足二階條件才能使 y 取得最大值,二階條件的要求是 $d^2y<0$。

$$d^2y=f_{11}dx_1^2+2f_{12}dx_1dx_2+f_{22}dx_2^2$$

$$=f_{11}\left(dx_1+\frac{f_{12}}{f_{11}}\right)^2+\frac{f_{11}f_{22}-f_{12}^2}{f_{11}}(dx_2)^2$$

要 $d^2y<0$ 就必須要有

$$f_{11}<0 \text{ 且 } (f_{11}f_{22}-f_{12}^2)/f_{11}<0$$

即

$$f_{11}<0 \text{ 且 } f_{11}f_{22}-f_{12}^2>0$$

因為 $f_{11}f_{22}-f_{12}^2=\begin{vmatrix}f_{11}&f_{12}\\f_{21}&f_{22}\end{vmatrix}$,所以二階條件也可以寫成

$$f_{11}<0 \text{ 且 } \begin{vmatrix}f_{11}&f_{12}\\f_{21}&f_{22}\end{vmatrix}>0$$

經濟學中,$\begin{vmatrix}f_{11}&f_{12}\\f_{21}&f_{22}\end{vmatrix}$ 被稱為海塞行列式,用 H 表示。

對於最小化問題 $\min y=f(x_1,x_2)$。

一階條件:當 (x_1^*,x_2^*) 為最優解時,有

$$f_1(x_1^*,x_2^*)=f_2(x_1^*,x_2^*)=0$$

二階條件：當 x 為 (x_1^*, x_2^*) 時,有 $f_{11} > 0$ 且 $f_{11}f_{22} - f_{12}^2 > 0$,或者

$$f_{11} > 0 \text{ 且 } \begin{vmatrix} f_{11} & f_{12} \\ f_{21} & f_{22} \end{vmatrix} > 0$$

(三)函數的凹凸性

當函數為凹函數時,函數可以取得最大值;當函數為凸函數時,函數可以取得最小值,如圖1-2所示：

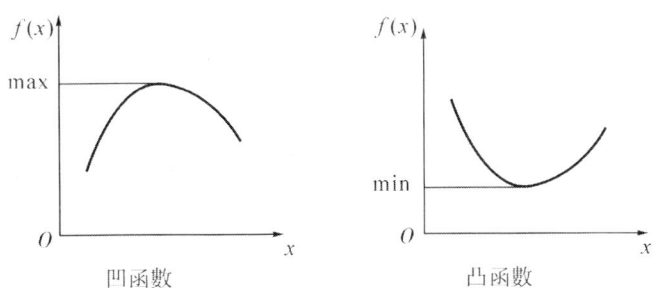

圖1-2 凹、凸函數的最值

現在我們就給出函數凹凸性的定義：

$$\text{函數 } y = f(x_1, x_2)$$

定義1： 對於任意兩點 $x^a = (x_1^a, x_2^a)$ 和 $x^b = (x_1^b, x_2^b)$,

如果 $\theta f(x_1^a, x_2^a) + (1-\theta)f(x_1^b, x_2^b) \leq f[\theta x_1^a + (1-\theta)x_1^b, \theta x_2^a + (1-\theta)x_2^b]$,那麼 $f(x_1, x_2)$ 為凹函數。

如果 $\theta f(x_1^a, x_2^a) + (1-\theta)f(x_1^b, x_2^b) \geq f[\theta x_1^a + (1-\theta)x_1^b, \theta x_2^a + (1-\theta)x_2^b]$,那麼 $f(x_1, x_2)$ 為凸函數。

其中 $\theta \in [0, 1]$。當不等於嚴格成立時,稱 $f(x_1, x_2)$ 為嚴格凹(凸)函數。

從圖形上看,當曲線上任意兩點的連線都在曲線的下方時,函數為凹函數。當曲線上任意兩點的連線都在曲線的上方時,函數為凸函數,如圖1-3所示。

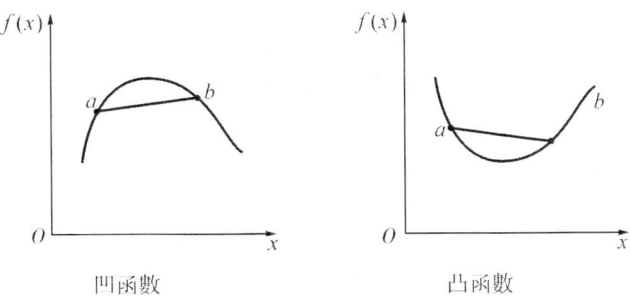

圖1-3 凹、凸函數的判定

定義2：當函數 $y=f(x_1,x_2)$ 可導時，

若 $f_{11}<0$ 且 $f_{11}f_{22}-f_{12}^2>0$，則 $f(x_1,x_2)$ 為凹函數。

若 $f_{11}>0$ 且 $f_{11}f_{22}-f_{12}^2>0$，則 $f(x_1,x_2)$ 為凸函數。

比較這個定義和前面最優化問題的二階條件，我們就可以看到，兩者是一樣的。換句話說，當函數為凹(凸)函數時，函數就自動滿足了最大(小)值的二階條件了。

(四) 帶參變量的最優化及包絡定理

現在要求的最大化問題為 $\max y=f(x_1,x_2,a)$，其中 a 為參數。

根據一階條件有

$$\partial f(x_1,x_2,a)/\partial x_1 = 0$$

$$\partial f(x_1,x_2,a)/\partial x_2 = 0$$

由上兩式可以求解得

$$x_1^* = x_1^*(a), x_2^* = x_2^*(a)$$

把最優解代入目標函數，得

$$y^* = f(x_1^*(a), x_2^*(a), a)$$

從上式得知最優值實際上是參數 a 的函數，即 $y^*=y^*(a)$，我們把這個函數稱為值函數。現在我們想看看參數 a 的變化對值函數的影響，即求 dy^*/da。

$$\frac{dy^*}{da} = \left[\frac{\partial f(x_1,x_2,a)}{\partial x_1}\frac{\partial x_1}{\partial a} + \frac{\partial f(x_1,x_2,a)}{\partial x_2}\frac{\partial x_2}{\partial a} + \frac{\partial f(x_1,x_2,a)}{\partial a}\right]_{(x_1^*,x_2^*)}$$

由一階條件可知，前兩項為 0，則

$$\frac{\partial y^*}{\partial a} = \frac{\partial f(x_1,x_2,a)}{\partial a}\bigg|_{(x_1^*,x_2^*)}$$

這說明值函數對參變量求導就等於原函數直接對參變量求導，這就是所謂的包絡定理。包絡定理在今后的章節中大量運用，可以大大簡化我們的運算。

二、等式約束下的最優化

很大一部分經濟學中的最優化問題是有約束條件的最優化問題，特別是等式約束下的最優化非常普遍。本部分探討求解等式約束下的最優化的方法和需要滿足的條件，不給出過多的證明。

等式約束下的最大化問題的一般形式為

$$\max y = f(x_1,x_2)$$

$$\text{s.t. } g(x_1,x_2) = c$$

求解這個問題的一般方法為拉格朗日乘數法，構造拉格朗日函數

$$L = f(x_1,x_2) + \lambda[c - g(x_1,x_2)]$$

一階條件為

$$\partial L/\partial x_1 = f_1 - \lambda g_1 = 0$$
$$\partial L/\partial x_2 = f_2 - \lambda g_2 = 0$$
$$\partial L/\partial \lambda = c - g(x_1, x_2) = 0$$

前面兩個等式可以合為一個,即
$$f_1/g_1 = f_2/g_2 = \lambda$$

二階條件為
$$H = \begin{vmatrix} 0 & g_1 & g_2 \\ g_1 & L_{11} & L_{12} \\ g_2 & L_{21} & L_{22} \end{vmatrix} > 0$$

我們把 $\overline{H}$ 稱為加邊的海塞行列式。

對於等式約束下的最小化問題:
$$\min y = f(x_1, x_2)$$
$$\text{s. t. } g(x_1, x_2) = c$$

構造拉格朗日函數
$$L = f(x_1, x_2) + \lambda[c - g(x_1, x_2)]$$

一階條件為
$$\partial L/\partial x_1 = f_1 - \lambda g_1 = 0$$
$$\partial L/\partial x_2 = f_2 - \lambda g_2 = 0$$
$$\partial L/\partial \lambda = c - g(x_1, x_2) = 0$$

二階條件為加邊的海塞行列式小於 0,即 $\overline{H} < 0$。

復習思考題

1. $u = f(x^2 y, x/y^2)$,求 u 的一階偏導數和全微分。
2. 求題 1 中的函數的所有二階偏導數。
3. 函數 $y = x_1^a x_2^b$ 是否是齊次函數? 如果是,請驗證歐拉公式。
4. 求函數 $z = x + 2ey - e^x - e^{2y}$ 的極值,並且判斷是極大值還是極小值。
5. 求下列問題的解:
$$\max y = x_1^2 x_2$$
$$\text{s. t. } 5x_1 + 2x_2 = 300$$

第二章 偏好與效用

在經濟學中關於消費者的一個最基本的假設就是消費者都是理性的,理性的消費者就是要在可選擇的範圍內實現自身效用的最大化。什麼是消費者可選擇的範圍?什麼是消費者的偏好和效用?應該如何表示消費者的偏好?這些就是本章需要研究的問題。而如何實現效用最大化,我們留在下一章討論。

第一節 商品與預算集

一、商品和消費束

在生活中,消費者總是選擇各種各樣的商品來滿足自身的欲望,比如衣服、食品等。經濟學把這種現象抽象出來,認為商品是指在市場上可以買到的各種物品和勞務,是消費者選擇的基本對象。消費者實際上選擇的是一個商品組合。這個商品組合是一系列商品數量的列表,可叫作消費束。如果在經濟中有 n 種商品,那麼消費束就可以用一個向量 x 來表示:

$$x = (x_1, x_2 \cdots, x_n)$$

其中,x_i 是第 i 種商品的數量。

在今后的分析中,為了簡化,我們往往用兩種商品進行分析,那麼消費束就變為了 $x = (x_1, x_2)$。

在經濟學中,商品的概念是比較廣泛的。不同時間、不同地點和不同自然狀態下的商品在不同的分析中都可以視為不同的商品。比如,今天的麵包和明天的麵包,我們可以看作兩種不同的商品;又比如,上海的椅子和成都的椅子,我們可以視為不同的商品。關於商品的概念,在今后的學習中我們可以慢慢地理解和擴展。

二、預算集和預算線

消費者總是希望選擇盡可能多的商品,但是面臨著一個最基本的約束,那就是他的收入水平。因為消費者的收入總是有限的,所以他只能在其收入許可的範圍內進行消費。假設經濟中只有兩種商品,其市場價格分別為 p_1 和 p_2,消費者的收入為 y,

那麼消費者所面臨的收入約束(又稱為預算約束)可以表示為：
$$p_1 x_1 + p_2 x_2 \leq y$$

在收入約束下，消費者能夠買得起的(x_1, x_2)所組成的集合稱為預算集，如圖2-1所示的陰影部分面積。預算集的邊界稱為預算線，如圖2-1所示的那條黑色粗斜線，代表消費者剛好花完其收入的那些消費束。預算線方程可以表示為$p_1 x_1 + p_2 x_2 = y$，變形為$x_2 = \dfrac{y}{p_2} - \dfrac{p_1}{p_2} x_1$。預算線與縱軸的交點為$y/p_2$，代表著如果消費者把全部的收入都用於購買第二種商品時所能購買的第二種商品的最大數量。同理，預算線與橫軸的交點為y/p_1，代表消費者把全部的收入都用於購買第一種商品時所能購買的第一種商品的最大數量。預算線的斜率$\Delta x_2 / \Delta x_1 = -p_1/p_2$。這個斜率始終是個負數，代表著消費者面臨預算約束時，這兩種商品在市場上的一種替代關係，替代的比率就是兩種商品的價格之比。換句話說，消費者想多購買1個第一種商品，就必須少購買p_1/p_2個第二種商品，才能保持預算的平衡。

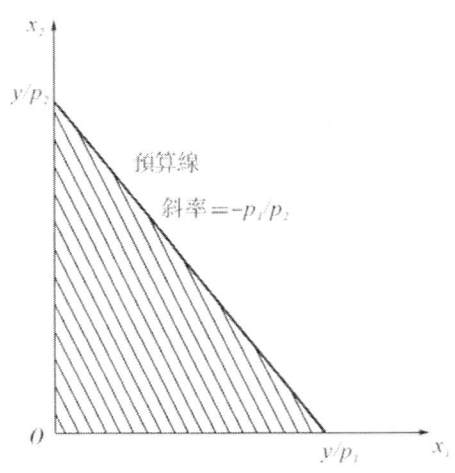

圖2-1　預算集與預算線

三、預算線的移動

由於商品價格的變化或消費者收入的變化，預算線都會發生改變和移動。在經濟學裡，最常見的是以下兩種變化：一是消費者的收入發生改變，而商品價格不發生變化。這時由於商品價格沒有發生改變，預算線的斜率也不會發生改變，改變的是預算線與橫軸和縱軸的交點。換句話說，預算線會發生平移。當收入增加時，預算線會向外平移；而當收入減少時，預算線會向內平移(見圖2-2)。另外一種情況是，收入不發生改變，而價格變化，但是只有一種價格變化。我們看一種具體的情形，消費者的收入y不變，第二種商品的價格p_2也不變，變化的只有第一種商品的價格。比如，

商品 1 的價格由原來的 p_1 降低到 p_1'，預算線就變為 $x_2 = \dfrac{y}{p_2} - \dfrac{p_1'}{p_2}x_1$，此時預算線的斜率由 $-\dfrac{p_1}{p_2}$ 變為了 $-\dfrac{p_1'}{p_2}$，與橫軸的交點由 y/p_1 增大到 y/p_1'，而與縱軸的交點不會發生改變，始終保持在 y/p_2 點。從圖形上看，預算線圍繞著與縱軸的交點向外旋轉了（見圖 2-3）。如果商品 1 的價格上升了，那麼預算線就圍繞著與縱軸的交點向內旋轉。同理，如果只有商品 2 的價格變化，那麼預算線就會圍繞著與橫軸的交點向外或向內旋轉了。

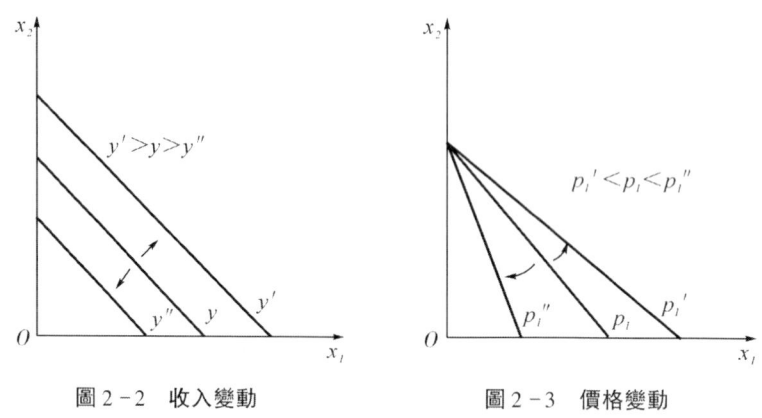

圖 2-2　收入變動　　　　　圖 2-3　價格變動

預算線的平移和旋轉是預算線的兩種最基本變化，預算線的平移往往意味著收入的改變，而預算線的旋轉往往意味著商品相對價格的變化。預算線更複雜的變化都可以分解為這兩種最基本變化，比如兩種商品價格同時發生變化，或者價格和收入同時發生變化所引起的預算線的移動，都可以分解為以上兩種基本變化。

在現實經濟中，政府往往會通過稅收或補貼的方式來影響消費者的預算約束，從而影響消費者的決策。在經濟學中稅收的方式有三種：①從量稅。它是指消費者每購買一個單位的商品都要支付一定數量的稅收。比如商品 1 的價格為 p_1，消費者每購買一個商品 1 就要支付數量 t 的稅，那麼徵稅后商品 1 的價格就成為 $(p_1 + t)$。顯然，從量稅會影響預算線的斜率，使預算線旋轉。②從價稅。它是指對消費者購買商品的價格而不是數量徵稅。比如商品 1 的價格為 p_1，如果從價稅的稅率為 τ，那麼徵稅后商品 1 的價格就變為 $p_1(1+\tau)$。同樣地，從價稅會影響預算線的斜率，使預算線旋轉。③總額稅。它是指無論消費者的行為如何，政府總要徵收一筆數量固定的稅額。總額稅實際上減少了消費者的貨幣收入，但不影響商品價格，因此預算線向內平移。

同樣地，補貼的方式也有三種：①從量補貼。它是指消費者每購買一個單位的商品都要給消費者一定金額的補助。②從價補貼。它是指對消費者購買商品的價格而不是數量進行補貼。③總額補貼。它是指無論消費者的行為如何，政府總是給消費者一筆數量固定的補貼。關於補貼對消費者預算線的影響，請讀者自己思考。

第二節　偏好與無差異曲線

一、偏好

消費者的偏好實際上是指消費者根據自身的願望對不同消費束進行的一個排序,我們記為 $\succeq$,對於任意兩個消費束 $x=(x_1,x_2)$ 和 $y=(y_1,y_2)$,如果有 $x \succeq y$,我們就說「x 至少和 y 一樣好」。

關於偏好最基本的假定就是偏好是理性的,一個理性的偏好必須滿足以下三個條件:

(1)完備性。完備性是指,對於任意的兩個消費束 x 和 y 都是可以比較的,要麼有 $x \succeq y$,要麼有 $y \succeq x$,或者兩者同時成立。

(2)反身性。反身性是指任意的消費束至少和本身一樣好,即 $x \succeq x$。

(3)傳遞性。傳遞性是指,對於任意的消費束 x,y,z,如果有 $x \succeq y, y \succeq z$,那麼有 $x \succeq z$。換句話說,如果 x 至少和 y 一樣好,y 至少和 z 一樣好,那麼消費者就認為 x 至少和 z 是一樣好的。

理性偏好是對消費者選擇行為一致性的一種規定,滿足理性偏好,就意味著消費者的選擇在邏輯上一致,不會出現混亂。假設一個消費者的偏好不是理性的,比如不滿足傳遞性,那麼會出現什麼情況呢? 也許這個消費者會認為,相對於梨子他更喜歡蘋果,相對於蘋果他更喜歡橘子,但相對於橘子他又更喜歡梨子,那麼大家都肯定覺得這個消費者很奇怪,而這個消費者面臨這三樣東西的時候也就無法選擇了。

除了「$\succeq$,至少一樣好」這個偏好關係以外,還有以下兩種偏好關係:

一種是嚴格偏好關係,用「$>$」來表示。其含義是:對任意兩個消費束 x,y,如果 $x \succeq y$,但不存在 $y \succeq x$,那麼 $x > y$,我們稱之為 x 嚴格偏好於 y。

另一種是無差異關係,用「$\sim$」來表示。其含義是:對於任意的兩個消費束 x,y,如果 $x \succeq y$,且 $y \succeq x$,那麼 $x \sim y$,我們稱之為 x 與 y 無差異。

有了這兩個定義后,我們可以看到,對於任意兩個消費束 x,y,要麼 $x > y$,要麼 $y > x$,要麼 $x \sim y$,三者必居其一。

二、無差異曲線——偏好的圖形描述

(一)無差異曲線

理性偏好的假定比較抽象,但經濟學裡可以用一個很直觀的工具來描繪理性偏好,這個工具就是「無差異曲線」。無差異曲線的描繪見圖 2-4。對於任意的消費束

$x=(x_1,x_2)$,由於理性偏好的完備性,我們就可以找到所有至少和 x 一樣好的消費束,這些消費束所構成的集合被稱為弱偏好集,見圖2-4的陰影部分。這個弱偏好集的邊界,代表著和 x 無差異的所有消費束,構成了無差異曲線,如圖2-4中的那條粗黑色的曲線。

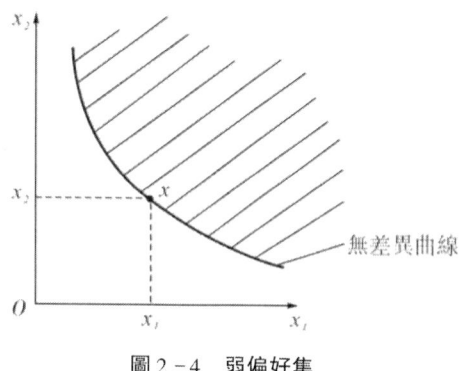

圖2-4　弱偏好集

根據無差異曲線的定義和做法,我們可以得知無差異曲線遍布整個坐標系的第一象限(見圖2-5)。每一個消費束總在一條特定的無差異曲線上,不同的無差異曲線代表著不同的偏好水平,故任意兩條無差異曲線不會相交。

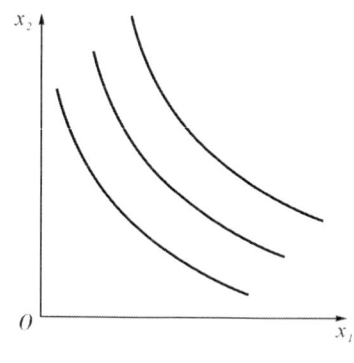

圖2-5　無差異曲線

(二)偏好的實例——一些具體的無差異曲線

對於理性的偏好,我們總可以繪出這個偏好的無差異曲線,現在我們來看看一些具體的偏好和對應的無差異曲線:

1. 完全替代品的偏好

如果消費者願意按固定比率用一種商品來替換另外一種商品,那麼這兩種商品就是完全替代品。我們舉個比較極端的例子,假設一個消費者對可樂的品牌沒有偏好,只要是可樂就可以,那麼若消費者初始有10個單位的可口可樂和10個單位的百事可樂,則他想增加一個單位的可口可樂,就必須減少一個單位的百事可樂,才能保持偏好水平的不變。換句話說,對這個消費者來說,10個單位的可口可樂和10個單

位的百事可樂的組合與 11 個單位的可口可樂和 9 個單位的百事可樂的組合是無差異的。實際上總數為 20 個單位的可樂與 10 個單位的可口可樂和 10 個單位的百事可樂的組合是無差異的。完全替代的偏好的無差異曲線如圖 2－6 所示。

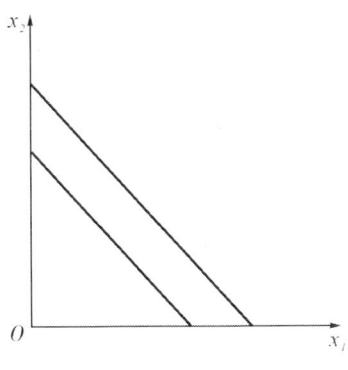

圖 2－6　完全替代品的偏好

2. 完全互補品的偏好

如果消費者始終以固定比例搭配使用兩種商品，那麼這兩種商品就是完全互補的商品。比如消費者穿的左腳鞋和右腳鞋就是完全互補的商品，其搭配比例為 1：1。如果只是增加右腳鞋的數量，而保持左腳鞋的數量不變，對消費者是無意義的。同理，如果只是增加左腳鞋的數量，而保持右腳鞋的數量不變，對消費者也是無意義的。因此，這時候消費者的無差異曲線就呈 L 形，如圖 2－7 所示。

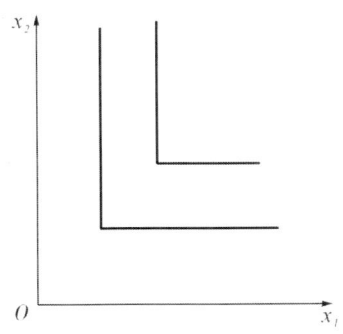

圖 2－7　完全互補品的偏好

3. 具有厭惡品的偏好

假設在消費者消費的商品中有一種是厭惡品，有一種是合意的商品。厭惡品是指消費者不喜歡的商品，厭惡品越多，消費者越不喜歡，而合意的商品就是消費者喜歡的商品，合意的商品越多，消費者越喜歡。這時候，無差異曲線呈什麼形狀呢？很明顯，如果消費者消費的厭惡品增多，那麼要保持偏好水平不變，就必須增加合意的商品的數量以抵消厭惡品的增加，此時消費者的無差異曲線是斜向上的，如圖 2－8

所示。

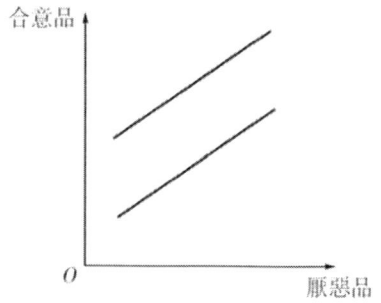

圖 2-8　具有厭惡品的偏好

4. 具有饜足情況的偏好

消費者的饜足情況是指消費者對商品的消費有一個最佳的消費束,越靠近這個消費束,消費者的偏好程度越高,越遠離這個消費束,消費者的偏好程度就越低。此時,消費者的無差異曲線如圖 2-9 所示。這個圖有點像地圖中的等高圖,無差異曲線就是一條條等高線,而饜足點就是最高點,消費者的偏好水平按箭頭所指方向增加。

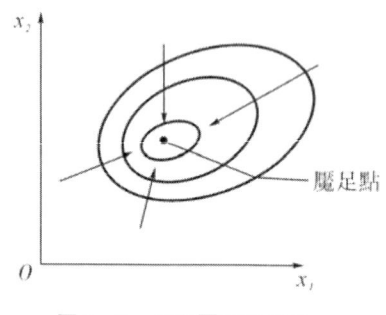

圖 2-9　具有饜足的偏好

(三)具有良好性狀的偏好

從上面的分析可以看到,消費者的偏好各式各樣,表現為消費者的無差異曲線也大不相同。但對經濟學研究最有意義的偏好是那些具有良好性狀的偏好。具有良好性狀的偏好具有以下性質:

1. 單調性

假設有兩個消費束 $x=(x_1,x_2)$ 和 $y=(y_1,y_2)$,如果 $x_1 \geq y_1$, $x_2 \geq y_2$,並且其中有一個至少嚴格大於,那麼 $x > y$,此時我們認為偏好滿足單調性。通俗地講,偏好的單調性就是消費者認為商品多多益善。換句話說,就是經濟學中考慮的是合意的商品,而不考慮厭惡品。

對於無差異曲線來說,單調性就意味著無差異曲線的斜率為負。也就是說,當增

加第一種商品 x_1 的數量時,必須減少第二種商品 x_2 的數量,才能保持消費者的偏好水平不變。這很容易理解,如果兩種商品的數量同時增加,那麼根據單調性,消費者的偏好水平必然會增加,偏好水平不能保持不變。因此我們也馬上可以得到無差異曲線的另外一個性質:單調性意味著,無差異曲線越遠離原點,代表的偏好水平越高,具體請見圖2-10,箭頭方向代表偏好水平越高。

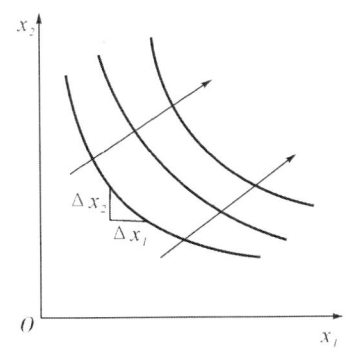

圖2-10　單調性偏好

同時,單調性也意味著預算約束一定取等式,即 $p_1 x_1 + p_2 x_2 = y$ 成立,也就是說消費者一定會花光其收入。這很容易理解,如果消費者收入還有剩餘,那麼他可以同時增加對兩種商品的購買。根據單調性,其偏好水平也越來越高,直到其收入用完,不能再同時增加對兩種商品的消費為止。

2. 凸性

偏好的凸性是指對任意的消費束 $x = (x_1, x_2)$,其弱偏好集是凸集。如圖2-11所示的偏好就是凸性偏好,具體來說,就是對於任意兩個無差異的消費束 $x = (x_1, x_2)$ 和 $y = (y_1, y_2)$,x, y 的所有加權平均消費束都弱偏好於 x 或 y。從圖形上看,就是點 x 和點 y 的連線都在 x 的弱偏好集內;從數學上講,就是對於任意的 $0 < t < 1$,$(t x_1 + (1-t)y_1, t x_2 + (1-t)y_2) \succeq x$。從圖形上看,凸性偏好的無差異曲線是凸向原點的,且圖2-11的無差異曲線很明顯地表明了這點。為了比較,我們還畫出了一個非凸的偏好,請見圖2-12。

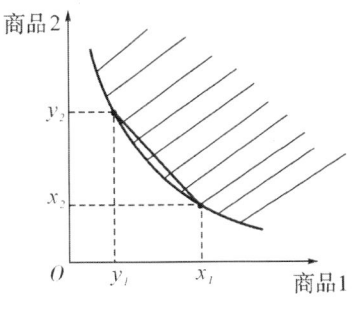　　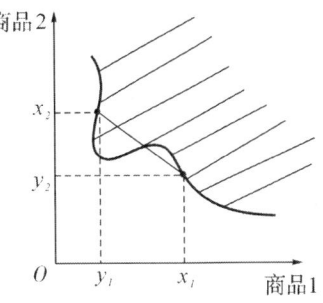

圖2-11　凸偏好　　　　　　　　　圖2-12　非凸偏好

在經濟學中往往要求偏好為嚴格凸性。嚴格凸性是指對於任意兩個無差異的消費束 $x=(x_1,x_2)$ 和 $y=(y_1,y_2)$，$x \sim y$，x，y 的所有加權平均消費束都嚴格偏好於 x 或 y。從數學上講，就是對任意的 $0<t<1$，$(tx_1+(1-t)y_1, tx_2+(1-t)y_2) > x$。

偏好的凸性或嚴格凸性是經濟學中關於偏好的一個很重要的假設。對於消費者而言，這意味著，消費者願意同時消費兩種商品，而不願意只消費其中一種商品。如果一種商品過多，消費者會進行交換，使兩種商品可以被較平均地消費，這樣消費者得到的滿足水平才更高。

如果消費者的偏好是嚴格凸性的，那麼還意味著消費者的邊際替代率是遞減的。邊際替代率（$MRS_{1,2}$）是無差異曲線的斜率，代表著消費者為了保持偏好水平的不變，願意用一種商品替換另外一種商品的比率。按照這個解釋，根據單調性的分析，我們知道無差異曲線的斜率為負，那麼邊際替代率應該是個負值，但為了使用方便，經濟學家對邊際替代率取絕對值，所以邊際替代率最后是一個正值，其數學表達式為：

$$MRS_{1,2} = |\Delta x_2 / \Delta x_1| = -\Delta x_2 / \Delta x_1$$

如果取極限，$MRS_{1,2} = \left|\dfrac{dx_2}{dx_1}\right| = -\dfrac{dx_2}{dx_1}$。

邊際替代率遞減意味著隨著 x_1 的增加，無差異曲線斜率的絕對值越來越小，無差異曲線越來越平坦。從經濟學上講，隨著商品 x_1 增多，消費者願意用更多的 x_1 去交換相同數量的 x_2，因為相對於 x_1 而言，x_2 更稀缺，見圖 2-13。

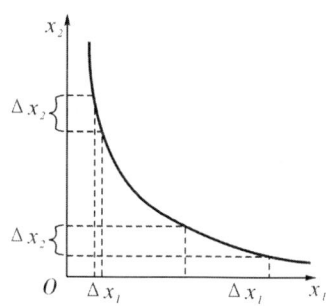

圖 2-13　MRS 遞減

第三節 效用函數

一、效用理論的發展

效用是指消費者從消費某種物品中得到的滿意程度,或者說商品滿足人的欲望和需要的能力和程度。若消費者消費某種物品獲得的滿足程度高,則效用大;反之,滿足程度低,則效用小。

經濟學家最早創造的效用理論被稱為基數效用論。該理論認為效用可以像物體的重量一樣準確計量,並且可以比較,可以加總求和。例如:人渴了喝一杯茶,感到很舒服,效用評價為10個效用單位,然后又吃了個麵包,感覺還好,效用評價為5個效用單位。因此,喝一杯茶的效用大於吃一個麵包,是吃麵包所得到的效用的兩倍。同時,消費這兩份物品得到的總效用為15個效用單位。但是基數效用論的基本假設受到很多限制,遭受到后來很多經濟學者的批評。於是,通過更多學者的努力,一種新的效用理論——序數效用論產生了。

序數效用論的基本觀點是:效用是一種心理感受,只能用序數來表示,並且只能比較不能相加。也就是說,序數效用論認為消費者可以根據自己的偏好對所消費的商品進行比較和排序,表明自己更喜歡或更不喜歡哪個消費束,但不要求消費者對商品帶給自己的效用有準確的度量。例如:口渴了,喝一杯茶感覺好,看一份報紙感覺一般,因而兩者比較,喝茶的效用大於看報的效用,喝茶的效用排在第一,看報的效用排在第二。我們今后的分析都是建立在序數效用理論上的。實際上,前面關於偏好的分析就是一種序數效用論的分析方法。

二、效用函數——偏好的數學表示

前面看到了,理性的偏好可以用無差異曲線表示出來。既然偏好可以用圖形和曲線表示出來,當然也可以用函數形式表示出來,這個函數就是效用函數。

如果在預算集 X 上存在函數 $u = u(x) = u(x_1, x_2)$,那麼對於任意的兩個消費束 $x^a = (x_1^a, x_2^a)$ 和 $x^b(x_1^b, x_2^b)$,當且僅當 $x^a \gtrsim x^b$,有 $u(x^a) \geq u(x^b)$,則稱函數 $u(x)$ 為代表某一偏好的效用函數。

從效用函數的定義中我們看出,效用函數是指對每個可能的消費束指派一個數字的方法,對消費者更為偏好的消費束指派一個更大的數字,對偏好較低的消費束指派一個較低的數值。實際上,效用函數也就是消費者的偏好關係的數值表示方法。但是對消費束指派數值的方法有很多,比如:消費束 (x_1, x_2) 的一種指派方法構成的

一個效用函數是 $u(x_1,x_2)=x_1x_2$，那麼 x_1x_2+6 是對消費束 (x_1,x_2) 的另外一種指派方法，而這種指派方法構成的函數 $u(x_1,x_2)=x_1x_2+6$ 也是一個效用函數，這一效用函數與前面的效用函數實際上代表同一偏好。為什麼說它們代表同一偏好呢？這是因為雖然兩個效用函數指派的效用數值不一樣，比如對消費束 $(1,1)$，前一種方法指派的數值為 1，后一種指派的數值為 7；對消費束 $(2,2)$，前一種方法指派的數值為 4，后一種指派的數值為 10，但是，這兩個效用函數所代表的大小順序是一致的，$7>1,10>4$ 都代表著 $(2,2)>(1,1)$。既然兩個效用函數所代表的賦值方法都是代表著消費束的相同排序，那麼它們就代表著相同偏好。當然我們還可以找到更多由不同指派方法構成的效用函數與初始效用函數代表同一偏好的例子，比如 $u(x_1,x_2)=2x_1x_2$ 也與前面兩個效用函數一樣代表同一偏好。實際上，效用函數有這樣一個性質：如果 $u(x)$ 是代表偏好的效用函數，那麼 $u(x)$ 的單調變換還是一個效用函數，而且這個效用函數與原效用函數所代表的偏好是相同的。$u(x)$ 的單調變換是指 $u(x)$ 的一個變換函數 $f(u)$。當 $u_1>u_2$ 時，$f(u_1)>f(u_2)$，那麼 $f(u)$ 是 $u(x)$ 的一個單調變換。如果 $f(u)$ 是 $u(x)$ 的一個單調變換，那麼 $f(u(x_1,x_2))$ 也是一個效用函數，與效用函數 $u(x_1,x_2)$ 所代表的偏好一樣。實際上，前面的例子中 x_1x_2+6，$2x_1x_2$ 都是效用函數 $u(x_1,x_2)=x_1x_2$ 的單調變換，因此三者都是代表同一偏好的效用函數。

我們也可以從無差異曲線和效用函數的關係中加深對偏好、無差異曲線和效用函數的理解。我們知道無差異曲線遍布整個坐標系的第一象限，越遠離原點，代表偏好水平越高，如果對每條無差異曲線賦一個值，要求越遠離原點的無差異曲線賦的值越大，那麼我們就可以通過無差異曲線構造效用函數，具體參見圖 2-14。

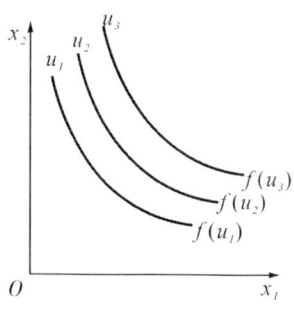

圖 2-14　單調變換

比如我們對圖中的無差異曲線分別賦予 u_1,u_2,u_3 的值，其中 $u_3>u_2>u_1$。很明顯，如果對 u 做一個單調變換 $f(u)$，相應無差異曲線的賦值就變為 $f(u_1)$，$f(u_2)$，$f(u_3)$，且 $f(u_3)>f(u_2)>f(u_1)$。這只是改變了每條無差異曲線的賦值方法，而沒有改變無差異曲線，當然也就沒有改變偏好。反過來我們也可以看到，只要知道了一個效用函數，就可以畫出無差異曲線。當效用值保持特定值不變時，我們從效用函數

中就可以找到滿足特定效用值的所有的(x_1,x_2)組成的集合,這個集合就是無差異曲線。比如效用函數為$u(x_1,x_2)=x_1x_2$,當效用函數值為 12 時,$(2,6)$,$(3,4)$,$(4,3)$,$(6,2)$等點就構成了效用為 12 的無差異曲線,請見圖 2-15。

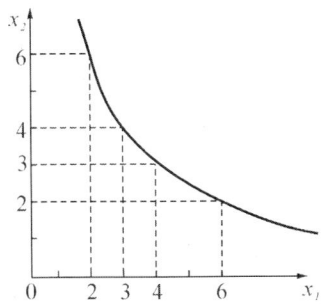

圖 2-15 $u=12=x_1x_2$ 的無差異曲線

三、常見的效用函數

經濟學中我們會陸陸續續遇到很多效用函數,這裡我們介紹一些常見的常用的效用函數:

1. 完全替代品的效用函數

這對應著前面完全替代品的偏好。我們知道完全替代品的偏好是兩種商品以固定比例進行替換,無差異曲線成線形。因此完全替代品的效用函數的一般形式為

$$u(x_1,x_2)=ax_1+bx_2\,(a>0,b>0)$$

其替代比率或者邊際替代率為 a/b。

2. 完全互補品的效用函數

這對應著前面完全互補品的偏好。完全互補品的偏好是指兩種商品以固定比例搭配使用,單獨增加一種商品並不會增加消費者的效用,這時的無差異曲線呈 L 性。實際上從無差異曲線中,我們可以看出完全互補品的偏好關鍵取決於轉折點,因此其效用函數的形式為:

$$u(x_1,x_2)=\min\{ax_1,bx_2\}\quad(a>0,b>0)$$

這個效用函數表示消費者每消費 1 個單位 x_1,要和 a/b 個 x_2 搭配使用。

3. 柯布-道格拉斯效用函數

$$u(x_1,x_2)=x_1^a x_2^b\,(a>0,b>0)$$

柯布-道格拉斯效用函數所代表的偏好是典型的具有良好性狀的偏好:單調的和嚴格凸性的。其無差異曲線如圖 2-16 所示。

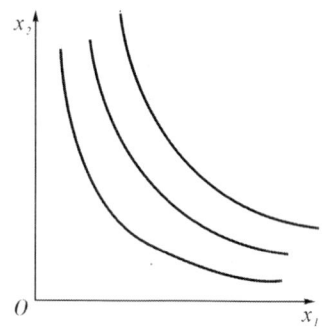

圖 2-16　柯布－道格拉斯偏好

4. 擬線性效用函數

$$u(x_1,x_2)=x_1+f(x_2),f(x)\text{為非線性函數}$$

之所以叫擬線性效用函數，是因為效用函數對商品 1 來說是線性的，對商品 2 來說是非線性的，因此效用函數呈現出「局部線形」或「擬線性」性質。擬線性效用函數對應著擬線性偏好，其無差異曲線如圖 2-17 所示，其無差異曲線沿著橫軸平行移動而得。

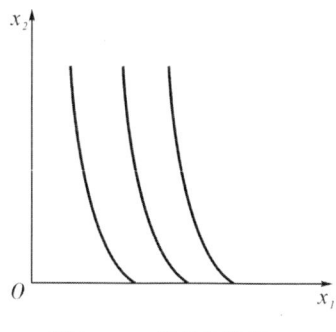

圖 2-17　擬線性偏好

四、邊際效用和邊際替代率

邊際效用是指每增加一個單位商品的消費所帶來的消費者效用水平的增加，經濟學用 MU 來表示。商品 1 的邊際效用為 MU_1，商品 2 的邊際效用為 MU_2，其數學表達式為：

$$MU_1=\frac{\partial u(x_1,x_2)}{\partial x_1},MU_2=\frac{\partial u(x_1,x_2)}{\partial x_2}$$

有了效用函數和邊際效用的概念，我們就很容易得到邊際替代率的表達式

$$MRS_{1,2}=-dx_2/dx_1=MU_1/MU_2$$

證明：　假設效用函數為 $u(x_1,x_2)$，則

$$du(x_1,x_2) = \frac{\partial u(x_1,x_2)}{\partial x_1}dx_1 + \frac{\partial u(x_1,x_2)}{\partial x_2}dx_2$$
$$= MU_1\,dx_1 + MU_2\,dx_2$$

因為 MRS 是無差異曲線的斜率，所以 u 為定值，即 $du(x_1,x_2)=0$，則

$$MU_1\,dx_1 + MU_2\,dx_2 = 0$$
$$MU_1 / MU_2 = -dx_2/dx_1$$
$$MRS_{1,2} = -\frac{dx_2}{dx_1} = \frac{MU_1}{MU_2}$$

邊際效用和邊際替代率是兩個既有聯繫又有區別的概念，很多讀者沒有透澈地理解這兩個概念。從上面的分析中，我們可以看出，邊際替代率是邊際效用的比值。同時，很多讀者也往往混淆了邊際替代率遞減和邊際效用遞減這兩個概念。他們認為邊際替代率遞減和邊際效用遞減是一回事，或者說是邊際效用遞減造成了邊際替代率遞減，但這個觀念是不正確的，實際上邊際效用遞增也可以推出邊際替代率遞減。

復習思考題

1. 請畫出預算約束線 $3x_1+5x_2=15$ 的圖形；當商品 1 的價格翻了一倍，商品 2 的價格降了 1 元，收入是原來的 4 倍時，畫出新的預算約束線；當商品 1 的價格、商品 2 的價格和收入都是原來的 3 倍時，請畫出這時的預算約束線。

2. 如果兩種商品都是厭惡品，請畫出這時的無差異曲線。

3. 請證明兩條無差異曲線不會相交。

4. 請畫出效用函數 $u=3(x_1^2+2x_1x_2+x_2^2)+10$ 的無差異曲線，請問這是哪一種偏好？

5. 請求出柯布－道格拉斯效用函數的邊際效用和邊際替代率，請問邊際替代率是否遞減？

第三章 效用最大化和支出最小化

把上一章所分析的預算集、偏好、無差異曲線和效用函數的概念綜合到一起,就可以開始分析消費者的選擇行為了。消費者選擇的最基本行為就是要在可選擇的消費束中選擇合適的消費束以實現其自身效用的最大化。與此等價的一個命題就是消費者要達到既定的效用水平,如何花費最小,也即支出最小化的問題。本章的目的就是分析消費者實現效用最大化和支出最小化的條件,得到相應的需求函數和值函數,並且討論兩者之間的關係。

第一節 效用最大化

一、效用最大化(UMP)的一階和二階條件

1. 一階條件

效用最大化問題就是消費者在預算約束下選擇合意的消費束,以最大化效用函數。從數學的角度講,就是求解下列等式約束下的最優化問題

$$\max u = u(x_1, x_2)$$

$$\text{s.t. } p_1 x_1 + p_2 x_2 = y$$

求解 UMP 的基本方法就是運用拉格朗日乘數法,構造拉格朗日函數

$$L = u(x_1, x_2) + \lambda [y - p_1 x_1 - p_2 x_2]$$

效用最大化的一階條件為

$$\frac{\partial L}{\partial x_1} = \frac{\partial u}{\partial x_1} - \lambda p_1 = 0 \Rightarrow \frac{\partial u}{\partial x_1} = \lambda p_1 \Rightarrow MU_1 = \lambda p_1 \quad (1)$$

$$\frac{\partial L}{\partial x_2} = \frac{\partial u}{\partial x_2} - \lambda p_2 = 0 \Rightarrow \frac{\partial u}{\partial x_2} = \lambda p_2 \Rightarrow MU_2 = \lambda p_2 \quad (2)$$

$$\frac{\partial L}{\partial \lambda} = y - p_1 x_1 - p_2 x_2 = 0 \Rightarrow p_1 x_1 + p_2 x_2 = y \quad (3)$$

效用最大化的一階條件為三個等式,其中等式(3)實際上就是預算約束線方程。它只是要求消費者購買的消費束必須滿足預算約束。等式(1)和等式(2)是兩個新的條件,有很強的經濟含義。我們將等式(1)和(2)變形,等式兩邊同時除以各自的

價格,

等式(1)變為
$$MU_1/p_1 = \lambda$$

等式(2)變為
$$MU_2/p_2 = \lambda$$

兩式聯立可得
$$\frac{MU_1}{p_1} = \frac{MU_2}{p_2} = \lambda \tag{4}$$

等式(4)說明,消費者要實現效用最大化,必須要滿足每種商品的邊際效用與價格之比要相等,都等於 λ,很顯然 $\lambda > 0$。在稍后的內容中我們就會看到 λ 實際上是貨幣的邊際效用。那麼消費者效用最大化的一階條件告訴我們,消費者要實現效用最大化,其花在每種商品的每一元錢所帶來的邊際效用必須相等,並且等於貨幣的邊際效用。等式(4)因此也叫作等邊際原則。

如果我們用等式(1)去除以等式(2),那麼得到
$$\frac{MU_1}{MU_2} = \frac{p_1}{p_2}$$

從上一章的內容我們知道,$MRS_{1,2} = MU_1/MU_2$,兩式聯立可得
$$MRS_{1,2} = p_1/p_2 \tag{5}$$

等式(5)告訴我們,要實現效用最大化,消費者的邊際替代率必須等於商品價格之比。消費者的邊際替代率是無差異曲線的斜率,商品價格之比為預算約束線的斜率。因此,等式(5)實際上是說,在消費者實現效用最大化的點上,無差異曲線的斜率要等於預算約束線的斜率。也就是說,無差異曲線和預算約束線相切於效用最大化的消費束點,見圖3-1。

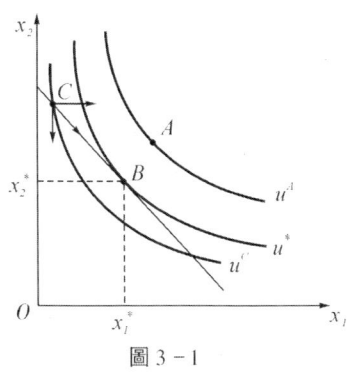

圖3-1

在圖3-1中,無差異曲線 u^A 的效用水平最高,但是其線上的任何一點(比如 A 點)都不滿足一階條件中的等式(3),因此其線上的任何一點都不是 UMP 問題的解。我們再看無差異曲線 u^C 上的點 C,它滿足等式(3),但不滿足等式(5),或者說不滿

足等式(1)和(2)。從圖形上看,無差異曲線和預算約束線並沒有相切而是相交了,則點 C 也沒有實現效用最大化。這是因為點 B 的效用水平是高於點 C 的,而且點 B 也是可行的。點 C 沒有實現效用最大化,那會發生什麼情況呢?在點 C 處,邊際替代率沒有等於商品價格之比,而是 $MRS_{1,2} > \frac{p_1}{p_2}$。這時,消費者更願意增加對 x_1 的消費,減少對 x_2 的消費。於是,消費束會沿著圖 3-1 中箭頭的方向運行,以增加消費者的效用水平,直到運行到 B 點。此時,消費者的 $MRS_{1,2} = \frac{p_1}{p_2}$,消費者再沒有在兩種商品中進行交換的激勵,即消費者已實現效用最大化,處於一種均衡狀態。所以消費者實現效用最大化的一階條件在很多書上也叫消費者均衡條件。

2. 二階條件

消費者要實現效用最大化,就必須滿足一階條件,但這只是說一階條件是實現效用最大化的必要條件,而不是充分條件。換句話說,滿足了一階條件的消費束未必實現了效用的最大化。這一點我們可以在圖 3-2 中清楚地看到。

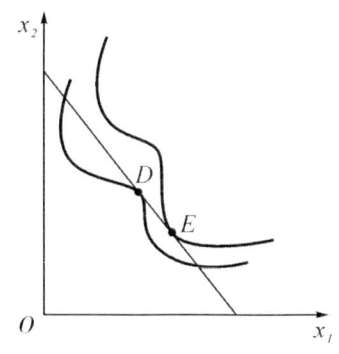

圖 3-2　非凸偏好

圖中的點 D 和點 E 都滿足一階條件:它們所在的無差異曲線都和預算約束線相切,同時都滿足預算約束,但很明顯 E 點是效用最大化的點,而 D 點不是,因為 E 點優於 D 點。因此,效用最大化除了要檢驗一階條件外,還要考察二階條件。

消費者效用最大化的二階條件實際上就是要求偏好必須是凸性的。從圖 3-2 可以看出,E 點是效用最大化的點,實際上 E 點所在的那部分無差異曲線是凸向原點的;D 點不是效用最大化的點,其所在的無差異曲線實際上是凹向原點的。從圖 3-1 可以看出,圖中的無差異曲線就是凸向原點的,因此點 B 是效用最大化的點。

從數學上講,二階條件要求加邊的海塞行列式大於零,即

$$\begin{vmatrix} 0 & g_1 & g_2 \\ g_1 & L_{11} & L_{12} \\ g_2 & L_{21} & L_{22} \end{vmatrix} = \begin{vmatrix} 0 & -p_1 & -p_2 \\ -p_1 & u_{11} & u_{12} \\ -p_2 & u_{21} & u_{22} \end{vmatrix} > 0$$

從一階條件的(1)式和(2)式中,我們有 $-p_i = \frac{u_i}{\lambda}, i = 1, 2$,把它代入上式,有

$$\begin{vmatrix} 0 & \frac{u_1}{\lambda} & \frac{u_2}{\lambda} \\ \frac{u_1}{\lambda} & u_{11} & u_{12} \\ \frac{u_2}{\lambda} & u_{21} & u_{22} \end{vmatrix} > 0$$

即要求

$$(u_{11}(u_2)^2 + u_{22}(u_1)^2 - 2u_1 u_2 u_{12})\frac{1}{\lambda^2} < 0$$

因此,要求

$$u_{11}(u_2)^2 + u_{22}(u_1)^2 - 2u_1 u_2 u_{12} < 0 \tag{6}$$

二階條件是充分條件,也就是說當偏好是凸性的,無差異曲線是凸向原點的,或者效用函數滿足式(6),那麼滿足了一階條件的解就是效用最大化的點。當然在本教材中大部分效用函數都滿足二階條件,因此很多時候只要求滿足一階條件就可以了。但是當你對不太熟悉的效用函數求效用最大化的解時,就需要驗證二階條件了,否則很有可能得出錯誤的結論。

二、馬歇爾需求函數

當消費者的選擇滿足了一階和二階條件時,其選擇實現了效用最大化,這時消費者就會選擇最優的消費束,如圖3-1所示的 B 點所對應的消費束 (x_1^*, x_2^*)。實際上最優消費束完全可以通過一階條件的三個等式(1)、(2)、(3)求解出來,這時求解的結果最終取決於價格 p_1, p_2 和收入 y,即

$$x_1^* = x_1(p_1, p_2, y), x_2^* = x_2(p_1, p_2, y)$$

這個結果實際上就是消費者的需求函數,取決於消費者的收入和商品的價格。經濟學把這種需求函數稱為馬歇爾需求函數(有的學者也稱其為斯勒茨基需求函數)。

馬歇爾需求函數有一個很重要的性質,即需求函數是關於價格和收入的零次齊次函數,也即

$$x_1(p_1, p_2, y) = x_1(tp_1, tp_2, ty)$$
$$x_2(p_1, p_2, y) = x_2(tp_1, tp_2, ty)$$

其中 $t > 0$。

馬歇爾需求函數的零次齊次性的含義是指,當價格和收入同比例變化時,消費者的需求量保持不變。這個結果很直觀,價格和收入同比例變化,對消費者來說實際上

沒有任何影響。從圖形上我們也可以看出,此時的預算約束線不會移動,無差異曲線也沒變,當然最優的消費束也不會變化。

例1： 設效用函數為 $u(x_1, x_2) = x_1^a x_2^b$,求馬歇爾需求函數。

解： 構造拉格朗日函數

$$L = x_1^a x_2^b + \lambda [y - p_1 x_1 - p_2 x_2]$$

$$\frac{\partial L}{\partial x_1} = \frac{\partial u}{\partial x_1} - \lambda p_1 = a x_1^{a-1} x_2^b - \lambda p_1 = 0 \Rightarrow a x_1^{a-1} x_2^b = \lambda p_1 \tag{7}$$

$$\frac{\partial L}{\partial x_2} = \frac{\partial u}{\partial x_2} - \lambda p_2 = b x_1^a x_2^{b-1} - \lambda p_2 = 0 \Rightarrow b x_1^a x_2^{b-1} = \lambda p_2 \tag{8}$$

$$\frac{\partial L}{\partial \lambda} = y - p_1 x_1 - p_2 x_2 = 0 \tag{9}$$

由式(7)除以(8),可得

$$\frac{a}{b} \frac{x_2}{x_1} = \frac{p_1}{p_2} \Rightarrow x_2 = \frac{b}{a} \frac{p_1}{p_2} x_1 \tag{10}$$

將(10)代入(9),可得

$$x_1 = \frac{a}{a+b} \frac{y}{p_1}, x_2 = \frac{b}{a+b} \frac{y}{p_2} \tag{11}$$

當然,我們還應該驗證解的二階條件,在這裡我們就不做驗證,留給讀者自己練習。實際上這個解滿足二階條件,因此我們求得的解是實現了效用最大化的最優解。

三、間接效用函數

如果我們把求得的馬歇爾需求函數 x_1^*, x_2^* 代入效用函數,就可以求得最大的效用水平 u^*,那麼有

$$u^* = u(x_1^*, x_2^*) = u(x_1(p_1, p_2, y), x_2(p_1, p_2, y))$$

我們看到最大的效用水平 u^* 取決於 p_1, p_2, y。換句話說,最大的效用水平 u^* 是 p_1, p_2, y 的函數,我們記為 $v(p_1, p_2, y)$,那麼有

$$u^* = u(x_1^*, x_2^*) = u(x_1(p_1, p_2, y), x_2(p_1, p_2, y)) = v(p_1, p_2, y)$$

我們把 $v(p_1, p_2, y)$ 稱為間接效用函數,是因為消費者的效用直接取決於所消費的消費束 (x_1, x_2),間接取決於商品的價格和消費者的收入水平。按照這樣理解, $u(x_1, x_2)$ 就被稱為直接效用函數。

例2： 求效用函數為 $u(x_1, x_2) = x_1^a x_2^b$ 的間接效用函數。

解： 根據例1中得到的馬歇爾需求函數,代入直接效用函數,得

$$v = \left(\frac{a}{a+b} \frac{y}{p_1}\right)^a \left(\frac{b}{a+b} \frac{y}{p_2}\right)^b$$

間接效用函數把價格和收入與效用水平聯繫起來了,因此當考慮商品價格和消

費者收入變化對消費者的效用水平的影響時，有了間接效用函數就非常方便了。進一步地，我們對間接效用函數應當有更深入的認識，以下是間接效用函數具有的一些性質：

性質1： 間接效用函數對於價格和收入是零次齊次函數，即 $v(p_1, p_2, y) = v(tp_1, tp_2, ty)$，其中 $t>0$。

證明：
$$v(tp_1, tp_2, ty) = u(x_1(tp_1, tp_2, ty), x_2(tp_1, tp_2, ty))$$
$$= u(x_1(p_1, p_2, y), x_2(p_1, p_2, y))$$
$$= v(p_1, p_2, y)$$

第一個、第三個等號成立是源於間接效用函數的定義，第二個等號成立的原因是馬歇爾需求函數的零次齊次性。

間接效用函數的零次齊次性告訴我們，當收入和價格同比例變化時，最大效用水平不變。這是因為收入和價格的同比例變化，不會影響消費者的最優選擇，當然也就不會改變消費者最大的效用水平。

性質2： 間接效用函數是收入的嚴格遞增函數，即 $\partial v/\partial y > 0$。

證明： 根據包絡定理，有
$$\frac{\partial v}{\partial y} = \frac{\partial u^*}{\partial y} = \frac{\partial L}{\partial y} = \lambda > 0$$

從性質2得知隨著收入的增加，消費者最大化的效用水平一定會增加。這很直觀，隨著收入的增加，消費者可以購買到更多的各種商品，消費者得到的效用自然也會增加。

從性質2，我們還得知，$\lambda = \partial v/\partial y$，這說明每增加一元錢所帶來的增加的效用正好等於 λ，這也印證了前面所說的 λ 是貨幣的邊際效用。

性質3： 間接效用函數是單個價格 p_i 的遞減函數，即 $\partial v/\partial p_i \leq 0$，$i=1,2$。

證明： 根據包絡定理，有
$$\frac{\partial v}{\partial p_i} = \frac{\partial u^*}{\partial p_i} = \frac{\partial L}{\partial p_i} = -\lambda x_i \leq 0$$

其中 $i=1,2$。

從性質3得知，隨著商品價格的提高，消費者的效用水平不會提高，往往會下降，這和我們的常識是吻合的。

性質4： 羅伊恆等式 $x_i(p_1, p_2, y) = -\dfrac{\partial v/\partial p_i}{\partial v/\partial y}$。

證明： 根據性質2和性質3得到的表達式，兩者相除就得到了羅伊恆等式。

羅伊恆等式告訴我們如果知道了間接效用函數，只需要進行簡單的求導運算就可以很快地得到馬歇爾需求函數。

第二節 支出最小化

上一節我們討論了消費者效用最大化的問題,接下來我們討論效用最大化問題的等價問題——支出最小化。有了前面的分析,支出最小化問題就比較容易了。

一、支出最小化(EMP)的一階和二階條件

1. 一階條件

支出最小化問題是消費者達到給定的效用水平,如何使花費最小。其數學表達式為

$$\min e = p_1 x_1 + p_2 x_2$$
$$s.t.\ u(x_1, x_2) = u$$

這裡的 u 是一個給定的效用值。

求解 EMP 的基本方法也是運用拉格朗日乘數法,構造拉格朗日函數:

$$L = (p_1 x_1 + p_2 x_2) + \theta[u - u(x_1, x_2)]$$

支出最小化的一階條件為

$$\frac{\partial L}{\partial x_1} = p_1 - \theta \frac{\partial u}{\partial x_1} = 0 \Rightarrow p_1 = \theta \frac{\partial u}{\partial x_1} \Rightarrow p_1 = \theta MU_1 \quad (12)$$

$$\frac{\partial L}{\partial x_2} = p_2 - \theta \frac{\partial u}{\partial x_2} = 0 \Rightarrow p_2 = \theta \frac{\partial u}{\partial x_2} \Rightarrow p_2 = \theta MU_2 \quad (13)$$

$$\frac{\partial L}{\partial \theta} = u - u(x_1, x_2) = 0 \Rightarrow u(x_1, x_2) = u \quad (14)$$

式(14)重複了約束條件,因此這裡重點分析式(12)和(13)。我們看到式(12)、式(13)和式(1)、式(2)非常相似。實際上,如果 $\lambda = 1/\theta$,那麼它們彼此就完全對應了。對式(12)和式(13)進行變形並聯立可得

$$\frac{MU_1}{p_1} = \frac{MU_2}{p_2} = \frac{1}{\theta} \quad (15)$$

除了 λ 換成了 $1/\theta$ 以外,式(15)基本上和式(4)相同。這說明只有滿足了等邊際原則,消費者才能實現支出最小化。

對式(15)再進行變形,也可以得到

$$MRS_{1,2} = \frac{MU_1}{MU_2} = \frac{p_1}{p_2} \quad (16)$$

式(16)和式(5)完全一樣。這也說明,消費者要實現支出最小化就必須滿足邊際替代率等於商品價格之比。換句話說,無差異曲線必須要和等支出線相切於支出最小化的點。請參見圖 3-3,其中 B 點是實現支出最小化的點,而其他點(比如 A

點、C 點)則不是,因為這些點不滿足一階條件。

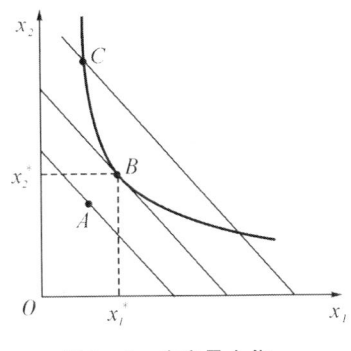

圖 3－3 支出最小化

2. 二階條件

同樣,一階條件只是必要條件,要實現支出最小化也必須考慮二階條件。支出最小化的二階條件和效用最大化的二階條件完全一樣,即要求偏好是凸性的,無差異曲線是凸向原點的,或者效用函數滿足式(6),那麼滿足一階條件的解就是支出最小化的最優解。

二、希克斯需求函數和支出函數

當消費者實現支出最小化時,其所消費的商品數量為(x_1^*, x_2^*),如圖3－3所示。這個數量也可以通過一階條件的三個等式式(12)、式(13)和式(14)求解出來。這時商品的最優需求量就取決於商品的價格和消費者要達到的效用水平,即商品的需求量是價格和效用水平的函數,我們記為:

$$x_1^* = h_1(p_1, p_2, u), x_2^* = h_2(p_1, p_2, u)$$

我們不用$x_1^* = x_1(p_1, p_2, u), x_2^* = x_2(p_1, p_2, u)$是為了和馬歇爾需求函數相區別。支出最小化時的最優需求量是價格p_1、p_2和效用u的函數。經濟學把這種函數$h_1(p_1, p_2, u), h_2(p_1, p_2, u)$稱為希克斯需求函數。這裡我們強調馬歇爾需求函數和希克斯需求函數的區別:馬歇爾需求函數是效用最大化時最優的商品需求量,取決於商品價格和消費者的收入水平;希克斯需求函數是支出最小化時最優的商品需求量,取決於商品價格和消費者要達到的效用水平。

把希克斯需求函數代入目標函數,就可以求出消費者達到既定效用水平的最小的支出水平,有

$$\begin{aligned} e^* &= p_1 x_1^* + p_2 x_2^* \\ &= p_1 h_1(p_1, p_2, u) + p_2 h_2(p_1, p_2, u) \\ &= e(p_1, p_2, u) \end{aligned}$$

可以看出,消費者最優的支出水平實際上是取決於商品的價格和效用水平的,我

們把 $e(p_1, p_2, u)$ 稱為支出函數。

希克斯需求函數和支出函數都有很多重要的性質，本書就不做過多的介紹，但在這裡我們需要掌握一個重要的引理——謝潑德引理。它把希克斯需求函數和支出函數聯繫了起來，非常有用。

謝潑德引理：

$$h_i(p_1, p_2, u) = \frac{\partial e(p_1, p_2, u)}{\partial p_i}, i = 1, 2$$

證明：這裡以證明 $h_1(p_1, p_2, u) = \frac{\partial e(p_1, p_2, u)}{\partial p_1}$ 為例。

因為 $e(p_1, p_2, u) = p_1 h_1(p_1, p_2, u) + p_2 h_2(p_1, p_2, u)$，所以有

$$\frac{\partial e(p_1, p_2, u)}{\partial p_1} = h_1(p_1, p_2, u) + p_1 \frac{\partial h_1(p_1, p_2, u)}{\partial p_1} + p_2 \frac{\partial h_2(p_1, p_2, u)}{\partial p_1}$$

現在看看 $p_1 \partial h_1(p_1, p_2, u)/\partial p_1 + p_2 \partial h_2(p_1, p_2, u)/\partial p_1$ 等於多少？

因為 $u(x_1, x_2) = u$，所以有

$$u(h_1(p_1, p_2, u), h_2(p_1, p_2, u)) = u$$

兩邊同時對 p_1 求導得

$$\frac{\partial u}{\partial h_1} \times \frac{\partial h_1(p_1, p_2, u)}{\partial p_1} + \frac{\partial u}{\partial h_2} \times \frac{\partial h_2(p_1, p_2, u)}{\partial p_1} = 0$$

$$MU_1 \times \frac{\partial h_1(p_1, p_2, u)}{\partial p_1} + MU_2 \times \frac{\partial h_2(p_1, p_2, u)}{\partial p_1} = 0$$

根據式(12)、式(13)可知，$MU_1 = p_1/\theta, MU_2 = p_2/\theta$，則有

$$\frac{p_1}{\theta} \times \frac{\partial h_1}{\partial p_1} + \frac{p_2}{\theta} \times \frac{\partial h_2}{\partial p_1} = 0$$

上式兩邊同時乘以 θ，得

$$p_1 \partial h_1(p_1, p_2, u)/\partial p_1 + p_2 \partial h_2(p_1, p_2, u)/\partial p_1 = 0$$

那麼

$$\partial e(p_1, p_2, u)/\partial p_1 = h_1(p_1, p_2, u) + p_1 \partial h_1(p_1, p_2, u)/\partial p_1 + p_2 \partial h_2(p_1, p_2, u)/\partial p_1$$

$$= h_1(p_1, p_2, u) + 0$$

$$= h_1(p_1, p_2, u)$$

得證。

同理，也可運用類似方法證明 $h_2(p_1, p_2, u) = \frac{\partial e(p_1, p_2, u)}{\partial p_2}$。

三、效用最大化和支出最小化的關係

效用最大化和支出最小化從本質上都反應了理性消費者的選擇行為,只是強調的重點不一樣,一個側重於討論如何使消費者獲得最大的滿足,一個側重於討論如何使花費最少。兩個問題實際上是等價的問題。從兩者必須滿足的一階和二階條件就看得很清楚,兩者的二階條件完全一樣,一階條件都要求滿足等邊原則,或者說邊際替代率要等於價格之比,或者說消費者的無差異曲線要和預算約束線相切。

這裡有兩個命題能夠更好地反應效用最大化和支出最小化的關係。

命題1: 消費者收入為 y 時,$x^* = (x_1^*, x_2^*)$ 是 UMP 的解,那麼當效用水平為 $u(x^*)$ 時,x^* 也是 EMP 的解,而且這時最小支出水平正好為 y。

命題1如圖3-4所示。

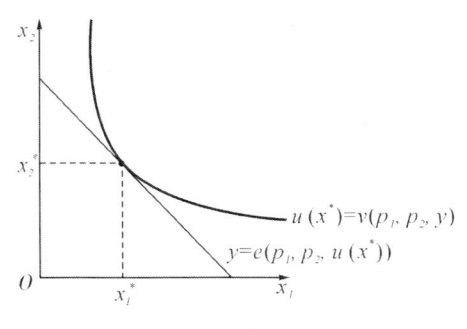

圖3-4 命題1

當消費者的收入為 y 時,$x^* = (x_1^*, x_2^*)$ 實現了效用最大化,此時的需求就是馬歇爾需求,可以表示為 $x^* = (x_1(p_1, p_2, y), x_2(p_1, p_2, y))$,此時的效用水平為 $u(x^*) = v(p_1, p_2, y)$;當效用水平為 $u(x^*) = v(p_1, p_2, y)$ 時,很顯然 x^* 也正好實現了支出最小化,此時的需求就是希克斯需求,可以表示為 $x^* = (h_1(p_1, p_2, u(x^*)), h_2(p_1, p_2, u(x^*)))$;希克斯需求量和馬歇爾需求量實際上是同一個點,此時的最小支出水平正好為 y,可以表示為 $y = e(p_1, p_2, u(x^*))$。根據上面的分析,我們可以得到以下幾個重要的等式:

$$x_1(p_1, p_2, y) = h_1(p_1, p_2, u(x^*)) = h_1(p_1, p_2, v(p_1, p_2, y)) \qquad (17)$$

$$x_2(p_1, p_2, y) = h_2(p_1, p_2, u(x^*)) = h_2(p_1, p_2, v(p_1, p_2, y)) \qquad (18)$$

$$y = e(p_1, p_2, u(x^*)) = e(p_1, p_2, v(p_1, p_2, y)) \qquad (19)$$

命題2: 當效用水平為 u 時,$x^* = (x_1^*, x_2^*)$ 是 EMP 的解,那麼當收入為 $p_1 x_1^* + p_2 x_2^*$ 時,x^* 也是 UMP 的解,此時的效用水平正好就是 u。

命題2如圖3-5所示。

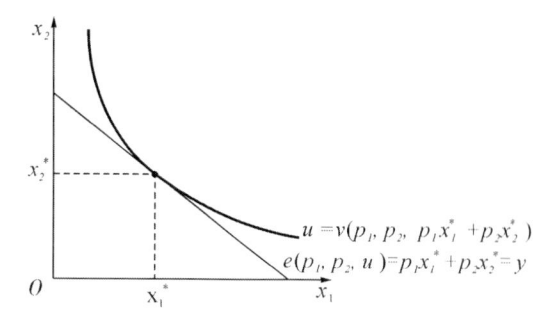

圖 3-5　命題 2

當消費者的效用水平為 u 時，$x^* = (x_1^*, x_2^*)$ 實現了支出最小化，此時的需求是希克斯需求，可以表示為 $x^* = (h_1(p_1, p_2, u), h_2(p_1, p_2, u))$，此時的最小支出水平為 $p_1 x_1^* + p_2 x_2^* = e(p_1, p_2, u)$；當收入為 $p_1 x_1^* + p_2 x_2^*$ 時，很顯然，x^* 也正好實現了效用最大化，此時的需求就是馬歇爾需求，可以表示為 $x^* = (x_1(p_1, p_2, p_1 x_1^* + p_2 x_2^*), x_2(p_1, p_2, p_1 x_1^* + p_2 x_2^*))$；馬歇爾需求量和希克斯需求量實際是同一個點，此時最大的效用水平正好為 u，可以表示為 $u = v(p_1, p_2, p_1 x_1^* + p_2 x_2^*)$。根據上述分析，我們可以得到以下幾個重要等式：

$$h_1(p_1, p_2, u) = x_1(p_1, p_2, p_1 x_1^* + p_2 x_2^*) = x_1(p_1, p_2, e(p_1, p_2, u)) \tag{20}$$

$$h_2(p_1, p_2, u) = x_2(p_1, p_2, p_1 x_1^* + p_2 x_2^*) = x_2(p_1, p_2, e(p_1, p_2, u)) \tag{21}$$

$$u = v(p_1, p_2, p_1 x_1^* + p_2 x_2^*) = v(p_1, p_2, e(p_1, p_2, u)) \tag{22}$$

復習思考題

1. 請判斷例 1 的解是否滿足二階條件。
2. 驗證例 2 的間接效用函數是否滿足間接效用函數的性質。
3. 當效用函數為 $u = x_1 x_2$ 時，求出馬歇爾需求函數和間接效用函數。
4. 當效用函數為 $u = x_1 x_2$ 時，求出希克斯需求函數和支出函數，並且和題 3 比較，看馬歇爾需求函數和希克斯需求函數是否能轉換，問效用最大化和支出最小化能否得到同一需求函數？
5. 當效用函數為 $u = \ln x_1 + \ln x_2$ 時，求馬歇爾需求函數，並且和題 3 比較，有什麼結論？

第四章　比較靜態和福利分析

通過第三章的學習,我們得到了消費者的馬歇爾需求函數和希克斯需求函數,其中的馬歇爾需求函數對我們的分析尤其重要,因為其取決於我們可以觀測得到的變量——價格和收入水平。當價格和收入發生變化時,馬歇爾需求量就會隨之發生變化,這就是所謂的需求的比較靜態分析。比較靜態分析的方法在經濟學裡經常使用,主要討論:由於參數的變化,經濟的初始均衡被打破,新的均衡形成,並且分析均衡變化過程中最優選擇變化所具有的性質;對於需求函數而言,討論價格收入變化時馬歇爾需求函數的特性,同時也會探討希克斯需求函數的一些比較靜態的性質。最後我們還要簡單分析一下,價格變化后消費者福利的變化。

第一節　收入變化和價格變化分析

一、收入提供曲線和恩格爾曲線

當消費者的收入水平變化時(此時商品的價格保持不變),消費者需求量也會發生變化,可以通過圖 4-1 來反應這種變化。我們知道,當只有消費者的收入水平發生改變時,預算約束線只會平移,如圖 4-1 所示的預算線,$y^c > y^b > y^a$,此時對應的最優消費束為(x_1^a, x_2^a),(x_1^b, x_2^b),(x_1^c, x_2^c)。如果我們繪出更多的預算線(反應收入的更多變化),那麼我們就可以得到更多的最優消費束點,把所有的這些點連接起來,就得到一條曲線,這條曲線就是收入提供曲線,如圖 4-1 所示。

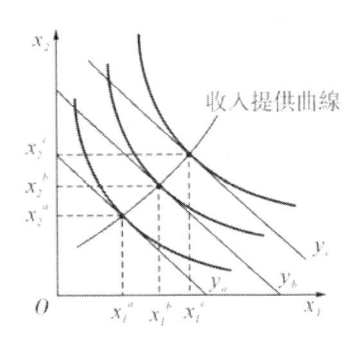

圖 4-1　收入提供曲線

很明顯,收入提供曲線是最優消費束的軌跡,但我們有時候想研究某一種商品(比如x_1)隨消費者的收入是怎麼具體變化的,那麼收入提供曲線就不是特別直觀,這時就需要直接繪出收入—數量曲線。我們把需求量隨收入變化的曲線稱為恩格爾曲線。恩格爾曲線可以通過收入提供曲線繪出,我們在收入提供曲線中找到收入—需求量的組合,比如(y^a, x_1^a),(y^b, x_1^b),(y^c, x_1^c),並且把這些點繪製在一張圖上,得到的曲線就是恩格爾曲線,如圖4-2所示:

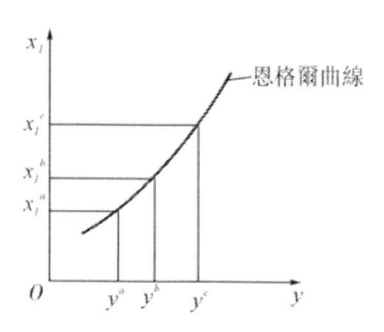

圖4-2　正常品的恩格爾曲線

從圖4-2的恩格爾曲線中,我們看到隨著收入的增加,商品1的需求量也會增加。我們將隨著收入增加而需求量也增加的商品稱為正常品,圖4-2實際上畫的就是正常品的恩格爾曲線。在生活中絕大多數商品都是正常品。正常品的數學表達式為$\partial x(p_1, p_2, y)/\partial y \geq 0$。

當然,在生活中還有一部分商品不屬於正常品。換句話說,這類商品的需求量會隨著消費者收入的增加而減少。我們把這類商品稱為低檔品,其數學表達式為$\partial x(p_1, p_2, y)/\partial y < 0$。在生活中,日常的二手商品就是典型的低檔品。

二、價格提供曲線和需求曲線

當某種商品的價格變化時(此時消費者的收入保持不變,其他商品的價格也保持不變),消費者需求量也會發生變化。在這裡,我們假定商品1的價格發生變化,即p_1改變,而p_2和y不變,此時需求量的變化可以通過圖4-3反應出來。我們知道,當只有商品價格發生改變時,預算約束線只會旋轉,正如圖4-3所示的預算線,$p_1^a > p_1^b > p_1^c$,此時對應的最優消費束為(x_1^a, x_2^a),(x_1^b, x_2^b),(x_1^c, x_2^c)。如果我們繪出更多的預算線(反應價格的更多變化),那麼我們就可以得到更多的最優消費束點。把所有的這些點連接起來,就得到一條曲線,這條曲線就是價格提供曲線,如圖4-3所示。

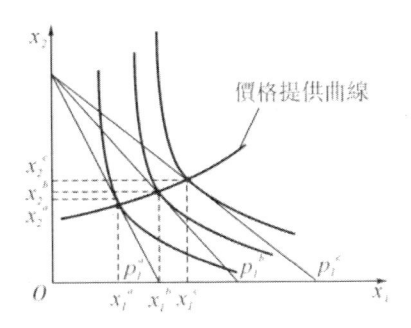

圖 4-3　價格提供曲線

　　顯然,價格提供曲線也是消費者最優消費束的軌跡,但它不能反應價格和需求量的直接關係,而這種關係往往很重要。這就需要直接繪出價格—數量的曲線。我們把需求量隨價格變化的曲線稱為需求曲線。需求曲線可以通過價格提供曲線繪出。我們在價格提供曲線中找到價格—需求量的組合,比如(p_1^a, x_1^a)、(p_1^b, x_1^b)、(p_1^c, x_1^c),並且把這些點繪製在一張圖上,得到的曲線就是需求曲線。這條需求曲線叫作馬歇爾需求曲線,因為它反應的是價格、收入與需求量的關係。換句話說,它描繪的是馬歇爾需求函數中價格變化的情形(見圖 4-4)。

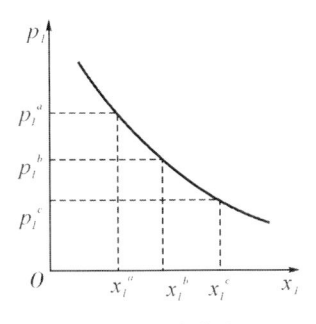

圖 4-4　需求曲線

第二節　收入效應和替代效應

　　我們在上一節的圖 4-4 中繪出了價格變化時的需求曲線。這條需求曲線是一條斜向下的需求曲線,反應了在收入和其他商品價格不變的情況下,商品自身價格的變化與該商品需求量之間呈反比的關係,即商品價格上升需求量減少,商品價格下降需求量上升。這就是所謂的需求法則。但是不是所有的商品都遵循需求法則,有沒有例外呢?這就需要我們對商品價格變化的效應做一個更加深入的分析。

一、價格變化效應的分解

我們首先來看圖4-5,假設收入為y,商品2的價格為p_2且保持不變。商品1的初始價格為p_1^a,此時對應於圖中的初始預算線,其最優選擇為A點,這時達到的效用水平為u^a;如果商品1的價格下降為p_1^c,此時對應於圖中的最終預算線,其最優選擇為C點,這時達到的效用水平為u^c。由於價格的變化,消費者對商品1的需求量由x_1^a增加到了x_1^c。經濟學把這個變化(由x_1^a到x_1^c的變化)稱為價格變化的總效應,它反應了價格變化對消費者需求量的總體影響。

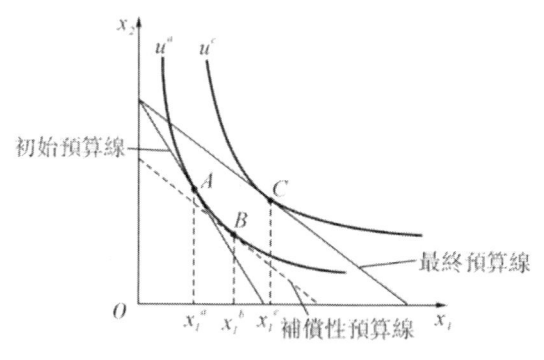

圖4-5 正常品的價格效應

在價格變化的總效應中,我們可以分離出兩種效應來:一種是替代效應,一種是收入效應。這兩種效應實際上都很直觀,我們現在就結合圖形加以說明。

替代效應是指商品價格變化,如果一種商品會變得相對便宜,一種商品就會變得相對較貴,那麼消費者就會很自然地用較便宜的商品去替換相對較貴的商品,這就是所謂的替代效應。替代效應從本質上是要反應商品相對價格發生變化時對商品需求量的影響。因此,為了體現只有商品相對價格的變化,我們必須保持消費者的效用水平(或者實際收入水平)不變。現在我們看看在圖4-5中怎麼體現替代效應。我們首先做一條輔助的預算約束線,這條輔助預算約束線也叫作補償性預算約束線,如圖4-5虛線所示。它和最終的預算約束線平行,反應了商品價格的相對變化(在第二章中我們知道,預算約束線平行,那麼其斜率,即價格比,就是一樣的。這裡的輔助預算約束線和最終預算約束線的斜率都為p_1^c/p_2,而最初的預算約束線的斜率為p_1^a/p_2)。同時,這條輔助預算線要和最初的無差異曲線u^a相切,以保持原有的效用水平不變,並且實現了最優選擇。這時的最優選擇點為B點,消費者對商品1的最優需求量就變為x_1^b。消費者對商品1的需求量由x_1^a增加到了x_1^b,反應了商品價格變化的替代效應。

收入效應是指由於價格的變化,消費者實際收入會發生改變,從而引起需求量的變化。比如商品價格的降低,意味著消費者實際購買力的增加,於是消費者就會調整

其對商品的需求量。收入效應實質上是要反應消費者實際收入(實際購買力)的變化對商品需求量的影響。因此,為了突出實際收入的變化,就必須保證商品的相對價格不會發生改變(實際上相對價格變化的影響已經體現在替代效應中了)。從圖4－5中,我們可以看出補償性預算約束線與最終的預算約束線平行,就意味著它們之間的相對價格一樣,而收入水平不一樣。實際上,由於價格由p_1^a降到p_1^c,消費者實際收入增加,因此預算線由補償性預算約束線向外平移到最終的預算約束線就反應了實際收入的增加。這時,需求量由x_1^b增加到了x_1^c,反應了商品價格變化的收入效應。這裡顯然有：

$$總效應(x_1^a \to x_1^c) = 替代效應(x_1^a \to x_1^b) + 收入效應(x_1^b \to x_1^c)$$

我們還有一個問題需要注意,在圖4－5中,商品價格由p_1^a降到p_1^c,消費者實際收入增加,收入效應使需求量由x_1^b增加到了x_1^c。換句話說,圖4－5反應的是隨著消費者收入的增加,需求量也隨之增加的商品的價格效應。我們知道這種商品就是上一節所說的正常品,於是圖4－5就是正常品的價格效應圖。

但我們也知道,經濟中除了正常品外,還有一種商品叫低檔品。低檔品隨著收入的增加,其需求量反而會降低。從圖4－5中,我們得知對正常品來說,價格的下降,替代效應使需求量增加,收入效應也使需求量增加,因此總效應也使需求量增加。但對低檔品而言,由於價格的下降,替代效應也會使需求量增加,但收入效應會使需求量減少,抵消掉部分替代效應,使得我們不能確定最后的總效應到底是使需求量增加還是減少,具體要看替代效應和收入效應誰大誰小。如果替代效應大於收入效應,那麼隨著價格的下降,最后總效應還是表現為商品需求量的增加,如圖4－6所示,價格由p_1^a降到p_1^c,總效應為$(x_1^a \to x_1^c)$,替代效應為$(x_1^a \to x_1^b)$,收入效應為$(x_1^b \to x_1^c)$,收入效應小於替代效應。可見,這種低檔品還是滿足需求法則,我們稱之為一般低檔品。

但如果替代效應小於收入效應,如圖4－7所示,價格由p_1^a降到p_1^c,總效應為$(x_1^a \to x_1^c)$,替代效應為$(x_1^a \to x_1^b)$,收入效應為$(x_1^b \to x_1^c)$,收入效應大於替代效應,那麼最后的總效應表現為商品需求量的減少。這種低檔品就不符合需求法則,我們稱之為吉芬商品。當然吉芬商品是非常罕見的。

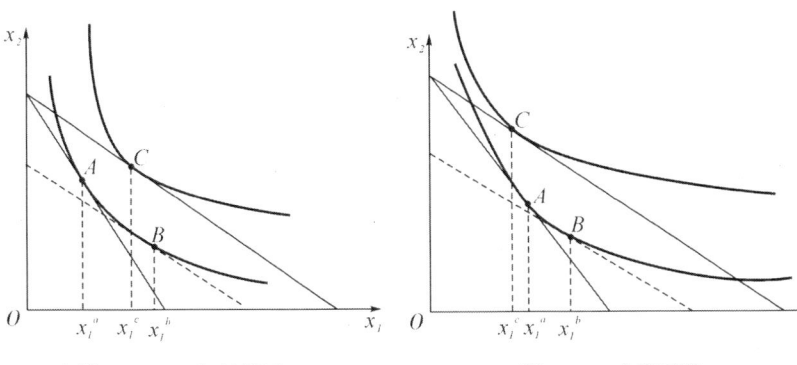

圖4－6　一般低檔品　　　　圖4－7　吉芬商品

最后我們總結一下，從上面的分析可以看出：總效應 = 替代效應 + 收入效應；無論是正常品、一般低檔品還是吉芬商品，隨著價格的下降，替代效應總是使得需求量增加，經濟學上認為替代效應始終為負[1]；對於收入效應，正常品的收入效應為負，所以總效應為負；一般低檔品的收入效應為正，但小於替代效應，所以總效應也為負；而吉芬商品的收入效應為正，但大於替代效應，所以總效應也為正（見表 4 – 1）。

表 4 – 1　　　　　　　　　各種商品的價格效應

	總效應	替代效應	收入效應
正常品	−	−	−
一般低檔品	−	−	+
吉芬商品	+	−	+

二、斯勒斯基方程

前面對價格變化的效應做了直觀的說明，但經濟學裡有一個很重要的方程對價格變化的效應做了深入的探討，這個方程就是斯勒斯基方程。首先我們推導出斯勒斯基方程，然后對其進行說明。

斯勒斯基方程：

$$\frac{\partial x_i(p_1,p_2,y)}{\partial p_i} = \frac{\partial h_i(p_1,p_2,u)}{\partial p_i} - \frac{\partial x_i(p_1,p_2,y)}{\partial y} x_i$$

其中，$i = 1, 2$。

證明：　我們以第 1 種商品為例進行推導，由第三章的式（20）可知

$$h_1(p_1,p_2,u) = x_1(p_1,p_2,e(p_1,p_2,u))$$

兩邊同時對 p_1 求導，得

$$\frac{\partial h_1(p_1,p_2,u)}{\partial p_1} = \frac{\partial x_1(p_1,p_2,e)}{\partial p_1} + \frac{\partial x_1(p_1,p_2,e)}{\partial e} \cdot \frac{\partial e(p_1,p_2,u)}{\partial p_1}$$

由第三章「效用最大化和支出最小化的關係」中的命題 1 和命題 2 可知，在最優解時，$y = e(p_1,p_2,u)$，$h_1(p_1,p_2,u) = x_1(p_1,p_2,y)$。

根據謝潑德引理，有：

$$h_1(p_1,p_2,u) = \frac{\partial e(p_1,p_2,u)}{\partial p_1}$$

所以

---

[1]　價格變化效應正負的判別是比較需求量變動方向和價格變動方向。如果需求量變動與價格變動呈反向變動，那麼效應為負；如果需求量變動與價格變動呈正向變動，那麼效應為正。隨著價格下降，替代效應使需求量增加，兩者反向變動，所以替代效應為負。

$$\frac{\partial h_1(p_1,p_2,u)}{\partial p_1} = \frac{\partial x_1(p_1,p_2,y)}{\partial p_1} + \frac{\partial x_1(p_1,p_2,y)}{\partial y} h_1(p_1,p_2,u)$$

$$= \frac{\partial x_1(p_1,p_2,y)}{\partial p_1} + \frac{\partial x_1(p_1,p_2,y)}{\partial y} x_1(p_1,p_2,y)$$

移項,得

$$\frac{\partial x_1(p_1,p_2,y)}{\partial p_1} = \frac{\partial h_1(p_1,p_2,u)}{\partial p_1} - \frac{\partial x_1(p_1,p_2,y)}{\partial y} x_1(p_1,p_2,y)$$

得證。

同理也可證明

$$\frac{\partial x_2(p_1,p_2,y)}{\partial p_2} = \frac{\partial h_2(p_1,p_2,u)}{\partial p_2} - \frac{\partial x_2(p_1,p_2,y)}{\partial y} x_2(p_1,p_2,y)$$

$\partial x_1(p_1,p_2,y)/\partial p_1$ 反應的是當 p_2 和 y 不變時,p_1 對需求量 x_1 的影響,也即上面所說的總效應。對於正常品來說,總效應為負,也就是說 $\partial x_1(p_1,p_2,y)/\partial p_1 < 0$。對照圖4-5,我們可以繪出馬歇爾需求曲線,請見圖4-8。

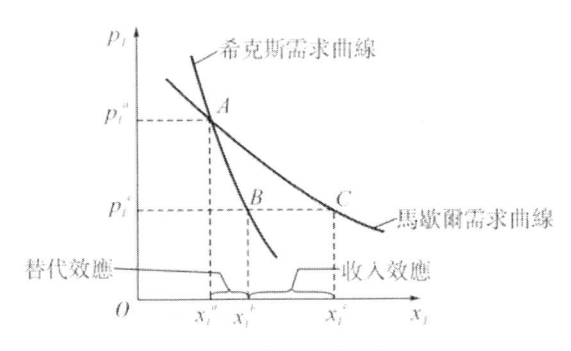

圖4-8 正常品的需求曲線

$\partial h_1(p_1,p_2,u)/\partial p_1$ 是替代效應,是希克斯需求函數對價格的偏導數。從圖4-5可以清楚地看到,由 A 點到 B 點是替代效應,這時保持了效用水平 u^a 和價格 p_2 不變,那麼最優點都是所求的希克斯需求。從前面的分析中可以得知,替代效應始終為負,即 $\partial h_1(p_1,p_2,u)/\partial p_1 < 0$。我們可以在圖4-8中繪出價格變化時,希克斯需求的變化,從而得到希克斯需求曲線,同時也就得到了替代效應。

$-\partial x_1(p_1,p_2,y)/\partial y \times x_1(p_1,p_2,y)$ 是收入效應。我們看到它由兩部分構成,實際上它反應了價格變化通過收入變化對需求量的影響。首先價格變化引起收入(或者是支出)的變化,反應為 $h_1(p_1,p_2,u) = \partial e(p_1,p_2,u)/\partial p_1$,然後收入(或者是支出)的變化再引起需求量的變化,反應為 $\partial x_1(p_1,p_2,y)/\partial y$,前面的負號表明價格變化和實際收入變化呈反方向變化。參照圖4-5,我們也在圖4-8中繪出了收入效應。對於正常品來說,收入效應為負,即 $-\partial x_1(p_1,p_2,y)/\partial y \times x_1(p_1,p_2,y) < 0$。

圖4-8同時也表明了正常品的馬歇爾需求曲線和希克斯需求曲線的關係。很顯然,希克斯需求曲線顯得更陡峭,馬歇爾需求曲線更平坦。這是因為希克斯需求曲線只有替代效應,而馬歇爾需求曲線由於收入效應使得需求量變化更大。

我們這裡只繪出了正常品的需求曲線。如果有興趣的話,讀者們可以繪出一般低檔品和吉芬商品的馬歇爾需求曲線和希克斯需求曲線。

第三節 彈性

一、彈性的定義和分類

彈性是用來測量因變量變動對自變量變動的敏感度的指標,其度量通常是用因變量變動的百分比除以自變量變動的百分比來表示。很明顯,彈性是一個沒有計量單位的指標,從而非常方便比較。在經濟學中有很多彈性,常用的有以下幾種:

(一)需求的收入彈性

需求的收入彈性反應的是需求量變動對收入變動的敏感度,用 η 表示。

商品1的收入彈性: $\eta_1 = \dfrac{\partial x_1(p_1, p_2, y)}{\partial y} \times \dfrac{y}{x_1(p_1, p_2, y)}$

商品2的收入彈性: $\eta_2 = \dfrac{\partial x_2(p_1, p_2, y)}{\partial y} \times \dfrac{y}{x_2(p_1, p_2, y)}$

顯然對於正常品來說,$\eta > 0$;對於低檔品來說,$\eta < 0$。在經濟學中,對於正常品,根據收入彈性還可以進一步進行區分:如果 $\eta > 1$,表明商品需求量增加的比例大於收入增加的比例,這種商品被稱為奢侈品;如果 $0 < \eta < 1$,表明商品的需求量的變化趕不上收入的變化,這種商品被稱為必需品。

(二)需求的價格彈性

需求的價格彈性反應的是需求量變動對價格變動的敏感度,用 ε 表示。需求的價格彈性又可以進一步分為以下兩種:

一種稱為需求的自價格彈性,反應的是需求量變動對自身價格變動的敏感度,用 ε_{ii} 表示($i = 1, 2$)。

商品1的需求自價格彈性: $\varepsilon_{11} = \dfrac{\partial x_1(p_1, p_2, y)}{\partial p_1} \times \dfrac{p_1}{x_1(p_1, p_2, y)}$

商品2的需求自價格彈性: $\varepsilon_{22} = \dfrac{\partial x_2(p_1, p_2, y)}{\partial p_2} \times \dfrac{p_2}{x_2(p_1, p_2, y)}$

如果 $|\varepsilon| > 1$,我們稱需求富有彈性;如果 $|\varepsilon| < 1$,我們稱需求缺乏彈性;如果 $|\varepsilon| = 1$,我們稱需求具有單位彈性。

另一種稱為需求的交叉價格彈性,反應的是需求量變動對其他商品價格變動的敏感度,用 ε_{ij} 表示($i=1,2;j=1,2;i\neq j$)。

$$\varepsilon_{12} = \frac{\partial x_1(p_1,p_2,y)}{\partial p_2} \times \frac{p_2}{x_1(p_1,p_2,y)}$$

$$\varepsilon_{21} = \frac{\partial x_2(p_1,p_2,y)}{\partial p_1} \times \frac{p_1}{x_2(p_1,p_2,y)}$$

如果 $\varepsilon_{ij}>0$,那麼我們稱這兩種商品為替代品;如果 $\varepsilon_{ij}<0$,那麼稱這兩種商品為互補品;如果 $\varepsilon_{ij}=0$,那麼稱這兩種商品為獨立品,其中 $i\neq j$。

為了方便今后分析,這裡再定義一個指標 s_i($i=1,2$),用於表示第 i 種商品的消費支出占收入的比重,有

$$s_1 = \frac{p_1 x_1(p_1,p_2,y)}{y}, s_2 = \frac{p_2 x_2(p_1,p_2,y)}{y}$$

二、彈性與收益的關係

總收益(TR)是指商品的價格和需求量的乘積,$TR = p_i x_i(p_1,p_2,y)$($i=1,2$)。商品的需求價格彈性不同,價格變化對總收益的影響也不同。當商品富有彈性時,總收益的變動與價格呈反方向變動;當商品缺乏彈性時,總收益的變動與價格呈同方向變動;當商品具有單位彈性時,價格變動對總收益沒有影響。以第一種商品為例,這個關係可以由下面的推導加以證明。

$$\partial TR/\partial p_1 = \frac{\partial(p_1 x_1(p_1,p_2,y))}{\partial p_1}$$

$$= x_1(p_1,p_2,y) + p_1 \times \frac{\partial x_1(p_1,p_2,y)}{\partial p_1}$$

$$= x_1(p_1,p_2,y)\left[1 + \frac{p_1}{x_1(p_1,p_2,y)} \times \frac{\partial x_1(p_1,p_2,y)}{\partial p_1}\right]$$

$$= x_1(p_1,p_2,y)(1+\varepsilon_{11})$$

當 $|\varepsilon|>1, \partial TR/\partial p_1<0$;當 $|\varepsilon|<1, \partial TR/\partial p_1>0$;當 $|\varepsilon|=1, \partial TR/\partial p_1=0$。

邊際收益(MR)是每增加一個商品的銷售量帶來的總收益的增量。下面的式子表明 MR 和需求價格彈性也有密切的關係。

$$MR = \partial TR/\partial x_1 = \frac{\partial(p_1 x_1(p_1,p_2,y))}{\partial x_1}$$

$$= p_1 + x_1(p_1,p_2,y) \times \frac{\partial p_1}{\partial x_1(p_1,p_2,y)}$$

$$= p_1\left[1 + \frac{x_1(p_1,p_2,y)}{p_1} \times \frac{\partial p_1}{\partial x_1(p_1,p_2,y)}\right]$$

$$= p_1(1 + 1/\varepsilon_{11})$$

三、恩格爾加總法則和古諾加總法則

(一)恩格爾加總法則

恩格爾加總法則：$s_1\eta_1 + s_2\eta_2 = 1$

證明： 根據預算約束,有

$$p_1 x_1(p_1, p_2, y) + p_2 x_2(p_1, p_2, y) = y$$

兩邊同時對 y 求導,有

$$p_1 \partial x_1(p_1, p_2, y)/\partial y + p_2 \partial x_2(p_1, p_2, y)/\partial y = 1$$

$$\frac{p_1 x_1}{y} \times \left(\frac{y}{x_1} \times \frac{\partial x_1}{\partial y}\right) + \frac{p_2 x_2}{y} \times \left(\frac{y}{x_2} \times \frac{\partial x_2}{\partial y}\right) = 1$$

即 $s_1\eta_1 + s_2\eta_2 = 1$,得證。

恩格爾加總法則表明商品的消費支出占收入的比重與收入彈性的乘積之和剛好為 1。

(二)古諾加總法則

古諾加總法則：$s_1\varepsilon_{11} + s_2\varepsilon_{21} = -s_1$

證明： 根據預算約束,有

$$p_1 x_1(p_1, p_2, y) + p_2 x_2(p_1, p_2, y) = y$$

兩邊同時對 p_1 求導,有

$$x_1(p_1, p_2, y) + p_1 \frac{\partial x_1(p_1, p_2, y)}{\partial p_1} + p_2 \frac{\partial x_2(p_1, p_2, y)}{\partial p_1} = 0$$

同時乘以 p_1/y,得

$$\frac{p_1}{y} \times x_1(p_1, p_2, y) + \frac{p_1}{y} \times p_1 \frac{\partial x_1(p_1, p_2, y)}{\partial p_1} + \frac{p_1}{y} \times p_2 \frac{\partial x_2(p_1, p_2, y)}{\partial p_1} = 0$$

$$\frac{p_1 x_1}{y} + \frac{p_1 x_1}{y} \times \frac{p_1}{x_1} \times \frac{\partial x_1}{\partial p_1} + \frac{p_2 x_2}{y} \times \frac{p_1}{x_2} \times \frac{\partial x_2}{\partial p_1} = 0$$

即

$$s_1 + s_1\varepsilon_{11} + s_2\varepsilon_{21} = 0$$

則

$$s_1\varepsilon_{11} + s_2\varepsilon_{21} = -s_1$$

得證。

如果對第二種商品的價格 p_2 求導,可以得到類似的結論：

$$s_1\varepsilon_{12} + s_2\varepsilon_{22} = -s_2$$

第四節　消費者福利變化的度量

前面對消費者行為進行了實證分析,但是消費者行為的規範分析也非常重要。商品價格變化,使得消費者的選擇發生改變,也使得消費者效用水平(或者說福利水平)發生改變。我們往往需要知道消費者效用水平變化的大小,以判斷價格變化對消費者影響的好壞。當然若能直接求出消費者的直接或間接效用函數,則問題就比較簡單了。實際上,經濟學有一些更加直觀的方法來衡量消費者的福利及其變化,我們現在就來介紹一些方法。

一、消費者剩餘及其變化

消費者剩餘(CS)是指馬歇爾需求曲線和價格曲線之間的面積,這是用來衡量消費者福利的一個最常用的指標。如圖4-9所示,價格為p_1^0,需求量為x_1^0,圖中陰影部分的面積就是消費者剩餘。直觀來看,消費者剩餘是指:當消費者購買第一個商品時,其願意支付的價格為p_1^1,實際支付的價格為p_1^0,消費者得到的「淨剩餘」為$p_1^1-p_1^0$;當消費者購買第二個商品時,其願意支付的價格為p_1^2,實際支付的價格為p_1^0,消費者得到的「淨剩餘」為$p_1^2-p_1^0$;以此類推,當消費者最后購買了x_1^0數量的商品時,其得到的「淨剩餘」的總和就是消費者剩餘。

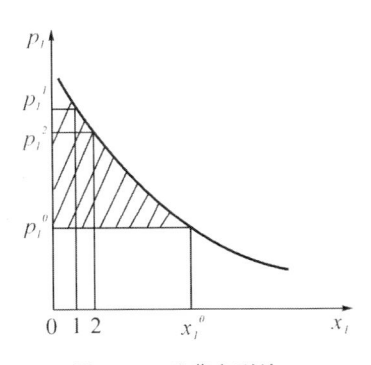

圖4-9　消費者剩餘

當商品價格變化時,消費者的福利水平也會變化,這是我們非常關心的問題,我們可以用消費者剩餘的變化來反應此變化。如圖4-10所示:初始價格為p_1^a,當商品價格上升到p_1^b,此時消費者剩餘的變化為圖中陰影部分的面積,代表了消費者由於價格水平的提高而損失的福利水平。而這個損失又可以分為兩個部分:其中R測度的是因消費者要對繼續消費的商品數量(x_1^b)支付更多的貨幣而造成的損失;T測度的是因消費者減少消費($x_1^a-x_1^b$)而造成的損失。

圖 4-10　CS 的變化

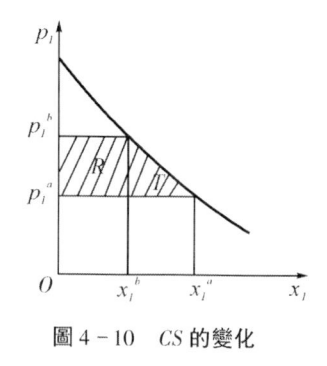

二、補償變化和等價變化

消費者剩餘的概念非常直觀，運用也非常廣泛，但消費者剩餘本質上只是一個近似的指標。在有些情況下，用消費者剩餘來衡量福利的變化不太合適，需要有更準確的概念和指標。這裡我們介紹兩個精確的福利變化的衡量指標：補償變化和等價變化。

消費者最初面臨的價格為 p_1^a，最優選擇為 A 點，當商品價格上升到 p_1^b，消費者的最優選擇為 B 點，顯然消費者效用水平下降了，那麼消費者到底遭受了多大的損失呢？回答這個問題有兩個思路，就是前面提到的補償變化和等價變化。

補償變化說的是商品價格變化后，消費者的福利水平也變化了，如果在新的價格水平下，給消費者一定數量的貨幣補償，使其能夠回到原來的效用水平，那麼這個補償的貨幣數量就可以用來衡量消費者福利變化的大小。如果補償的數量很大，那麼表明消費者福利的變化也很大。如圖 4-11 所示。圖中作了一條輔助預算線，這條預算線代表著在新的價格水平下對消費者進行補償後使其能夠和原來無差異的支出水平獲得相同的效用，這條輔助預算線就是第二節所提到的補償性預算線，那麼補償性預算線所代表的支出水平和原來的支出水平的差額就是補償變化。

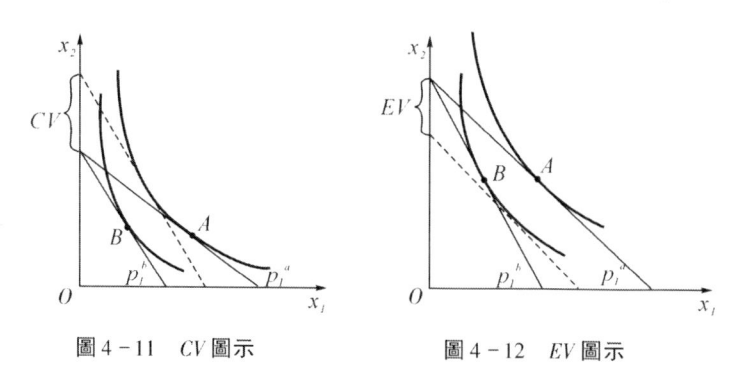

圖 4-11　CV 圖示　　　圖 4-12　EV 圖示

等價變化是從另外一個角度來回答所提問題的。等價變化說的是商品價格變化后，消費者在原來的價格水平下，達到新的效用水平時的支出水平與原來支出水平的

差額。圖4-12給出了一個直觀的解釋。圖中也作了一條新的輔助的預算約束線，代表在原有價格水平下達到新的效用水平時的支出水平。很顯然，由於價格的提高，輔助預算約束線低於原有的預算約束線，這代表著商品價格的提高等價於消費者收入水平(或者支出水平)的下降，因為兩者變化后實現的效用水平是一樣的，那麼，輔助預算約束線和原有的預算約束線所代表的收入(支出)之間的差額就是等價變化。

復習思考題

1. 畫出完全替代偏好的收入提供曲線和恩格爾曲線。
2. 畫出完全互補偏好的價格提供曲線和需求曲線。
3. 請畫出正常品價格上升時的價格效應分解圖。
4. 如果需求函數為線形方程 $q = a - bp$，求出需求價格彈性的表達式，並討論彈性的分佈。
5. 效用函數為 $u = x_1 x_2$，初始價格 $p_1 = 1$，$p_2 = 1$，收入 $y = 24$，當 p_1 變為 2 時，求替代效應和收入效應。

第五章 具有初始稟賦的消費者行為

在前面的分析中,我們始終假定消費者的收入是事先給定的。但實際生活中,消費者的收入來源於消費者擁有的一些初始財產和能力,比如獲得的遺產、擁有的勞動能力、自己生產的商品等。消費者通過在市場上交換這些初始物品來獲得收入。我們把消費者擁有的這些初始物品叫作初始稟賦。本章的內容就是討論具有初始稟賦的消費者的選擇行為所具有的一些性質,並且與原來的消費者行為理論進行比較,同時介紹具有初始稟賦的消費者的選擇行為理論的一些應用。

第一節 基本理論

一、模型和求解

(一) 基本模型

我們仍然考察只有兩種商品的模型。我們現在假設,消費者一開始擁有兩種商品的稟賦,表示為(w_1, w_2),這是消費者進入市場前所擁有的兩種商品的數量。商品的價格為(p_1, p_2),這時消費者的收入為$y = p_1 w_1 + p_2 w_2$,具有初始稟賦的消費者的選擇行為的模型為:

$$\max u = u(x_1, x_2)$$
$$\text{s.t. } p_1 x_1 + p_2 x_2 = y = p_1 w_1 + p_2 w_2$$

預算約束也可以表示為:

$$p_1(x_1 - w_1) + p_2(x_2 - w_2) = 0$$

這裡我們要區分關於需求的一些概念。需求量(x_1, x_2),被稱為商品的總需求,即消費者對這兩種商品的實際最終消費的數量。需求量$(x_1 - w_1, x_2 - w_2)$,被稱為商品的淨需求,是總需求減去稟賦之後的差額,表示消費者在市場上實際購買或者銷售的量。如果淨需求是正值,那麼消費者就是該商品的淨購買者;如果淨需求是負值,那麼消費者就是該商品的淨提供者。

(二)預算約束線

具有初始稟賦的消費者的選擇問題與原來的消費者行為問題的最大區別就在於預算約束線不一樣。預算約束線 $p_1 x_1 + p_2 x_2 = p_1 w_1 + p_2 w_2$ 的圖形見圖 5-1，預算約束線的斜率仍然是 $\Delta x_2 / \Delta x_1 = -p_1/p_2$，但這條預算約束線必定過稟賦點 (w_1, w_2)。

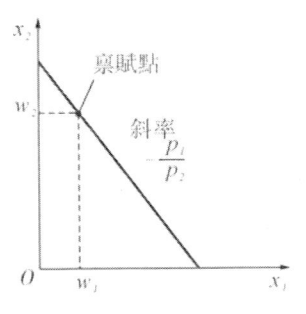

圖 5-1 稟賦預算線

當稟賦點 (w_1, w_2) 發生變化時，相當於收入發生變動，這時候預算線會發生平移，如圖 5-2 所示，當稟賦點變為 (w_1', w_2') 時，預算約束線的收入水平會提高，預算線向外移動。

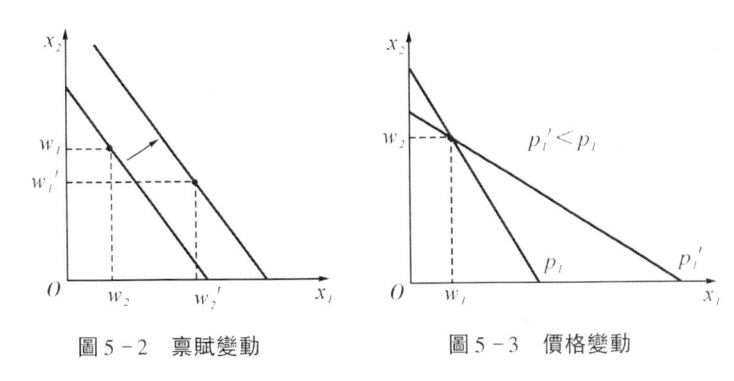

圖 5-2 稟賦變動 圖 5-3 價格變動

當價格發生變動時，需求曲線的斜率發生變化，因為預算約束線必然過稟賦點 (w_1, w_2)，於是預算約束線圍繞著稟賦點旋轉，見圖 5-3。初始價格為 p_1，當價格下降為 p_1'，預算約束線圍繞稟賦點逆時針旋轉。

(三)求解

模型的求解並不複雜，我們首先看圖 5-4。一般來說，稟賦點並不是最優點，於是消費者會重新選擇，以實現效用最大化，圖中最優點為 (x_1^*, x_2^*)。此時無差異曲線與預算約束線相切，$MRS_{1,2} = p_1/p_2$，這就是該模型的一階條件，與第三章效用最大化的一階條件一樣。

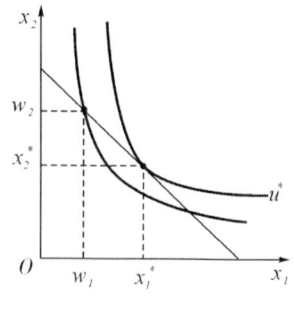

圖 5-4 最優解

在圖 5-4 中,還可以得知,對商品 1 而言,$x_1^* - w_1 > 0$,消費者是淨購買者;對商品 2 而言,$x_2^* - w_2 < 0$,消費者是淨提供者。

當然我們也可以構造拉格朗日函數:

$$L = u(x_1, x_2) + \lambda [p_1 w_1 + p_2 w_2 - p_1 x_1 - p_2 x_2]$$

一階條件:

$\partial L / \partial x_1 = \partial u / \partial x_1 - \lambda p_1 = 0 \Rightarrow \partial u / \partial x_1 = \lambda p_1 \Rightarrow MU_1 = \lambda p_1$

$\partial L / \partial x_2 = \partial u / \partial x_2 - \lambda p_2 = 0 \Rightarrow \partial u / \partial x_2 = \lambda p_2 \Rightarrow MU_2 = \lambda p_2$

$\partial L / \partial \lambda = y - p_1 x_1 - p_2 x_2 = 0 \Rightarrow p_1 x_1 + p_2 x_2 = y = p_1 w_1 + p_2 w_2$

這和基本的效用最大化模型的一階條件基本一樣,通過變形,也可得到:

$$\frac{MU_1}{p_1} = \frac{MU_2}{p_2} = \lambda$$

$$MRS_{1,2} = \frac{MU_1}{MU_2} = \frac{p_1}{p_2}$$

當然也可以求出最優解:

$$x_1^* = x_1(p_1, p_2, y), x_2^* = x_2(p_1, p_2, y)$$

不過這裡的 y 是價格和稟賦的函數,即

$$y = y(p_1, p_2, w_1, w_2) = p_1 w_1 + p_2 w_2$$

二、價格變化

當商品價格發生變化時,消費者的需求量也會發生改變,見圖 5-5。這裡消費者的稟賦點(w_1, w_2)和商品 2 的價格保持不變。

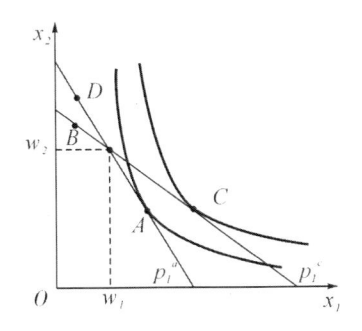

圖 5-5　價格變化的福利分析

商品 1 的初始價格為 p_1^a，其最優選擇為 A 點，這時對於商品 1 來說，消費者是淨購買者；當價格下降為 p_1^c 時，其最優選擇為 C 點，這時對於商品 1 來說，消費者仍然是淨購買者。很顯然，點 C 明顯優於點 A，或者說對消費者而言，$x^C > x^A$，想想這是為什麼？這是因為 A 點位於 C 點所在的預算線內，而 C 點才是新預算集的效用最大化點，因此對消費者來說，C 點優於 A 點。那麼當價格下降的時候，消費者是否一定會是淨購買者，會不會變成淨提供者呢？比如價格下降後，最優點為 B 點而不是 C 點。這是不可能的，因為對 A 點所在的預算線而言，A 點是效用最大化的點，而 B 點位於 A 點所在的預算線內，因此 $x^A > x^B$；同理，對 B 點所在的預算線而言，B 點是效用最大化的點，而 A 點位於 B 點所在的預算線內，因此 $x^B > x^A$。這顯然違背了理性偏好的假定。因此，我們可以得到這樣一個結論：如果消費者起初是商品的淨購買者，當所購買商品的價格下降時，消費者仍然會是淨購買者，而且消費者的福利會增加。

如果商品價格上升會有什麼樣的結論呢？比如消費者最初在 C 點，價格上升，消費者的最終選擇為 A 點。根據上面的分析可得：假設消費者起初是商品的淨購買者，當所購買商品的價格上升時，如果消費者仍然是淨購買者，那麼消費者的福利會減少。消費者這時候有沒有可能變成淨提供者呢，比如到 D 點？這是有可能的，而且這時我們不能直接判斷消費者福利水平的變化。

我們在這裡討論的是消費者初始為淨購買者的情況。如果消費者初始為淨提供者的話，請讀者自己分析，看能得到什麼結論。

三、具有稟賦的斯勒斯基方程

我們在第三章和第四章中分析需求如何隨價格變化時，始終假定消費者的貨幣收入不變，但是具有稟賦的消費者的貨幣收入本身就是價格的函數，價格變化，貨幣收入水平也會隨之發生變化，那麼第四章的價格效應分析在這裡就不太適用了，需要進行一些修正。我們現在就結合圖 5-6 來具體分析一下具有初始稟賦的消費者行為的價格變化效應。

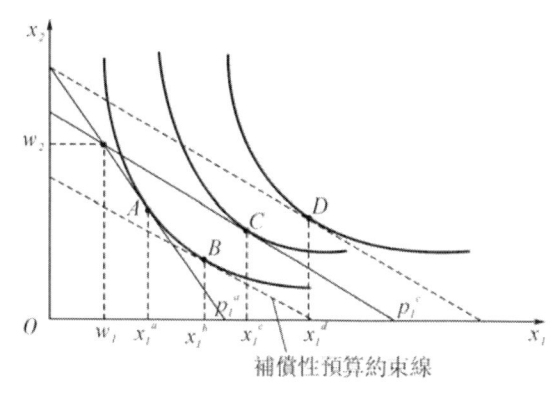

图 5-6　價格變化效應分解

假設消費者的稟賦點 (w_1, w_2) 和商品 2 的價格保持不變。商品 1 的初始價格為 p_1^a，其最優選擇為 A 點，當價格下降變為 p_1^c 時，其最優選擇為 C 點。消費者對商品 1 的需求量由 x_1^a 增加到了 x_1^c，這就是價格變化的總效應。

同樣，我們可以找到由於相對價格變化而引起的需求量的變化，即替代效應，這時候我們必須保持效用水平（或實際收入水平）不變。在圖 5-6 中，作一條輔助預算約束線——補償預算約束線，與初始無差異曲線相切於 B 點，則需求量從 x_1^a 到 x_1^b 的變化就是替代效應。

總效應中的其餘部分就是收入效應了，但這時的收入效應與無稟賦時的收入效應有所不同。因為收入效應實際上要反應消費者實際收入（實際購買力）的變化對商品需求量的影響。在沒有稟賦時，因為貨幣收入不變，所以實際收入的變化只是由價格水平變化而引起的，但有了稟賦，價格的變化會引起貨幣收入的改變，所以實際收入變化既由價格水平變化（貨幣收入不變）引起又由貨幣收入變化引起。於是具有稟賦時的收入效應就由兩部分構成。

第一部分的收入效應為普通收入效應，實際上就相當於原來的收入效應。它反應的是價格水平變化後，貨幣收入不變，由實際收入變化而造成的收入效應。在圖 5-6 中，我們再作了一條新的輔助預算約束線，這條預算約束線與最終的預算約束線（或者說與補償性預算約束線）平行，反應的是價格已經變化後的情形。同時，這條輔助預算約束線和最初的預算線交於縱軸的同一點，反應名義收入不變，這時候的最優選擇為 D 點，那麼由 x_1^b 到 x_1^d 的變化就是普通收入效應。

第二部分的收入效應為稟賦收入效應。由於稟賦的存在，價格變化會引起貨幣收入的變化，從而造成實際收入變化並引起收入效應。圖 5-6 中，從補償預算約束線到 D 點所在的預算約束線，反應的是貨幣收入不變，實際收入的變化。但由於價格下降，貨幣收入也會下降，實際收入也會減少，那麼實際收入增加不到 D 點所在的預算線。換句話說，預算線必須從 D 點所在的預算線回移到最終的預算線，反應實

際收入由於貨幣收入的下降而下降,那麼由 x_1^d 到 x_1^c 的變化就是稟賦收入效應。

具有稟賦的價格變化效應由三部分構成,具體為:

總效應($x_1^a \to x_1^c$) = 替代效應($x_1^a \to x_1^b$) + 普通收入效應($x_1^b \to x_1^d$) + 稟賦收入效應($x_1^d \to x_1^c$)

對於這個價格效應的分解,有一個對應的斯勒斯基方程,我們稱為具有稟賦的斯勒斯基方程:

$$\frac{\partial x_i(p_1, p_2, y)}{\partial p_i} = \frac{\partial h_i(p_1, p_2, u)}{\partial p_i} - \partial x_i(p_1, p_2, y)/\partial y \times (x_i(p_1, p_2, y) - w_i)$$

其中 $i = 1, 2$。

證明: 我們以第 1 種商品為例進行推導:

$\partial x_1(p_1, p_2, y)/\partial p_1$

$= \dfrac{\partial x_1(p_1, p_2, y)}{\partial p_1}\bigg|_{y\text{不變}} + \dfrac{\partial x_1(p_1, p_2, y)}{\partial y} \times \dfrac{\partial y}{\partial p_1}$

$= \dfrac{\partial h_1(p_1, p_2, u)}{\partial p_1} - \dfrac{\partial x_1(p_1, p_2, y)}{\partial y} \times x_1(p_1, p_2, y) + \dfrac{\partial x_1(p_1, p_2, y)}{\partial y} \times \dfrac{\partial y}{\partial p_1}$

由 $y = y(p_1, p_2, w_1, w_2) = p_1 w_1 + p_2 w_2$,可得

$$\frac{\partial y}{\partial p_1} = w_1$$

上式

$= \dfrac{\partial h_1(p_1, p_2, u)}{\partial p_1} - \dfrac{\partial x_1(p_1, p_2, y)}{\partial y} \times x_1(p_1, p_2, y) + \dfrac{\partial x_1(p_1, p_2, y)}{\partial y} \times w_1$

$= \dfrac{\partial h_1(p_1, p_2, u)}{\partial p_1} - \dfrac{\partial x_1(p_1, p_2, y)}{\partial y} \times (x_1(p_1, p_2, y) - w_1)$

得證。

$\dfrac{\partial x_1(p_1, p_2, y)}{\partial p_1}$ 為總效應;

$\dfrac{\partial h_1(p_1, p_2, u)}{\partial p_1}$ 為替代效應;

$\dfrac{-\partial x_1(p_1, p_2, y)}{\partial y} \times x_1(p_1, p_2, y)$ 為普通收入效應;

$\dfrac{\partial x_1(p_1, p_2, y)}{\partial y} \times w_1$ 為稟賦收入效應。

第二節　勞動供給的選擇

可能讀者們會覺得在這裡討論勞動供給非常奇怪。實際上這並不奇怪,因為在經濟學中我們通常都是假設消費者擁有要素(比如勞動和土地等)並通過出售這些要素來獲取收入。消費者獲得收入的根本目的是購買各種商品以實現自身效用的最大化。在這裡我們討論的就是:消費者擁有勞動時,如何做出最優決策。

一、基本模型

現在我們把上面的問題模型化。假設消費者初始擁有的財產為 m,擁有的時間為 T,現在消費者面臨的基本問題是選擇工作多少時間(L),休閒多少時間(R)以實現最大滿足,這裡 $L+R=T$。工作可以增加收入,從而增加消費(C)來增加效用,而休閒可以直接帶來滿足。但由於時間有限,消費者必須做出時間上的安排,實現時間的合理應用從而實現效用最大化。

假設消費品的價格為 p,勞動的價格(即工資水平)為 w,則模型為:

$$\max u(R,C)$$
$$\text{s.t. } pC = m + wL = m + w(T-R)$$

約束條件表明,消費者的消費支出來源於其擁有的初始財產和勞動收入。對於這個模型,我們似乎不太熟悉,但如果對約束條件變形,可得:

$$pC + wR = m + wT = p \times (m/p) + wT$$

於是模型變為:

$$\max u(R,C)$$
$$\text{s.t. } wR + pC = wT + p \times m/p$$

對於這個模型,我們就比較熟悉了,就是上一節所學習的具有初始稟賦的消費者選擇模型。此時兩種商品為休閒時間 R 和消費品 C,擁有的初始稟賦為 $(T, m/p)$,其價格分別為 (w,p)。這裡需要指出的是工資 w 既是勞動的價格,也是休閒的價格,也可以這樣理解,w 是休閒時所放棄的勞動收入,所以 w 也理解為休閒的機會成本。

接下來我們求解這個模型,請見圖 5-7。

在 A 點消費者實現效用最大化,此時消費者的最優休閒時間為 R^*,最優工作時間為 $(T-R^*)$。消費者必須滿足一階條件 $MRS = w/p$。w/p 是實際工資水平。那麼根據一階條件,決定消費者最優選擇的不是名義工資水平而是實際工資水平。

圖 5-7　基本模型

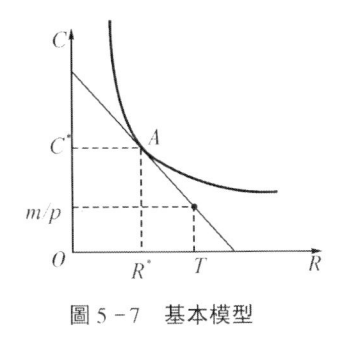

二、稟賦變動對消費者選擇的影響

這裡的消費者初始稟賦的變動，主要是指消費者擁有的初始財產的變化，因為我們擁有的初始勞動時間不會變動。如果消費者擁有的初始財產增加，那麼預算約束線向上平移(如圖 5-8 所示)。消費者最初擁有稟賦$(T, m_1/p)$，最優選擇在 A 點，這時的休閒時間為 R_1；當稟賦變為$(T, m_2/p)$，最優選擇在 B 點，這時的休閒時間為 R_2，$R_2 > R_1$，休閒時間增加。但這是一個必然現象嗎？如果休閒是正常品，那麼當初始財富增加時，休閒時間必然增加，且休閒時間為正常品是一個非常自然合理的假設，即有 $\partial R/\partial y > 0$。

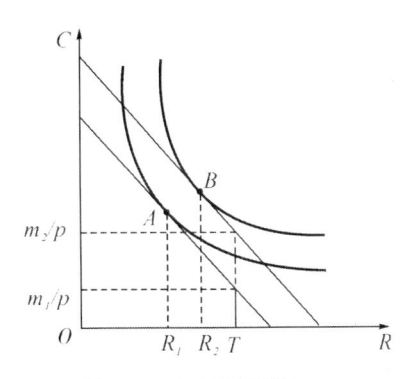

圖 5-8　初始財富增加

三、勞動供給曲線

我們現在討論一下工資水平變動對消費者勞動時間(或休閒時間)的影響。通常，我們的直覺是工資水平增加，消費者會增加勞動時間，因為這樣會帶來更多的收入。這個直覺很有道理，但一定正確嗎？我們來具體分析一下。當工資水平增加，即意味著休閒變貴了，於是消費者會減少對休閒這種昂貴商品的消費，也就意味著勞動時間的增加。但是工資增加了，也意味著初始稟賦的價值(或者說消費者的收入)增加了，消費者收入的增加會增加對休閒這種正常品的消費，這也意味著勞動時間的減

少。顯然，工資上漲對勞動時間的影響有兩種方向，那到底哪種方向的影響大呢？這主要取決於工資的替代效應和收入效應。對於這一點，我們可以通過具有稟賦的斯勒斯基方程式進行更準確的討論：

$$\frac{\partial R}{\partial w} = \frac{\partial h_R}{\partial w} + (T-R)\frac{\partial R}{\partial y}$$

其中，$\partial h_R/\partial w$ 為替代效應，所以 $\partial h_R/\partial w < 0$；$(T-R)\partial R/\partial y$ 為收入效應，因為休閒為正常品，所以 $\partial R/\partial y > 0$。

當 R 很大，$L = T - R$ 很小或者為零的時候，工資變動主要體現為替代效應，即 $\partial R/\partial w < 0$，那麼 $\partial L/\partial w > 0$。這說明當消費者休閒時間很多（比如消費者處在失業或半失業狀態）時，則消費者的收入較低，休閒對消費者顯得過於昂貴，因此工資稍微上漲，消費者都願意減少休閒，增加勞動時間。

當 $L = T - R$ 較大的時候，$(T-R)\partial R/\partial y$ 的值較大，這時收入效應會起主要作用。此時，$\partial R/\partial w > 0$，則 $\partial L/\partial w < 0$。這說明當消費者的工作時間較長，收入較高時，消費者有能力承擔很多的休閒。隨著工資的提高，消費者反而會增加休閒時間，減少勞動供給。

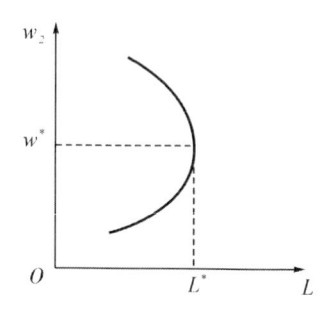

圖 5-9　背彎勞動供給曲線

當勞動時間為某個臨界值，比如 L^* 時，工資的替代效應與收入效應相抵消，勞動供給在此處由增加轉向減少。

通過上述分析，勞動供給曲線呈現出如圖 5-9 所示的背彎曲線。

第三節　跨期選擇

具有稟賦的消費者的選擇理論有很強的解釋力，第二節的勞動供給選擇是其中的一個運用，本節介紹的跨期選擇是上述理論的另一個運用。

一、基本模型

跨期選擇是指消費者需要在多個時期做出消費決策，以實現在多個時期內效用

的最大化。為了方便分析,我們假設只有兩期,即時期 1 和時期 2。相應各時期的收入為 m_1 和 m_2,消費為 c_1 和 c_2,以實現在兩個時期中的效用最大化,於是此模型為:

$$\max u = u(c_1, c_2)$$
$$\text{s. t. } c_2 = m_2 + (m_1 - c_1)$$

約束條件的含義是,消費者在第 2 期的消費等於第 2 期的收入加上第 1 期的節餘。這裡需要注意的是,如果 $m_1 - c_1 > 0$,表明消費者在第 1 期有結餘,那麼消費者是儲蓄者;如果 $m_1 - c_1 < 0$,表明消費者第 1 期的花費多於第 1 期的收入,這意味著消費者此時是一個借款者。同時,在現實中,無論消費者儲蓄還是借款都需要支付利息,如果利率為 r,那麼預算約束變為:

$$c_2 = m_2 + (m_1 - c_1)(1 + r)$$

對預算約束變形,可得:

$$(1 + r)c_1 + c_2 = (1 + r)m_1 + m_2$$

如果把 (c_1, c_2) 看作兩種商品,那麼它們的價格分別為 $p_1 = 1 + r, p_2 = 1$。(m_1, m_2) 就相當於稟賦,那麼這就是具有初始稟賦的選擇問題。在這裡我們把稟賦或消費的價值都換算成最終一期所具有的價值。比如,第一期稟賦具有 m_1 的價值,那在第二期就有了 $(1 + r)m_1$ 的價值。我們把這個預算約束方程稱為預算約束的終值形式。

如果我們把稟賦或消費的價值都以第一期的價值來表示,就得到預算約束的現值形式:

$$c_1 + \frac{c_2}{1 + r} = m_1 + \frac{m_2}{1 + r}$$

此時,$p_1 = 1, p_2 = 1/(1 + r)$,這裡第二期的稟賦價值 m_2 在第一期就只有 $m_2/(1 + r)$ 的價值了。

無論是預算約束以現值形式還是終值形式來表示,其價格比 p_1/p_2 始終等於 $1 + r$,因此如果利率 r 上升,那麼第一期的消費價格更高,顯得更貴。

求解這個問題,可以見圖 5 - 10:

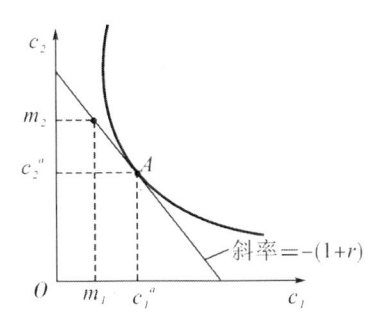

圖 5 - 10　跨期選擇

圖中，稟賦點為(m_1, m_2)，消費者最優選擇為 A 點：(c_1^a, c_2^a)，$m_1 - c_1^a < 0$，消費者是借款者。同時，最優點滿足一階條件，有 $MRS = p_1/p_2 = 1 + r$。

二、利率變動對消費者的影響

緊接上面的分析，消費者最初是借款者，如果 r 上升，消費者的最優選擇會如何變化，其福利水平又會受到什麼影響？見圖 5－11。

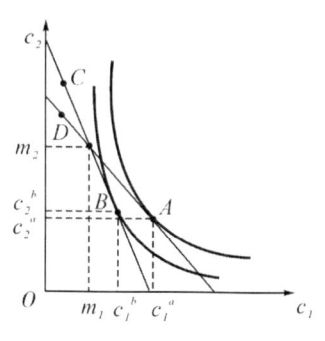

圖 5－11　利率變動分析

如果消費者在利率上升時的選擇為 B 點，此時 $m_1 - c_1^b < 0$，消費者仍然是借款者，那麼消費者福利水平降低。讀者們可以自己想想這是為什麼？消費者能否變成儲蓄者呢？比如到 C 點。這當然是有可能的，此時福利水平的變化就不能簡單地判定了。

反過來說，如果消費者最初是借款者，比如在 B 點，利率 r 下降後，消費者的最優選擇一定還是當一個借款者，而不會變為一個儲蓄者（想想這又是為什麼）。換句話說，消費者的最優選擇一定在稟賦點的右方，比如 A 點，而不會在稟賦點的左方，比如 D 點。

三、現值分析與資產市場

有了前面的基本分析，我們可以簡單地討論一下資產市場（或金融機構）存在的原因和功能，並且討論一下，在分析投資時用得最多的現值分析方法。

在求解跨期選擇的模型的時候，實際上我們有一個隱含的假設。這個隱含的假設就是當消費者是一個借款者的時候，他能夠順利地借到錢；當消費者是一個儲蓄者的時候，他能夠很順利地存錢或找到地方投資。

在圖 5－12 中，我們可以看到，當消費者是借款者時，如果他能借到錢，他能達到的效用水平為 u^A；但如果他借不到錢，就只能在初始稟賦點消費，那麼他的效用水平為 u^0。顯然 $u^A > u^0$，即對消費者來說借錢優於不借錢或借不到錢，借錢可以使跨期的效用最大化。同樣的道理，對儲蓄者來說，能夠順利地存錢優於不能存錢或投資。

那麼消費者在哪裡借錢、存錢或投資呢？在現代經濟中,這主要是通過銀行等金融機構或股票、債券等資產市場來完成的。這樣我們就看到資產市場或金融機構的一個主要職能或作用就是跨期配置資源,實現資源的合理運用,在這裡表現為消費者效用水平的提高。當然,在今後的分析中我們將會看到資產市場的其他職能。

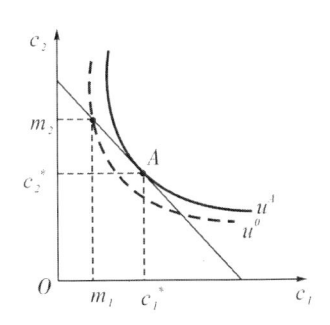

圖 5-12 跨期配置資源

在資產市場中,運用得非常普遍的分析方法就是現值分析法。現值分析實際上是用現在的價格來度量今後資產的價值。如果一個資產能在 n 個時期內產生一個價值流 $(m_1, m_2, \cdots, m_n)$,那麼這個資產的現值 (PV) 為:

$$PV = m_1 + \frac{m_2}{1+r} + \frac{m_3}{(1+r)^2} + \cdots + \frac{m_n}{(1+r)^{n-1}}$$

這裡假定每期的利率均為 r,如果每期利率都發生變化,為 $(r_1, r_2, \cdots, r_{n-1})$,那麼現值為:

$$PV = m_1 + \frac{m_2}{(1+r_1)} + \frac{m_3}{(1+r_1)(1+r_2)} + \cdots + \frac{m_n}{(1+r_1)(1+r_2)\cdots(1+r_{n-1})}$$

在經濟中有一種很特殊的資產,稱為永久支付利息債券。它是指消費者一旦購買這種債券,消費者每年都會得到一筆固定的利息收入 x,沒有期限限制,直到永遠,那麼這種債券的現值為多少呢?

$$PV = x/(1+r) + x/(1+r)^2 + \cdots = x/r$$

它表明永久支付利息債券的現值與市場利率呈反比關係。

在資產市場上有一個基本原理:當資產市場不存在不確定性時,那麼各種資產一定就有相同的報酬率。

假設現在有兩類資產:資產 A,當期的價格為 p_0,下期的價格為 p_1;資產 B 在下期可獲得利率 r。從而資產 A 可獲得的報酬率為 $r_A = \frac{p_1 - p_0}{p_0} = \frac{p_1}{p_0} - 1$,資產 B 可獲得的報酬率為 $r_B = r$。如果 $r_A > r_B$,這時候消費者願意在當期購買更多的資產 A,以在將來獲得更多的收益,那麼資產 A 的當期價格 p_0 就會上升,則 r_A 下降;反過來,當 $r_A < r_B$ 時,消費者就會出售 A,A 的當期價格 p_0 下降,則 r_A 上升;只有當 $r_A = r_B$,市場才不會變動,處於均衡狀態。此時有:

$$\frac{p_1}{p_0} - 1 = r \Rightarrow p_0 = \frac{p_1}{1+r}$$

如果 r 是市場利率，則 $p_1/(1+r)$ 為資產 A 的現值。這裡就有一個結論：在沒有不確定性的情況下，資產的當期價格等於資產的現值。

復習思考題

1. 若消費者初始為淨提供者的話，則當價格發生變化時，消費者福利如何變化，能得到什麼結論？

2. 當休閒是一種低檔品時，勞動供給曲線是什麼形狀？

3. 當消費者最初是一個儲蓄者，如果利率下降後他仍然是一個儲蓄者，他的情況是變好還是變壞？如果他變為了一個借款者，情況又如何？

4. 消費者的效用函數為 $u(c_1, c_2) = c_1^{0.4} c_2^{0.6}$，在第 1 期和第 2 期的收入分別為 $m_1 = 100$ 元和 $m_2 = 180$ 元，利率為 r，求：

（1）第 1 期和第 2 期的最優消費分別是多少？

（2）r 分別取什麼值時，該消費者在第 1 期將借入、借出，或者既不借入也不借出？

5. 假如一天 24 小時，一個人每天的消費是商品 x 和睡覺 s，他要最大化其效用函數 $u = x^2 s$，其中 $x = w(24 - s)$，w 為工資率。

（1）在模型中，消費者一天睡幾個小時是最優的？

（2）在模型中，隨著工資率 w 的增加，消費者最優的睡覺時間是增加，減少，還是不變？

第六章 不確定條件下消費者行為選擇

前面研究的問題都是在確定性條件下的,但俗話說得好「天有不測風雲,人有旦夕禍福」。實際上,現實生活中充滿了風險和不確定性,比如賭博、買彩票等。本章研究在不確定條件下消費者如何進行選擇。

第一節 基本概念

首先我們給出不確定性的基本定義。不確定性是指當人們在做出選擇的時候,會面臨著多種結果$(x_1, x_2, \cdots, x_n)$,這些結果中肯定會有一個結果出現,但具體出現哪一個事先並不知道,只知道每一個結果出現的概率為$(\pi_1, \pi_2, \cdots, \pi_n)$且$\pi_1 + \pi_2 + \cdots + \pi_n = 1, \pi_i \geq 0 (i=1, \cdots, n)$,那麼我們把這種現象稱為不確定性。

在現實生活中,有很多這樣的例子。比如天氣預報,現在的天氣預報經常這樣報導,明天下雨的可能性為80%。這實際上就是一種不確定性,明天天氣有兩個結果(下雨,不下雨),其概率分佈為(80%, 20%)。又比如扔骰子,顯然扔之前我們並不知道會出現幾點,但我們知道最后的結果一定會出現在這6個結果(1,2,3,4,5,6)中,每一個結果出現的可能性為(1/6,1/6,1/6,1/6,1/6,1/6)。

在經濟學中,不確定性的現象也非常多,比如買賣股票。如果買賣股票不存在不確定性,那麼買賣股票就不是一件令人又愛又恨的事情了。我們再看一個具體的保險的例子,假如一個消費者擁有初始財產50,000元,但初始財產有1%可能性會發生損失(比如火災),損失額為10,000元。請注意,這時候消費者面臨著不確定性,他擁有的不是100%的50,000元,而是1%的40,000元(50,000-10,000),99%的50,000元。當然絕大多數的消費者不願意冒險損失10,000元,於是很多人願意購買保險。假如消費者購買了5,000元的保險,保險費率為1%,則消費者支付50元保費,這時消費者得到的結果仍然是有不確定性,但是現在他可以1%的可能性得到50,000-10,000-50+5,000=44,950元,有99%的可能性得到50,000-50=49,950元。如果消費者購買了10,000元的保險,費率仍然為1%,那麼消費者支付保費100元,這時消費者就將以1%的可能性得到50,000-10,000-100+10,000=49,900元,有99%可能得到50,000-100=49,900元。很顯然,從上面的分析中我們

可以看出，當消費者選擇購買多少金額的保險時，實際上是在選擇各種不確定性。換句話說，消費者是在選擇不同結果的概率分佈。如果不確定性的各種結果為$(x_1, x_2, \cdots, x_n)$，各種結果出現的概率為$(\pi_1, \pi_2, \cdots, \pi_n)$，那麼消費者此時的選擇記為$(\pi_1, x_1; \pi_2, x_2; \cdots; \pi_n, x_n)$，代表著不同結果的概率分佈。我們把上述表示稱為一個彩票，記為L，則$L = (\pi_1, x_1; \pi_2, x_2; \cdots; \pi_n, x_n)$。彩票就是不確定性條件下選擇的基本對象，相當於確定條件下的消費束，不過存在不確定時，選擇的就是概率分佈。結合保險的例子，當不買保險時，消費者選擇的彩票為$(99\%, 50,000; 1\%, 49,000)$，當買5,000元保險時，彩票為$(99\%, 49,950; 1\%, 44,950)$，當買了10,000元保險時，彩票為$(99\%, 49,900; 1\%, 49,900)$。

消費者面臨著如此多的選擇時，究竟選哪一個才是最好的？這時，我們就需要借助偏好和效用函數來分析消費者的選擇，這也是第二節的主要內容。

第二節　期望效用函數

一、不確定條件下的效用函數

如果消費者的一個彩票$L = (\pi_1, x_1; \pi_2, x_2; \cdots; \pi_n, x_n)$有一個效用值，那麼按照以前討論，其效用函數為$u(L) = u(\pi_1, x_1; \pi_2, x_2; \cdots; \pi_n, x_n)$，但在不確定條件下，我們可以把效用函數表示為：

$$U(L) = \pi_1 u(x_1) + \pi_2 u(x_2) + \cdots + \pi_n u(x_n) \tag{1}$$

式(1)被稱為期望效用函數或馮·諾伊曼－摩根斯坦效用函數，表示為消費者對不確定選擇(即彩票)的一個主觀評價或偏好。它等於各種結果效用值的加權平均，權重為各種結果的概率。

$u(x_i)(i = 1, 2, \cdots, n)$表示對某一結果的偏好和評價。為了與期望效用函數相分別，$u(x_i)$被稱為貝努利效用函數，與普通效用函數是沒有區別的。在經濟學中，不確定性的結果往往是不同的貨幣數量。因此$u(x_i)$變為一元函數$u(x)$，x為貨幣數量的大小，$u(x)$有時也被稱作貨幣效用函數。

例1：當貨幣效用函數為$u(x) = \sqrt{x}$時，如果消費者有這樣一個選擇，他有50%的可能性得到100元錢，有50%的可能性得到36元錢，那麼這個選擇帶給消費者的滿足程度多大呢？

此時，消費者的選擇為$L = (50\%, 100; 50\%, 36)$。

$$U(L) = \pi_1 u(x_1) + \pi_2 u(x_2) = 0.5 \times \sqrt{100} + 0.5 \times \sqrt{36} = 8$$

這裡需要指出的是，只有具有(1)式形式的效用函數，或者說只有具有相加形式

的效用函數才能稱為期望效用函數。我們知道效用函數的一個單調變換也是代表同一偏好的效用函數，比如 $U = a\ln x_1 + (1-a)\ln x_2$ 和 $U = x_1^a x_2^{1-a}$ 都代表同一偏好，但前者才是期望效用函數，而後者不是。期望效用函數能採取相加的形式，關鍵在於消費者在不確定條件下的選擇，各種可能的結果之間很自然地存在著一種「獨立性」，即消費者對各種結果的消費必定是分開的，而不可能同時消費。如例1中，消費者有50%的可能性得到100元錢，有50%的可能性得到36元錢。但在一次選擇中，他要麼得到100元，要麼得到36元，而不可能同時得到兩者。當他得到100元時，其效用水平為10；當他得到36元時，其效用水平為6。但在選擇前，他並不知道會得到哪一種具體的結果，因此消費者只能估計其得到的效用的平均值，即 $0.5 \times 10 + 0.5 \times 6 = 8$。相加性的效用函數能很好地表明不確定選擇的這種獨立性和效用的期望性質，而其他函數形式就沒有這種性質，因此只有像(1)式這種形式的效用函數才是期望效用函數。

二、期望效用函數形式與消費者的風險態度

期望效用函數是貝努利效用函數的加權平均，因此期望效用函數的性質取決於貝努利效用函數(貨幣效用函數)的性質，貝努利效用函數的不同形式實際上反應了消費者對待風險的不同態度。

假設消費者有這樣兩個機會：一個機會是他有50%的機會得50元，同時有50%機會可以得到10元錢，此時其期望收入為30元；另一個機會是他可以確定得到30元。消費者究竟選擇哪一個？第一個機會中，消費者的期望收入為30元，但他面臨著不確定性，有一定風險，此時他的期望效用為 $0.5u(50) + 0.5u(10)$；第二個機會中，消費者可得到確定的30元，無風險，此時的效用水平為 $u(30)$。消費者選擇哪個機會取決於其效用值大小的比較，效用值大小的比較又取決於其對待風險的態度，而對待風險的態度又反應在貨幣效用函數的形式上。

(一) 凹函數與風險厭惡

如圖6-1所示，當貨幣效用函數為凹函數時，$u(30) > 0.5u(50) + 0.5u(10)$，消費者選擇機會2。這說明消費者更偏好於確定的30元收入，而不喜歡有風險的期望收入30元，即使這時他有50%的可能獲得高達50元的收入。顯然這個消費者是一個風險厭惡者。

一般而言，如果彩票 $L = (\pi_1, x_1; \pi_2, x_2; \cdots; \pi_n, x_n)$，彩票的期望為 $E(L) = \pi_1 \cdot x_1 + \pi_2 \cdot x_2 + \cdots + \pi_i x_n$。

當 $u(E(L)) > U(L)$ 時，消費者為風險厭惡者，其貨幣效用函數為凹函數，有 $u' > 0, u'' < 0$，即貨幣的邊際效用為正，但貨幣邊際效用遞減。

図6-1 風險厭惡

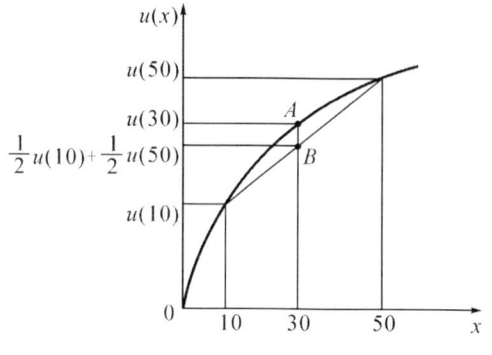

(二) 凸函數與風險偏好

如圖6-2所示,當效用函數為凸函數時,$u(30) < 0.5u(50) + 0.5u(10)$,消費者更喜歡一個不確定的結果,即消費者是一個風險偏好者。

也即是說,當$u(E(L)) < U(L)$時,消費者為風險偏好者,此時貨幣效用函數為凸函數,則$u' > 0, u'' > 0$。

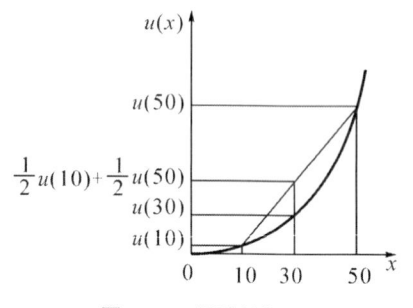

圖6-2 風險偏好

(三) 線性函數與風險中立

如圖6-3所示,當效用函數為線性函數時,$u(30) = 0.5u(50) + 0.5u(10)$,即消費者對風險持一種中性的態度,消費者是風險中立者。

即當$u(E(L)) = U(L)$時,消費者為風險中立者,此時貨幣效用函數為線性函數,則$u' > 0, u'' = 0$。

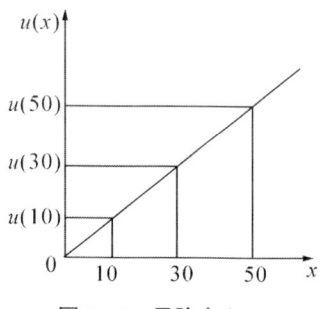

圖6-3 風險中立

三、風險厭惡的度量

一般來說,在經濟學中最常用的假設是消費者為風險厭惡者。因此,對風險厭惡的度量在經濟學中就顯得特別重要。下面我們就介紹經濟學中常用的風險厭惡程度的指標。

(一)確定性等值和風險升水

對風險厭惡者來說,一個期望收益為 30 元的不確定選擇是劣於確定性的 30 元的,前者的效用水平低於後者。那麼這個不確定性的選擇相當於多少確定性的收入呢?這個問題的回答就是確定性等值的概念。確定性等值(CE)是一個完全確定的收入量,此收入水平所對應的效用水平等於不確定性條件下的期望效用水平,即 CE 滿足 $u(CE) = U(L)$。

假設消費者面臨這樣一個彩票 $L = (\pi_1, a_1; \pi_2, a_2)$,其期望效用為 $U(L) = \pi_1 u(a_1) + \pi_2 u(a_2)$,其 CE 的值滿足 $u(CE) = U(L)$(如圖 6-4 所示),其中 $E(L) = \pi_1 a_1 + \pi_2 a_2$ 為彩票的期望值。

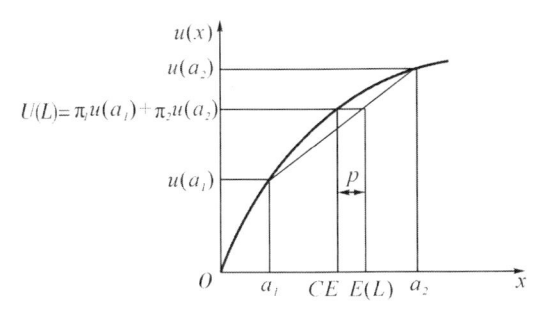

圖 6-4　CE 和 P

例2:　求例1中的 CE。

解:
$$u(CE) = U(L) = 8$$
$$\sqrt{CE} = 8$$
$$CE = 64$$

此時,彩票的期望收益 $E(L) = 0.5 \times 100 + 0.5 \times 36 = 68$。

對風險厭惡者來說,CE 往往小於 $E(L)$,兩者之間的差值可定義為 $P = E(L) - CE$,我們稱為風險升水。風險升水表示消費者為了規避風險而願意付出的最大代價,即消費者寧願少收入 P 也不願意冒險。

(二)普拉特指標

從圖形的直觀分析中我們可得知,當貨幣效用函數是凹函數時,消費者是風險厭惡者。函數越凹,消費者的風險厭惡程度越大。函數的凹度可以在一定程度上表明

消費者的風險厭惡程度,而函數的凹度是由函數的二階導數刻畫的,於是我們在經濟學中找到了一個非常重要的度量風險厭惡程度的指標,即普拉特指標,記為 $R_a(w)$。普拉特指標用效用函數的二階導數和一階導數的比值可用於度量風險厭惡程度,準確地表示為:

$$R_a(w) = -u''(w)/u'(w)$$

當 $R_a(w) > 0$ 時,消費者為風險厭惡者;

當 $R_a(w) < 0$ 時,消費者為風險偏好者;

當 $R_a(w) = 0$ 時,消費者為風險中立者。

而且,當 $R_a(w)$ 的值越大時,消費者的風險厭惡程度越高。

第三節　不確定性條件下的最優選擇

現在我們討論在不確定條件下消費者是如何做出最優選擇的,以及在最優選擇時所遵循的條件。我們以一個例子來具體說明不確定性條件下最優選擇的方法。這個例子就是第一節中關於保險的例子的簡單擴展。

消費者一開始擁有初始財產 M,此時消費者有 π 的可能性面臨損失,損失額為 b。如果消費者投保,保額為 k,保費率為 r,這時支付的保費為 rk,那麼消費者的選擇為:有 π 的可能性得到 $(M-b-rk+k)$,或者有 $(1-\pi)$ 的可能性得到 $(M-rk)$。此時消費者的彩票為:

$$L = (1-\pi, M-rk; \pi, M-b-rk+k)$$

如果我們定義:

$$c_g = M - rk, \tag{2}$$

$$c_b = M - b - rk + k, \tag{3}$$

則彩票變為:

$$L = (1-\pi, c_g; \pi, c_b)$$

消費者的效用為 $U(L) = (1-\pi)u(c_g) + \pi u(c_b)$。

接下來我們討論 c_g 和 c_b 的關係。

對(2)式變形可得:

$$k = (M - c_g)/r \tag{4}$$

將(4)式代入(3)式,得:

$$c_b = M - b - (M - c_g) + (M - c_g)/r \tag{5}$$

對(5)式變形可得:

$$(1-r)c_g + r c_b = (1-r)M + r(M-b) \tag{6}$$

(6)式表明 c_g 和 c_b 必須滿足這樣一個等式關係。換句話說,消費者要實現效用 $U(L)$ 的最大化,必須滿足式(6)。此時消費者購買保險以實現效用最大化的問題就變為下面這個模型:

$$\max U(L) = (1-\pi)u(c_g) + \pi u(c_b)$$
$$\text{s.t. } (1-r)c_g + rc_b = (1-r)M + r(M-b)$$

這個模型的形式實際上就是有稟賦的消費者選擇模型。這裡有兩種商品:第一種商品的數量為 c_g,價格為 $(1-r)$,稟賦量為 M;第二種商品的數量為 c_b,價格為 r,稟賦量為 $M-b$。

如果把 c_g 和 c_b 看作商品,那麼這類商品在經濟學中被稱為或然商品。或然商品是指即使是同一種物品,在不同狀態下也應看成不同的商品。比如天氣有兩種狀態(熱天,冷天),那麼我們把熱天的冰淇淋和冷天的冰淇淋往往看作兩種商品。在跨期選擇的時候,實際上我們也把今天的錢和明天的錢看作兩種不同商品。在不確定性條件下,有幾種結果就認為有幾種商品。在上面的例子裡,對經濟中的兩種狀態(發生損失,不發生損失),我們稱為(好狀態,壞狀態)。我們把好狀態下得到的1元錢和壞狀態下得到的1元錢也看作兩種不同的商品,分別稱為好狀態商品和壞狀態商品。在本例中,如果沒有買保險,消費者擁有的好狀態商品的數量為 M,擁有的壞狀態商品的數量為 $M-b$,即此時擁有的兩種商品數量為初始稟賦量。當購買保險後,好狀態商品數量為 c_g,壞狀態商品數量為 c_b。

如果按照上面的方式來理解商品,那麼消費者購買保險就是在重新選擇兩種商品的數量。由於初始稟賦有限,購買保險後消費者能得到的好狀態商品數量 c_g 和壞狀態商品數量 c_b 必須滿足式(6),即約束條件。約束條件表明好狀態商品和壞狀態商品的價格為 $(1-r, r)$,比如 $r=0.1$,那麼好狀態商品的價格為0.9,壞狀態商品的價格為0.1,則好狀態商品顯得較貴。此時預算約束線如圖6-5所示:

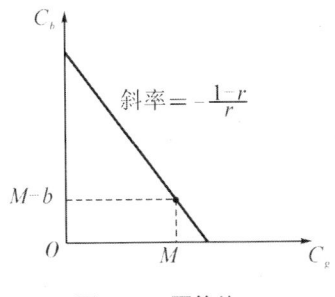

圖6-5 預算線

這時預算約束線的斜率為 $\Delta c_b/\Delta c_g = -(1-r)/r$,表明用1元錢的好狀態商品可以在市場上交換到 $(1-r)/r$ 的壞狀態商品。也就是說,消費者用1元錢購買保險(即減少1個單位的好狀態商品),如果 $r=0.1$,那麼消費者在發生損失時可以得到9

元錢的保險(即可以增加9個單位的壞狀態商品)。

當消費者實現效用最大化時(如圖6-6所示),無差異曲線和預算約束線相切,即:

$$MRS = (1-r)/r \tag{7}$$

$$\frac{(1-\pi)\partial u(c_g)/\partial c_g}{\pi \partial u(c_b)/\partial c_b} = \frac{1-r}{r} \tag{8}$$

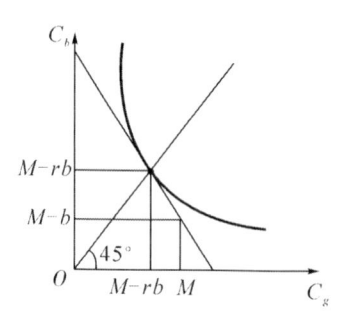

圖6-6　最優保險選擇

我們看看如果保險公司的保費是公平保費,上述結論意味著什麼?公平保費意味著保險公司的期望利潤為零。正常情況下,保險公司的收益為保費收入 rk,保險公司的成本為支付賠償的期望值 πk,則期望利潤為 $rk - \pi k$。若是公平保費,則保險公司的期望利潤為零,即 $rk - \pi k = 0$,那麼必然有 $r = \pi$。也就是說,如果保險公司的保費為公平保費,其保費率應該等於發生損失的概率,此時式(8)就變為:

$$\frac{\partial u(c_g)/\partial c_g}{\partial u(c_b)/\partial c_b} = 1 \Rightarrow \frac{\partial u(c_g)}{\partial c_g} = \frac{\partial u(c_b)}{\partial c_b}$$

最后,可得:

$$c_g = c_b \tag{9}$$

將(9)代入預算約束線可得:

$$c_g = c_b = M - rb$$
$$k = b$$

這說明如果保費是公平的,當消費者實現效用最大化時,消費者會購買全額保險(保險額度等於受損失額度,即 $k = b$),而此時消費者得到的好狀態商品和壞狀態商品的數量相等,即 $c_g = c_b$。這意味著無論損失發生還是不發生,消費者都能得到固定的收入 $M - rb$,即消費者願意支付 rb 的費用以獲得一個穩定的保障 $M - rb$。

在這裡,我們看一個具體的例子。消費者擁有的初始財產為50,000元,初始財產有1%的可能會發生損失,損失額為10,000元。此時,消費者的預期收益為49,900元,但他面臨著很大的風險,因為他有1%的可能只有40,000元。如果保費是公平的,那麼消費者通過購買全額保險,將會獲得穩定的49,900元,這樣消費者的效用水

平提高了。實際上購買保險是一種風險分散的辦法;消費者通過把風險分散給其他人,從而降低其所承擔風險。我們看看消費者是通過什麼辦法來分散風險的。假設經濟中有10,000個類似的消費者,那麼平均有100個消費者會發生損失,但具體是哪一個人發生損失事先並不清楚,於是這10,000人決定無論誰發生損失,每個人都向受損失的人捐助100元,因為一旦自己受到損失,自己也會得到別人的捐助。從平均意義上看,100個消費者發生損失,共損失 100 人×10,000 元/人 = 1,000,000 元,但得到的捐助也是100 元/人×10,000人 = 1,000,000 元,於是最后每個人都能一直保持穩定的49,900元的財產水平。如果這些人成立一個保險公司,那麼很顯然保險公司的一個基本職能就是分散風險。同樣的道理,資產市場(比如股票市場)也同保險公司一樣發揮著分散風險的功能。企業的所有者可以通過發行股票,把單個公司或股東所承擔的風險分散到大量的股票所有者身上。股票持有者也可以在股票市場買賣股票,重新分配他們的風險,有的人願意持有穩健的公司股票,而有的人願意持有高回報高風險的股票。總之,金融市場的一個基本職能就是分散風險。

復習思考題

1. 如果某個消費者對小額賭博是風險偏好的,對大額賭博是風險厭惡的,請繪出他的效用函數圖。

2. 消費者的效用函數為 $u(w) = \ln w$,求普拉特指標並判斷消費者是風險厭惡者還是風險偏好者。

3. 消費者效用函數為 $u(w) = w^{0.5}$,消費者初始擁有10,000元財產,但有5%的可能性損失3,600元,求消費者願意支付的最大保險金額。

4. 為什麼對於不可抗力,一般來說保險公司不予保險?

5. 一個人具有期望效用函數,其貨幣效用函數的原形為 $u(w) = \sqrt{w}$。他的財產初值為4元。他擁有一張獎券,該獎券值12元的概率為0.5,值零元的概率為0.5。這個人的期望效用是多少?若要他出讓該彩票,他索取的最低價會是多少?

第七章 生產者行為理論

經濟學中的生產者指的是廠商或者企業。抽象掉制度上的差異,廠商或企業負擔的經濟職能是把投入組合轉化為產出。生產者最基本的經濟決策是選擇「生產什麼」「生產多少」以及「如何生產」。為了回答競爭性的廠商如何做出這些決策,我們依次考慮如下問題:①生產的技術特徵;②成本最小化的要素投入組合;③利潤最大化的產量選擇;④生產者的行為如何決定對生產要素的需求。

第一節 生產技術

一、生產技術的描述方法

在這一章,我們不考慮廠商多樣化生產的選擇問題,而是假設一個廠商只生產一種產品。但是,任何一種產品往往都需要不同投入組合起來才能生產出來。因此,本章考察的生產就是投入組合轉化為產出的過程。

生產顯然會受技術的約束,生產技術約束決定了「什麼樣的生產活動是可行的」。但是,大量的技術上可行的生產活動都不會成為經濟學研究的內容。例如,在技術上,如果一個特定的投入組合可以提供一定的產出,那麼相應的投入組合提供較少的產出,或者用更多的投入生產同樣的產出在技術上往往是可行的。但是由於資源的稀缺性,后兩種生產活動顯然不具有社會合意性。

在理論研究中,排除后兩種生產活動的辦法是我們只關心有效率的生產。在此,有效率的生產是指無法利用相同的投入獲得更多的產出,或者無法用更少的投入生產相同的產出。

由於有效率的生產可以理解為總是用給定的投入生產出技術上可能的最大化的產出,因此,我們可以用要素投入組合和相應的最大化的產出之間的關係反應生產當中的技術約束。這一關係可以寫成函數形式,而這一函數則被稱為生產函數。

生產函數是一個對複雜的生產過程進行簡化的工具。在最簡單的情況下,我們可以把要素投入分成資本和勞動兩大類。如果我們用 q 表示產量,用 k 表示資本(可以用使用機器運轉的小時數來度量),用 l 表示勞動投入(用勞動時間度量),那麼生

產函數就可以表示為 $q = f(k, l)$。

給定生產函數,我們可以定義要素投入的平均產量和邊際產量,例如勞動投入的平均產量為 $AP_l = \frac{f(k, l)}{l}$,勞動投入的邊際產量則為 $MP_l = \frac{\partial f(k, l)}{\partial l}$,資本的平均產量 $AP_k = \frac{f(k, l)}{k}$,資本的邊際產量為 $MP_k = \frac{\partial f(k, l)}{\partial k}$。

一般來說,同樣的產出總是可以由不同的投入組合生產出來,從而為生產者提供了選擇的機會。在把要素投入簡化為只有兩種的情況下,給定產量水平為 $\bar{q}$,所有能夠有效率地生產出這一產出水平的要素投入組合可以表示為 $\bar{q} = f(k, l)$。在一個二維坐標系內,兩個坐標軸分別對應兩種投入的數量,描述這種選擇可能性的工具就是等產量線(見圖 7-1)。

有效率的生產要求等產量線的斜率不能為正,否則就出現了兩種投入都增加但產出不變的情況。因此,上述的選擇機會實際上意味著生產者可以用要素投入相互替代以生產給定的產量。如果勞動投入變化 Δl,資本投入變化 Δk,產出不變,那麼 $\left|\frac{\Delta k}{\Delta l}\right|$ 被稱為勞動對資本的技術替代率,而當勞動投入發生微小變化時,我們就可以得到勞動對資本的邊際技術替代率,表示為 $MRTS_{l,k} = -\frac{\mathrm{d}k}{\mathrm{d}l}$。如果邊際產量有良好的定義,那麼 $MRTS_{l,k} = \frac{MP_l}{MP_k}$,並且是等產量線的斜率的絕對值。

描述替代可能性的另一個分析工具是替代彈性。兩種要素投入之間的替代彈性是指在產出水平保持不變的前提下,由兩種要素之間的邊際技術替代率 1% 的變化所導致的投入比例變化的百分比。例如,勞動對資本的替代彈性為 $\sigma_{l,k} = \frac{\mathrm{d}(k/l)}{k/l} / \frac{\mathrm{d}MRTS_{l,k}}{MRTS_{l,k}} = \frac{\mathrm{d}\ln(k/l)}{\mathrm{d}\ln(MRTS_{l,k})}$。它告訴我們,當邊際技術替代率變化 1% 時,人均資本佔有量變化的百分比是多少。替代彈性越大表明替代越容易發生,而如果替代彈性為零意味著無法進行替代。

二、生產技術的基本假設

一般情況下,生產技術被假設為具有單調性和凸性兩種特徵(這與偏好的單調性和凸性類似)。

單調性是指如果至少一種投入增多,總可以生產至少相同的產出。而嚴格單調性則意味著任何一種投入增多都可以生產出更多的產出。嚴格單調性也可以描述為生產函數是嚴格增函數,或者說任何一種投入的邊際產出都是正的。在只有兩種投入的情況下,嚴格單調性也意味著等產量線的斜率為負,並且越遠離原點的等產量對

應的產量水平越高。

凸性技術是指如果兩個要素組合可以生產出相同的產出,那麼這兩個要素組合的任意的凸組合至少可生產出相同的產出。在只有兩種投入的情況下,在一條等產量線上任取兩點。在凸技術下,連接這兩點的線段或者落在同一條等產量線上,或者落在原等產線的右邊。如果生產技術是嚴格凸的,那麼一條等產量線上任意兩點的連線除了兩個端點之外一定落在原等產量線的右邊,即可以生產出更高的產出。滿足上述特徵的等產量線必然是凸向原點的(見圖7-1)。

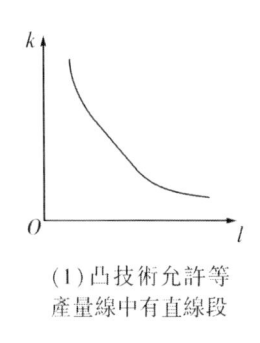

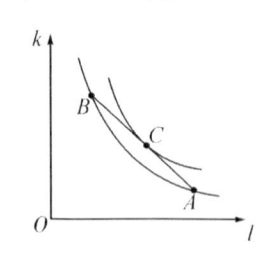

(1)凸技術允許等產量線中有直線段

(2)嚴格凸技術下,要素組合A、B的凸組合C處於更高水平的等產量線上。

圖7-1　等產量線

嚴格凸技術的一個直接含義是:邊際技術替代率是遞減的。

三、可變比例與不變比例的生產技術特徵

不同的要素投入組合可以分成可變比例和不變比例兩種情況。下面我們要考察的就是這兩種情況下的生產技術特徵。

在只有兩種投入的情況下,可變比例是指資本和勞動的比例變化,並且主要運用於短期分析中。生產過程的時間長度不同,技術上的可行性也往往不同。時間對生產技術的限制主要表現在:如果時間較短,那麼有些要素投入的數量就無法改變。在此,短期就被定義為資本投入不變,只有勞動投入可變的時間長度。

在短期,隨著勞動投入的增加,勞動的邊際產出和平均產出的變化取決於兩種效應的綜合作用。一方面,隨著勞動投入增加,尤其是當勞動者人數增加時,勞動分工提高勞動生產率;另一方面,隨著勞動投入增加,人均資本佔有量就不斷下降,由此導致勞動生產率下降。一般來說,在初始階段,第一種效應佔主導作用,但最終第二種效應會開始起主導作用。因此,隨著勞動投入增加,勞動的邊際產出和平均產出都會經過一個先提高並最終下降的過程(見圖7-2)。這一性質被稱為邊際產出遞減規律,或者稱為邊際報酬遞減規律。在理論研究中,人們經常抽象掉邊際產量遞增區域,而假設邊際產量始終遞減。

图 7-2　邊際產出遞減

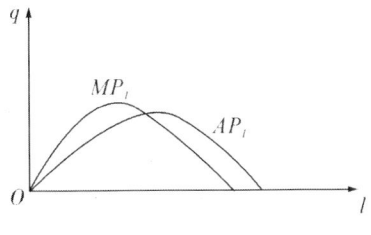

當所有的要素投入同比例變化時，要素投入比例不變，這種變化被稱為規模變化，而產出隨著規模變化而變化的規律被稱為規模報酬特徵。

在只有兩種要素投入的情況下，生產函數為 $q = f(k, l)$。如果對於任意的 $t > 0$ 與任意的 k 和 l，有 $f(tk, tl) = tf(k, l)$，我們稱生產具有規模報酬不變的特徵；如果對於任意的 $t > 1$ 與任意的 k 和 l，有 $f(tk, tl) > tf(k, l)$，我們稱生產具有規模報酬遞增的特徵；如果對於任意的 $t > 1$ 與任意的 k 和 l，有 $f(tk, tl) < tf(k, l)$，我們稱生產具有規模報酬遞減的特徵。

上面考察的規模報酬特徵在整個生產函數的定義域上成立，但有時，規模報酬的特徵與規模相關。最常見的情況是，隨著規模的增大，規模報酬呈現先遞增，然後不變，最終遞減的變化過程。這被稱為規模報酬遞減規律。

四、常見的生產技術

完全替代的生產技術特徵可用生產函數 $q = al + bk$ 表示，等產量線是斜率為 $-\frac{a}{b}$ 的直線，替代彈性無窮大（見圖 7-3）。

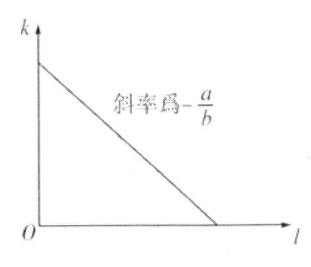

圖 7-3　完全替代的生產技術

完全互補的生產技術也被稱為列昂惕夫生產技術或固定比例生產技術，其生產函數為 $q = \min\{al, bk\}$，等產量線如圖 7-4 所示，替代彈性為零。這種技術的特徵可以比喻為：木桶盛水量就決定於最短的木板。

图7-4 固定比例的生产技术

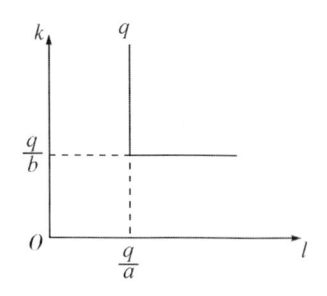

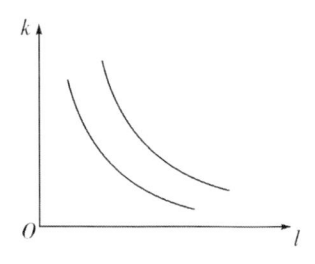

柯布－道格拉斯生产技术可用生产函数 $q = l^a k^b$ 表示，等产量线凸向原点，并且替代弹性恒为1。

图7-5 柯布－道格拉斯生产技术

在理论研究当中，经济学家偏爱的生产函数是 $q = (al^\rho + bk^\rho)^{\frac{1}{\rho}}$。这一函数描述的是不变的替代弹性生产技术，因为其替代弹性恒为 $\frac{1}{1-\rho}$。这个函数一个非常方便的特征是：当 ρ 取值不同时，可以表示不同的生产技术。当 $\rho = 1$ 时，对应的是完全替代的生产技术特征；当 $\rho \to 0$ 时，反应的是柯布－道格拉斯生产技术；当 $\rho \to -\infty$ 时，反应的是固定比例生产技术的特征。

第二节　成本最小化

一、成本最小化问题

不论处于何种市场结构，一个以利润最大化为行为目标的厂商一定以最小化的成本生产给定的产量。思考此问题的过程可以概括为：首先，厂商找到能够得到一个给定产量水平的所有技术上可行并且有效率的要素投入组合；然后，计算所有这些要素投入组合的成本水平；最后，比较成本水平的高低，选择成本水平最低的要素投入组合。因此，成本最小化问题的核心是要素投入组合的选择问题。

为了得到一个产量，所有有效率的要素组合可以用生产函数来描述。要得到不

同要素組合的成本水平則必須知道要素的價格。在此我們考察生產者處於完全競爭要素市場的情況。也就是說,生產者是要素市場價格的接受者。

勞動價格用工資率 w 表示,資本的價格用租金率 r 表示,一個成本最小化的選擇問題可以表示為

$$\min_{l,k} wl + rk$$
$$\text{s. t.} f(l,k) = q$$

如何用幾何方法思考這一問題呢?約束方程對應著一條等產量線,它告訴我們可選的要素組合的範圍。廠商面對的問題就是在等產量線上選一點,但這一點所對應的要素組合應該具有最小的成本。接下來的問題是如何比較不同的要素組合的成本水平。給定目標函數一個確定的值,我們就得到一條等成本線。顧名思義,等成本線上所有的點對應的要素組合具有相同的成本水平。等成本線是一條向下方傾斜的直線(見圖7-6),等成本線的斜率為 $-\frac{w}{r}$,並且越遠離原點的等成本線所對應的成本水平越高。有了等成本線這一分析工具,我們就可以比較等產量線上任意兩點的成本水平了。其方法是確定兩個點所處的等成本線,所處的等成本線越靠近原點的點所對應的要素組合就需要更低的成本。在等產量線上所有的點中,成本最小化的點就是所處的等成本線最靠近原點的點。

如果是互補的生產技術,成本最小化的要素組合就是等產量線的折點所對應的要素組合(見圖7-6)。

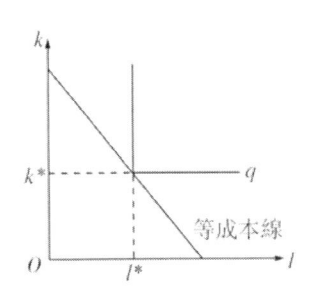

圖7-6 互補生產技術下的最佳要素投入組合

如果生產技術是完全替代的,那麼成本最小化的要素組合有三種情況,取決於要素相對價格和邊際技術替代率。如果 $\frac{w}{r} > \frac{a}{b}$,那麼等成本線比等產量線陡峭,成本最小化的要素組合選擇是等產量線和縱軸的交點,即全部使用資本生產給定的產量。之所以這是最優的選擇,是因為用勞動替代資本只會增加成本。如果在此基礎上增加一個單位的勞動投入,可以替代資本投入 $\frac{a}{b}$。增加一個單位的勞動投入,成本增加 w,但減少資本投入 $\frac{a}{b}$,成本降低 $\frac{a}{b}r$。由於 $\frac{w}{r} > \frac{a}{b}$,因此 $w > \frac{a}{b}r$。也就是說,進行上

述的替代會增加成本。同理,如果 $\frac{w}{r} < \frac{a}{b}$,成本最小化的生產方式是全部使用勞動,最優選擇是等產量線和橫軸的交點(見圖7-7)。

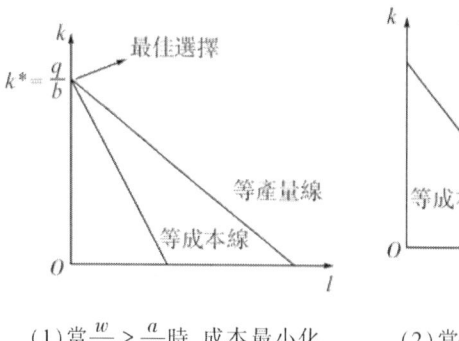

(1) 當 $\frac{w}{r} > \frac{a}{b}$ 時,成本最小化的生產方法是全部使用資本。

(2) 當 $\frac{w}{r} < \frac{a}{b}$ 時,成本最小化的生產方法是全部使用勞動。

圖7-7 完全替代生產技術下的最佳要素投入組合

上述兩種生產技術有些特殊。如果生產技術是柯布-道格拉斯生產技術,那麼成本最小化的選擇是等產量線和等成本線的切點(見圖7-8)。

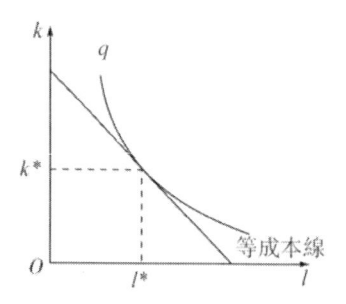

圖7-8 柯布-道格拉斯生產技術下最佳要素投入組合

這種情況中的最佳要素投入組合滿足 $MRTS_{l,k}(l^*, k^*) = \frac{w}{r}$,即兩種投入之間的邊際技術替代率等於它們的價格的比率。變換這一條件,得到 $\frac{MP_l}{MP_k} = \frac{w}{r}$,並且進一步變換得到 $\frac{MP_l}{w} = \frac{MP_k}{r}$。其經濟學含義是:當實現成本最小化時,最後一單位成本在不同的要素上獲得的邊際產品都相等。這就是資源配置的等邊際法則在生產理論中的運用。

二、成本函數及其特徵

在生產技術給定,給定要素的市場價格不變的前提下,為所有的產量找到成本最

小化的要素組合併計算得到最小化的成本,那麼我們就可以定義產量和最小成本之間的關係,這一關係用函數來描述就是成本函數 $C(q)$。

在要素價格給定不變的前提下,成本函數的性質就取決於生產技術特徵。接下來,我們首先考察短期成本和長期成本的特徵,重點考察生產函數和成本函數的內在聯繫,然后考察短期成本和長期成本的關係。

1. 短期成本函數的特徵

一般情況下,在短期,資本投入產生固定成本,勞動投入產生可變成本,因此總成本可以表示為 $STC = FC + SVC$。如果邊際產出遞減規律成立,那麼邊際成本為 U 形。總成本和邊際成本曲線的特徵和關係如圖 7-9 所示。

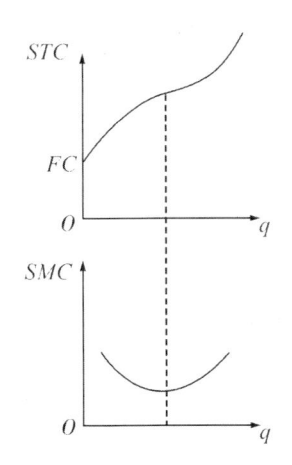

圖 7-9 短期總成本與邊際成本

由於邊際產出遞減意味著平均產出遞減,因此平均可變成本也為 U 形。由於固定成本具有分攤性質,因此,隨著產量增大,平均固定成本持續遞減。結合二者,平均成本曲線也為 U 形,見圖 7-10。

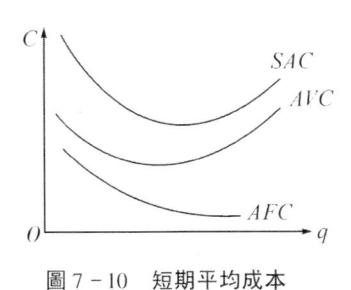

圖 7-10 短期平均成本

下面我們要回答的是,邊際成本曲線和平均可變成本曲線以及平均成本曲線的關係如何。

(1)邊際成本小於平均可變成本時,平均可變成本遞減;邊際成本大於平均可變成本時,平均可變成本遞增;二者相等時,平均可變成本最小。

令短期平均可變成本為 $SAVC = \dfrac{SVC(q)}{q}$,

那麼, $\dfrac{\mathrm{d}SAVC}{\mathrm{d}q} = \dfrac{qSMC(q) - SVC(q)}{q^2} = \dfrac{SMC(q) - SAVC(q)}{q}$,

若 $SMC(q) > SAVC(q)$, 則有 $\dfrac{\mathrm{d}SAVC}{\mathrm{d}q} > 0$;

若 $SMC(q) < SAVC(q)$, 則有 $\dfrac{\mathrm{d}SAVC}{\mathrm{d}q} < 0$;

因此, $SMC(q) = SAVC(q)$ 時, $SAVC$ 取得最小值。

(2) 同理, 邊際成本小於平均成本時, 平均成本遞減; 邊際成本大於平均成本時, 平均成本遞增; 二者相等時, 平均成本最小。

上述結論見圖 7 - 11。

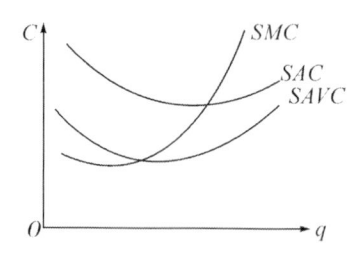

圖 7 - 11　短期平均成本與邊際成本

2. 長期成本函數特徵

從長期來看, 成本函數的特徵受到規模報酬特徵的約束。如果規模報酬始終不變, 那麼長期邊際成本曲線是一條水平線, 而長期總成本曲線則是一條從原點出發的直線(見圖 7 - 12)。

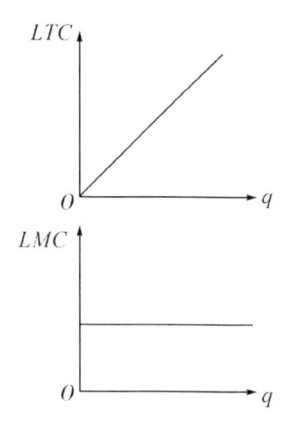

圖 7 - 12　規模報酬不變時的長期成本

如果規模報酬呈現先遞增, 后遞減的過程, 那麼長期邊際成本曲線呈 U 形, 長期總成本曲線和長期邊際成本曲線的關係見圖 7 - 13。

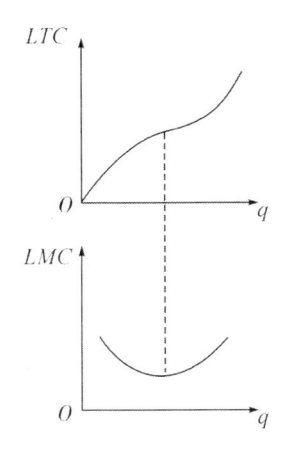

圖 7-13　規模報酬遞減規律作用下的長期成本

從長期來看,邊際成本和平均成本的關係同短期類似,如圖 7-14 所示。

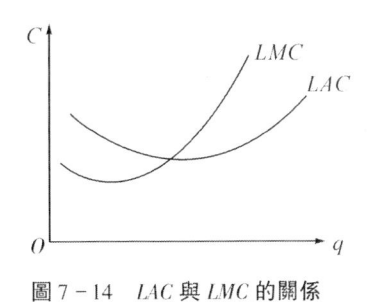

圖 7-14　LAC 與 LMC 的關係

3. 短期成本和長期成本的關係

假設有三個不同的產量水平 $q_1 < q_2 < q_3$。在圖 7-15 中,我們畫出了生產三種產量水平的成本最小化的要素組合以及所對應的等成本線。從長期來看,由於所有要素的數量都是可變的,因此上述三條等成本線所對應的成本水平就是長期生產這三個產量水平所需要的成本,分別表示為 $LC(q_1), LC(q_2), LC(q_3)$,而所對應的資本的最優投入水平分別為 $k(q_1), k(q_2), k(q_3)$。但是,在短期內,資本的數量是固定不變的,只有通過改變勞動投入來得到不同的產出。假設短期給定不變的資本投入 $\bar{k} = k(q_2)$,那麼生產產量 q_2 的短期成本和長期成本是一樣的,這是因為短期內給定不變的資本投入數量正好是長期生產此產量所需要的最佳的投入數量。但是,在短期內生產其他的產量水平,則總是會產生比長期更高的成本。相對於長期的最佳投入而言,在短期內,此廠商只能用過大比例的資本投入來生產較低的產量,或者只能用過小比例的資本投入和過大比例的勞動投入生產較高的產量。

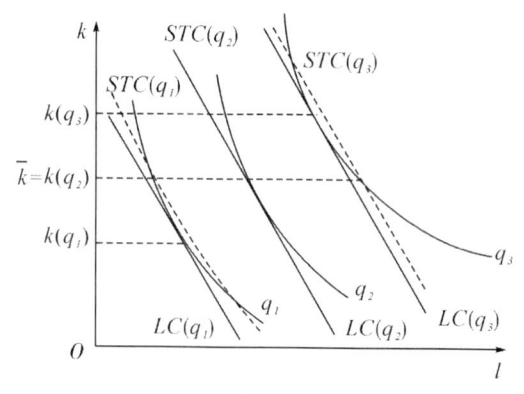

图 7-15 短期成本和長期成本的關係

相對於長期而言,短期的含義是:一些可以降低成本的替代無法發生。因此,在給定的生產技術約束下,短期總成本總是等於或大於長期總成本。

若短期內給定的資本投入不同,我們就可以畫出不同的短期總成本曲線,而長期總成本曲線就是所有這些短期總成本曲線的下包絡線。

令 $\bar{k}_1 = k(q_1), \bar{k}_2 = k(q_2), \bar{k}_3 = k(q_3)$,上述思想可用圖 7-16 表示。

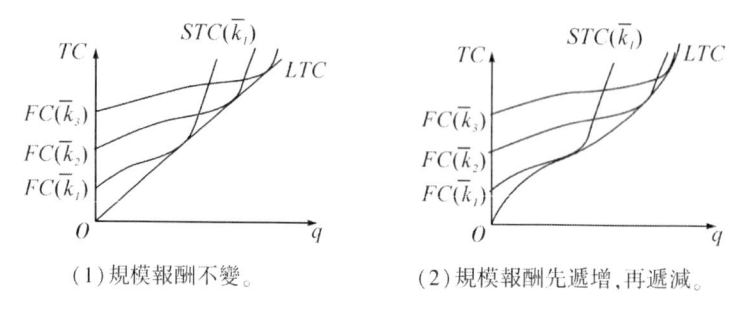

(1) 規模報酬不變。　　(2) 規模報酬先遞增,再遞減。

圖 7-16　長期成本是短期成本的下包絡線

第三節　利潤最大化

在第二節我們分析了在技術和要素市場價格約束下廠商的成本最小化選擇,並且由此得到了反應這些約束和理性選擇的成本函數。在這一節,我們分析競爭性廠商如何在成本函數和產品市場價格約束下進行利潤最大化的選擇,並且由此考察競爭性廠商的供給和其他相關問題。

一、競爭性廠商的供給

競爭性廠商是指處於完全競爭市場的生產者,是市場價格的接受者。這一思想反應在競爭性廠商所面對的需求曲線的特徵上。令市場價格為 p,那麼,一個競爭性

廠商面對的需求特徵為：如果 $p > \bar{p}$，需求量為零；如果 $p = \bar{p}$，需求量為任意數量；如果 $p < \bar{p}$，需求量為市場需求量（見圖 7-17）。

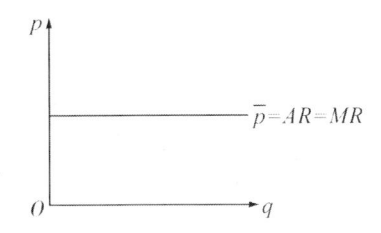

圖 7-17　完全競爭廠商面對水平的需求曲線

在給定的價格約束下，競爭性廠商選擇利潤最大化的產量。如果成本函數為 $C(q)$，利潤最大化問題就可以表示為 $\max_{q \geq 0} \pi = pq - C(q)$。

利潤最大化的一階條件告訴我們產量的選擇必須滿足 $p = \dfrac{dC(q^*)}{dq}$。這也就是說，競爭性廠商選擇的產量只有滿足價格等於邊際成本才能實現利潤最大化。

二階條件為 $C''(q^*) > 0$，即邊際成本曲線和市場價格曲線的交點落在邊際成本曲線遞增的區域時的產量才是利潤最大化的產量。

通過一階條件，我們實際上得到了競爭性廠商的反供給函數，可以簡寫為 $p = C'(q)$，從而供給函數 $q(p)$ 就必然滿足 $p \equiv C'(q(p))$；等式兩邊都對價格求導，我們可以得到 $1 \equiv C''(q(p))q'(p)$。而根據二階條件 $C''(q(p)) > 0$，我們得到 $q'(p) = \dfrac{1}{C''(q)} > 0$。也就是說，競爭性廠商的供給曲線具有正的斜率，或者說競爭性廠商的利潤最大化決策的特徵是產量與價格同方向變動。

值得注意的結論是，競爭性廠商的供給曲線的背後是邊際成本曲線，而供給規律的背後則是邊際成本的遞增性質。

價格等於邊際成本而且滿足二階條件的產量水平僅僅保證了利潤最大化，但是這個最大化的利潤可正可負。利潤為負即為虧損。從長期來看，如果虧損，企業會退出，因為沒有任何企業能夠承受長期的虧損。因此，對於長期生產決策而言，只有利潤最大化的產量所對應的平均成本不大於價格才有意義。由於利潤最大化的產量的邊際成本和價格相等，因此有意義的利潤最大化產量一定滿足邊際成本大於平均成本。進一步地，競爭性廠商的長期供給曲線就是平均成本曲線（LAC）上方的長期邊際成本（LMC）曲線（見圖 7-18）。

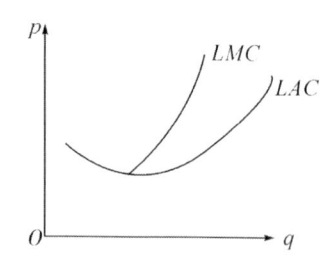

图7-18 完全競爭廠商的長期供給曲線

在短期內，由於存在固定投入，企業無法退出，但是企業可以選擇是否繼續生產。假設短期成本函數為 $STC(q) = F + VC(q)$，如果停止生產，即產量為零，利潤為 $-F$，繼續生產的條件一定是生產獲得的利潤高於停止生產的利潤，即要滿足 $pq - VC(q) - F \geq -F$，簡單變換之後，我們得到短期內提供正的產量的條件是 $p = SMC(q) \geq AVC(q)$。而 $p = SMC(q) = AVC(q)$ 就是廠商的短期停止生產點。這樣，競爭性廠商的短期供給曲線就是短期平均可變成本($SAVC$)曲線之上的短期邊際成本(SMC)曲線(見圖7-19)。

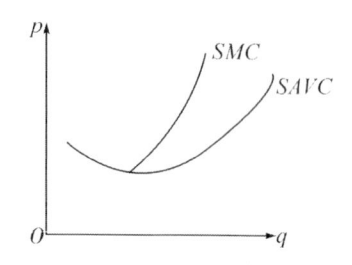

图7-19 完全競爭廠商的短期供給曲線

二、生產者剩餘

前面我們已經學習了度量消費者福利的方法，在這裡我們考察如何用生產者剩餘衡量生產者的福利。

同消費者剩餘一樣，生產者剩餘衡量的是生產者參與市場交易增進的福利。因此，生產者剩餘是企業在某個價格水平下進行生產所獲得利潤與不生產時獲得的利潤之差。在短期內，由於不生產的利潤為 $-FC$。因此生產者剩餘就是短期利潤和固定成本的總和，也等於總收益減去可變成本。

總收益補償可變成本後的部分也可以理解為不變要素的報酬，這一報酬被稱為租金。因此，生產者剩餘也可以理解為租金。租金的特殊性在於它的大小不影響資源的配置。

從長期來看，如果仍然沿用短期生產者剩餘的定義，由於固定成本為零，因而生產者剩餘和利潤相等。在利潤為零時，應當用租金概念來理解長期生產者剩餘。由

於這涉及市場均衡和成本特徵的知識，在此不做詳細說明。

不論短期還是長期，生產者剩餘都可以表示為市場價格之下和廠商供給曲線（即邊際成本曲線）之上圍成的面積（見圖7-20）。

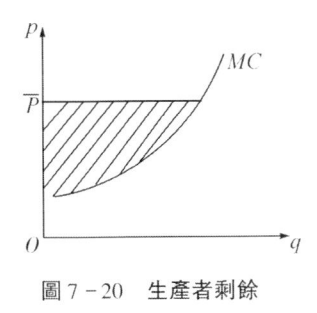

圖7-20 生產者剩餘

三、利潤最大化與要素需求

最後，我們簡要分析廠商的利潤最大化決策如何決定對生產要素的需求。假設一個競爭性廠商面對市場價格(p)約束、生產函數約束以及要素價格 w 和 r 的約束，其利潤最大化問題就是下面的優化問題：

$$\max_{l,k} pf(l,k) - wl - rk$$

假設最優解是內點解，那麼根據一階條件，最優的勞動投入滿足

$$pf_l(l,k) = w$$

等式左邊是勞動的邊際價值產品，右邊是勞動的價格。因此，當廠商實現利潤最大化時，其投入的勞動要素滿足勞動的邊際價值產品等於勞動的價格，而且這一條件給出了勞動要素的需求曲線。因此，競爭性要素市場上，廠商對勞動要素的需求曲線就是勞動的邊際價值產品曲線（見圖7-21）。在報酬遞減規律的作用下，勞動的邊際產出遞減，從而勞動的邊際價值產品曲線向右下方傾斜。也就是說，對勞動要素的需求同樣滿足需求定律。

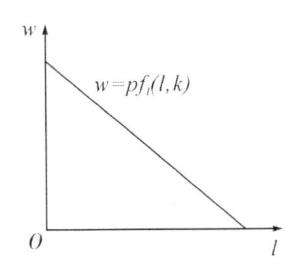

圖7-21 勞動的邊際價值產品曲線

註：勞動的邊際價值產品曲線就是廠商對勞動要素的需求曲線。

同理，當廠商實現利潤最大化時，其投入的資本要素滿足資本的邊際價值產品等於資本的價格，即 $p \cdot f_k(l,k) = r$，而且這一條件給出了資本要素的需求曲線。因此，競爭性要素市場上，廠商對資本要素的需求曲線就是資本的邊際價值產品曲線。

生產要素的價格等於該要素的邊際價值產品，這就把生產理論和分配理論聯繫起來了。實際上，這裡的結論正是邊際生產力分配理論的基礎。

復習思考題

1. 假設柯布－道格拉斯生產技術為 $f(l,k) = l^a k^b$，問：①如果該生產技術滿足邊際產出遞減假設，參數 a,b 有什麼特徵？②如果該生產技術滿足規模報酬不變的特徵，參數 a,b 有什麼特徵？③證明其替代彈性恒為 1。

2. 假設柯布－道格拉斯生產技術為 $f(l,k) = l^a k^{1-a}$，$0 < a < 1$，設勞動要素的價格為 w，資本的價格為 r，求與此生產技術對應的成本函數及其特徵並分析說明是否存在供給函數。

3. 根據報酬遞減規律，判斷下面的成本函數 $TC(q) = aq^3 + bq^2 + cq + d$ 的系數需要滿足哪些特徵？

4. 已知一個在競爭性市場中的企業的成本函數為 $C(q) = q^3 - 8q^2 + 20q + 5$，求該企業的短期反供給函數。

第八章　完全競爭市場局部均衡與福利

前面各章分析回答了消費者和生產者的個體理性選擇。從這一章開始，我們關心個體之間的互動，分析這種互動如何決定市場價格和資源配置。

不同商品市場之間往往存在相互影響的關係。如果把一個市場從市場體系中割裂出來分析，這種分析方法被稱為局部均衡分析。如果同時考察所有市場上的價格決定和資源配置，這種分析方法被稱為一般均衡分析。

在這一章，我們把分析限制在完全競爭市場，這種市場的特徵在於單個消費者和生產者都是市場價格的接受者。之所以如此，是因為這種市場至少具備下面四個特徵：眾多的消費者和廠商、產品同質、信息充分、資源可以自由流動。

第一節　市場均衡

一、市場需求

市場需求是所有消費者對一種商品的需求的總和，反應的是在一定的時間內，在給定消費者的偏好和收入，以及其他商品的價格的前提下，所有消費者願意而且能夠購買的商品數量和市場價格之間的關係。我們在消費者行為理論部分僅僅考察了如何為單個消費者的選擇建立模型，這裡我們考慮如何把單個消費者的選擇加在一起。

在競爭性的市場上，所有消費者都是市場價格的接受者，面對相同的市場價格選擇各自的購買數量。把所有消費者的購買數量加在一起就得到對應於市場價格的市場需求量。因此，如果我們知道消費者 i 的個體需求為 $Q_i = D_i(p, y_i)$，那麼 I 個消費者的市場需求就為

$$Q = D(p) = \sum_{i=1}^{I} D_i(p, y_i)$$

假設只有兩個消費者，從個體需求得到市場需求的加總機制如圖 8-1 所示。

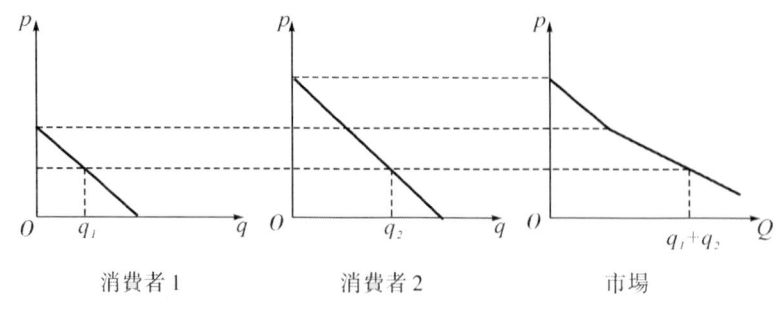

圖 8-1　個體需求與市場需求的關係

下面我們把消費者的選擇和市場需求聯繫起來。假設消費者具有類似的偏好，並且都是擬線性偏好。消費者 i 的效用函數可以表示為 $u(q_i, y_i) = v_i(q_i) + y_i$。這樣，我們從消費者選擇理論可以得到消費者 i 的需求函數為 $p = v_i'(q_i)$。也就是說，在擬線性偏好下，消費者的個體需求曲線就是其用貨幣度量的邊際效用曲線。

在此情況下，市場需求曲線的背後是什麼呢？我們知道，給定市場價格，每個消費者選擇自己的購買數量，不同消費者的購買數量可能不同，但邊際效用相同，都等於市場價格。加總這些數量得到的總量就是對應於此價格的市場需求量，而對應此數量的市場價格反應的則是所有消費者都相等的邊際效用。因此，在市場需求曲線上，若給定一個數量，則市場價格會告訴我們所有消費者都相等的邊際效用。如果我們定義所有消費者都相等的邊際效用為總需求量的邊際效用，那麼市場需求曲線也是用貨幣度量的邊際效用曲線。

上面的分析假設商品可以無限細分，那麼我們如何分析離散商品的市場需求呢？一種常用的做法是假設每個消費者的需求為單位需求，即或者不購買該商品，如果購買只買一個單位的商品。為了滿足市場需求，我們需要知道每個消費者的保留價格——消費者在購買和不購買之間無差異的價格，也就是消費者對該商品的最高支付意願。不失一般性，假設 n 個消費者的保留價格滿足 $v_1 > v_2 > \cdots > v_n$。這樣，當市場價格 $p > v_1$ 時，市場需求量為零；當市場價格 $v_1 > p > v_2$ 時，市場需求量為 1。以此類推，我們就可以得到完整的市場需求（見圖 8-2）。

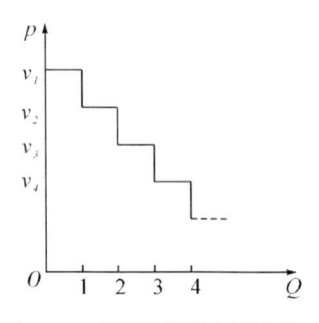

圖 8-2　離散商品的市場需求

假設消費者的人數眾多，而且保留價格較為均勻地分佈，那麼即使商品是離散的，市場需求也可以被近似地看作是連續的。在這種需求曲線上，任意數量對應的市場價格反應的是消費者的邊際保留價格，或者說支付意願。把消費者的邊際支付意願稱為邊際支付意願，則這種市場需求曲線的背後就是邊際支付意願曲線。由於在擬線性偏好下，邊際效用就是邊際支付意願，因此，實際上，上述兩種情況下的市場需求曲線的性質是相同的。在運用時，讀者可以根據方便選擇合適的解釋。

二、短期市場供給與市場均衡

從生產技術來看，短期是指存在不變的要素投入的時間長度。對一個市場進行短期分析意味著不考慮新廠商的進入，也不考慮行業內廠商的退出。也就是說，在短期內，行業內廠商的數量是預先給定的。

完全競爭廠商的短期供給曲線就是其平均可變成本上方的短期邊際成本曲線。與得到市場需求的方法相同，加總廠商的供給就可以得到市場供給。

假設行業內存在 J 個廠商，第 j 個廠商的供給函數為 $S_j(p)$，則市場供給函數為

$$Q = S(p) = \sum_{j=1}^{J} S_j(p)。$$

假設只有兩個廠商，我們用下面的圖形理解這種加總機制。給定一個市場價格水平，我們從兩個廠商的邊際成本曲線找到每個廠商的利潤最大化產量，加總得到的總產量就是與這一市場價格相對應的市場供給量。這樣我們就得到市場供給曲線上的一個點。當我們改變市場價格並重複上述相同的過程時，可得到不同的點，連接這些點就得到了市場供給曲線（見圖 8-3）。

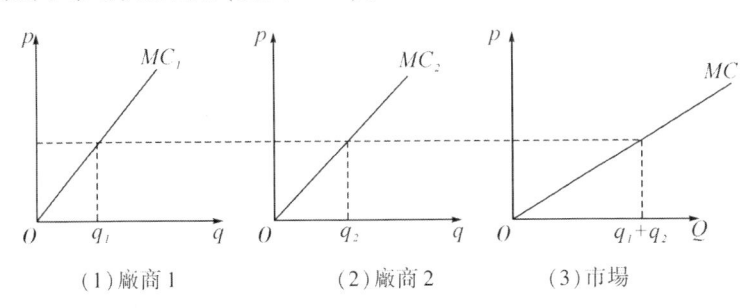

(1)廠商 1　　(2)廠商 2　　(3)市場

圖 8-3　廠商供給曲線與市場供給曲線之間關係

從圖 8-3 可見，在給定的價格水平下，不同廠商可能供給的數量不同，但都具有相同的邊際成本（等於價格）。因此，正如同單個廠商的供給曲線反應的是產量和邊際成本之間的關係一樣，行業供給度量的是行業總產量和生產該產量的所有廠商相同的邊際成本之間的關係。

有了市場需求和市場供給，我們就可以分析市場均衡了。經濟學中的均衡概念借鑑於物理學。在物理學中，均衡含有不變、靜止的意思。在經濟學中，均衡是指穩

定不變的狀態。在市場均衡分析中,均衡價格和均衡數量是指穩定不變的價格和數量。均衡價格滿足 $D(p^e) = S(p^e)$,均衡數量為 $Q^e = D(p^e) = S(p^e)$。

當市場處於短期均衡時,廠商的利潤有四種不同的情況,見圖 8-4。

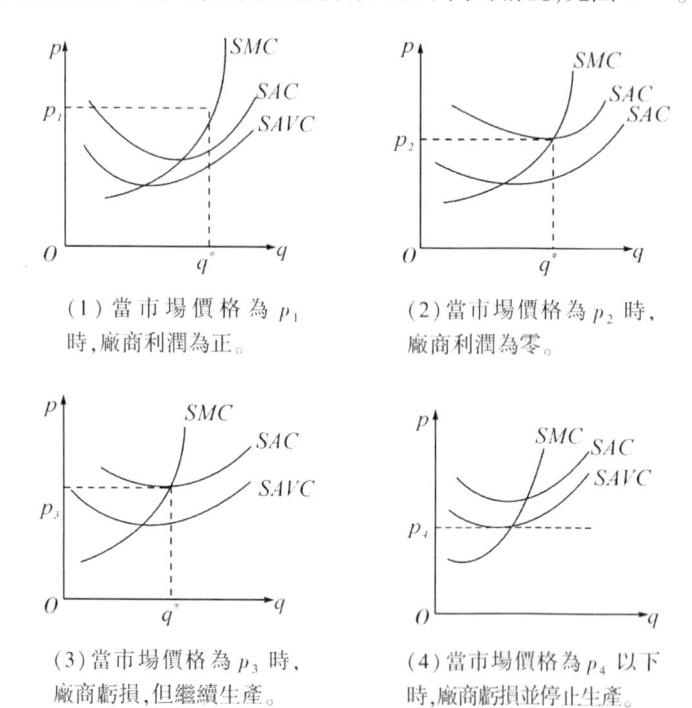

(1) 當市場價格為 p_1 時,廠商利潤為正。

(2) 當市場價格為 p_2 時,廠商利潤為零。

(3) 當市場價格為 p_3 時,廠商虧損,但繼續生產。

(4) 當市場價格為 p_4 以下時,廠商虧損並停止生產。

圖 8-4　廠商的利潤

三、長期市場均衡與長期市場供給

在長期內,廠商可以自由地進入或退出一個行業,因此行業內廠商的數量不是外生的,而是內生的。我們無法像在短期分析中那樣加總個體供給得到市場供給。為了分析長期市場供給,我們必須首先理解長期市場均衡的特徵。

在長期內,市場均衡仍然表現為價格和數量的不變性。除了同短期分析中一樣的利潤最大化和供求相等兩個條件之外,還需要增加一個廠商數量穩定不變的條件。因此,一個市場的長期均衡由均衡價格、均衡數量和均衡廠商數量三個變量來描述。

廠商數量穩定不變的前提是生產者的邊際利潤為零。為了能夠簡化描述這一要求,我們假設所有的廠商都是同質的。選擇一廠商作為代表性廠商,廠商數量穩定不變的條件就可以表述為代表性廠商的利潤為零。

給定市場需求函數為 $D(p)$,假設代表性廠商的長期成本函數為 $C(q)$。這樣,完全競爭市場長期均衡滿足下列一組條件:

(1) $p^e = C'(q^e)$, q^e 是代表性廠商的均衡產量,這一條件表明實現均衡時所有的

廠商都實現了利潤最大化。

(2) $p^e q^e - C(q^e) = 0$，即代表性廠商的利潤為零，這是廠商能夠自由進入和退出市場的結果，也是行業內廠商數量穩定的要求。

(3) $D(p^e) = J^e q^e$，其中 J^e 是行業內廠商的均衡數量。也就是說，當市場實現均衡時，供給量等於需求量。這是價格穩定不變的條件。

完全競爭市場長期均衡見圖 8-5。

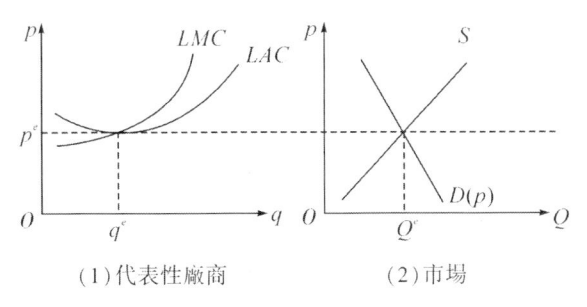

图 8-5　完全競爭市場長期均衡

從條件(1)和(2)，我們可以得到 $p^e = C'(q^e) = AC(q^e)$。這不僅告訴我們完全競爭市場的長期均衡價格決定於生產技術，而且告訴我們完全競爭廠商在最低的平均成本水平上生產，即規模經濟效應得到了充分的利用。

行業內廠商的數量是市場結構的重要決定因素。在這裡，它是由市場需求和生產技術內生決定的。如果一個行業的生產技術具有顯著的規模經濟效應，那麼 q^e 就會較大，在給定的市場需求約束下，行業內廠商的數量就較少。因此，完全競爭市場往往需要將不存在顯著的規模經濟效應作為其技術前提。在給定生產技術的前提下，市場需求決定廠商的數量。這提醒我們：足夠大的市場需求是市場競爭的前提條件。

理解了長期均衡的含義和特徵之後，我們就可以分析長期市場供給了。市場供給指的是行業內所有廠商供給的數量與市場價格之間的關係，但在分析長期市場供給的時候，價格不是任意的，而廠商的數量是可變的。

假設一個完全競爭市場初始均衡於零利潤狀況，某種因素的作用引起了需求的上升。在短期內，需求上升作用於短期市場供給。由於邊際成本遞增的原因，價格上漲，行業內廠商獲得正利潤。但是，從長期來看，正的利潤引來了新廠商的進入，這將會不斷降低價格直到此行業重新回到零利潤為止。現在的問題是：使得行業利潤為零的新價格是多少？和初始價格相比，是上升、下降、還是不變？

新的均衡價格和初始均衡價格的比較取決於進入和退出對廠商成本的影響。我們仍然假設所有廠商都是相同的，但是進入和退出可能會影響生產要素的價格，進而影響成本。如果進入和退出不改變生產要素的價格，那麼就不會改變企業的生產成

本,需求上升作用引起的進入一直持續到市場價格回到初始均衡價格為止。請注意,雖然價格不變,但是行業內生產者的數量增加了,供給數量也增加了。這樣我們就得到了一條水平的長期市場供給曲線,這種行業被稱為不變成本行業(見圖8-6)。

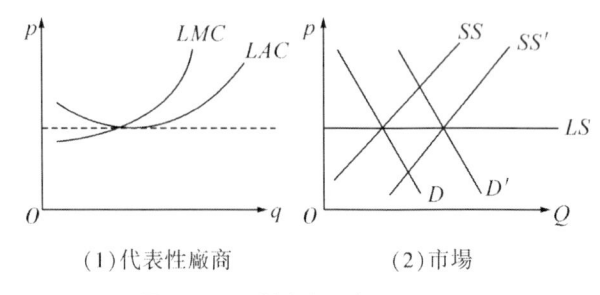

(1)代表性廠商　　　(2)市場

圖8-6　不變成本行業

註:其中SS,SS'均為短期市場供給曲線,LS為長期市場供給曲線(下同)。

同理,我們也可以得到向右上方傾斜的市場供給曲線,出現這種情況是因為新企業的進入提高了生產成本,這種行業被稱為成本遞增行業(見圖8-7)。

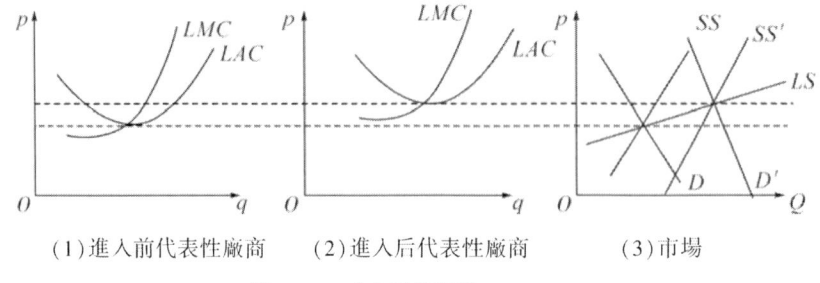

(1)進入前代表性廠商　　(2)進入后代表性廠商　　(3)市場

圖8-7　成本遞增行業

還有一種比較特殊的情況,新企業的進入還可能會降低所有企業的成本,這時我們得到向右下方傾斜的市場供給曲線,這種行業被稱為成本遞減行業(見圖8-8)。成本遞減行業經常被作為支持保護性關稅的理由,這種行業在發展初期被稱為幼稚產業(Infant Industry),這些行業的發展最終能夠降低成本並參與世界市場競爭。

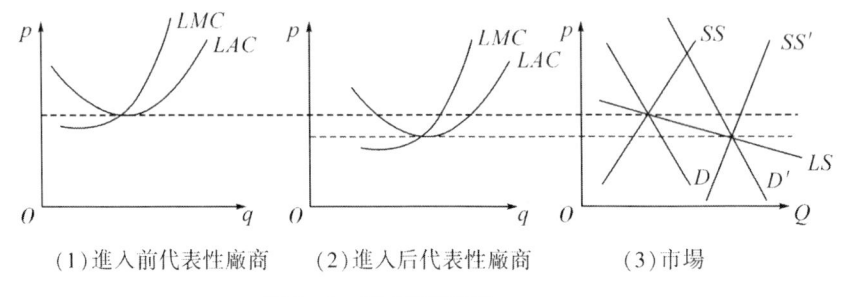

(1)進入前代表性廠商　　(2)進入后代表性廠商　　(3)市場

圖8-8　成本遞減行業

第二節　資源配置與市場福利

一、資源配置

在一個市場上,我們需要回答的最基本的資源配置問題是「生產多少」「由誰生產」「為誰生產」。下面我們要回答的是「完全競爭市場如何解決這些問題?」

為了便於表述,假設一個市場存在 I 個消費者和 J 個廠商。總結前面的分析,我們得知市場均衡產量滿足 $Q^e = \sum_{i=1}^{I} q_i = \sum_{j=1}^{J} q_j$,市場價格滿足「價格=所有企業的邊際成本=所有消費者的邊際效用」,可以表示為 $p^e = v_i'(q_i) = C_j'(q_j)$,對所有的消費者和生產者都成立。

因此,市場均衡產量在消費者之間是按照等邊際效用的原則配置的,而市場均衡產量在生產者之間是按照等邊際成本的原則生產出來的。市場均衡數量則滿足消費者的邊際效用和生產者的邊際成本相等。

這樣的資源配置有什麼「好處」呢?簡單來說,按照等邊際效用的原則在消費者之間配置產品,使得既定數量的產品能夠產生最大的社會效用(即所有的消費者從消費該種商品中得到的效用的總和),否則可以通過改變產品的分配增加總效用。此時,我們稱商品在消費者之間的配置是有效率的。

類似地,按照等邊際成本的原則生產使得生產既定數量的產品的總成本最小化;否則,可以通過改變企業間的產量份額降低成本。此時,我們稱生產是有效率的。

滿足邊際效用和邊際成本相等的均衡產量則使得消費者的總效用和生產者的總成本的差額最大。此時我們稱均衡產量是有效率的。

二、總剩餘

消費者的總效用反應的是消費者的總的支付意願,它和總的生產成本之間的差額被稱為總剩餘。這是因為,這一差額可以變換為兩個組成部分:(支付意願 - 價格 × 數量) + (價格 × 數量 - 生產成本)。前面部分就是消費者剩餘,而後面部分就是生產者剩餘。總剩餘就是二者之和。

消費者剩餘度量的是消費者從市場交易中增進的福利。而生產者剩餘衡量的是生產者從市場交易中增進的福利。因此,總剩餘反應的是從交易中增進的全部福利,即社會福利。

總剩餘是度量社會福利的工具,同時也用於衡量一個市場資源配置的優劣。當一個市場實現了最大化的總剩餘時,我們稱此市場上的資源配置是有效率的,否則稱資源配置是無效率的。

在已知市場需求和市場供給時,如何考察總剩餘呢?我們已經知道:給定一個產量水平,市場需求曲線的縱坐標反應的是消費者的邊際支付意願,而市場供給曲線的縱坐標反應的是邊際生產成本,二者之間的差額反應的就是增加交易在邊際上增進的社會福利,即邊際社會福利(見圖8-9)。

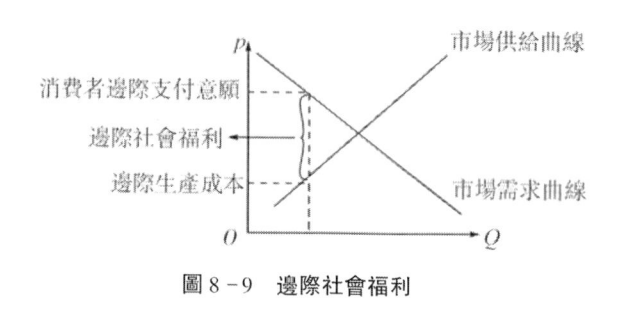

圖8-9 邊際社會福利

如果邊際社會福利為正,那麼增大產量就可以增加社會福利;如果邊際社會福利為負,減少產量能夠增加社會福利。只有在邊際社會福利為零時,社會福利才實現最大化,並且可以分成消費者剩餘和生產者剩餘兩部分。完全競爭市場實現均衡時,總剩餘(社會福利)就實現了最大化(見圖8-10)。

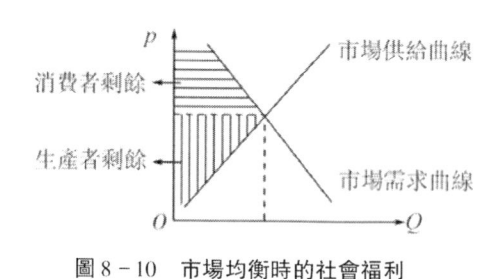

圖8-10 市場均衡時的社會福利

三、消費稅的無謂損失

一旦引入稅收,我們需要把價格分為消費者實際支付的價格 p_d 和生產者實際得到的價格 p_s。如果從量稅率為 t,那麼在稅收約束下有 $p_d = p_s + t$,可以具體理解為消費稅;如果是對生產或銷售徵稅,我們可以表示為 $p_d - t = p_s$,也可以寫為 $p_d - p_s = t$,這表明稅收是針對商品交易徵收的。

引入稅收之后的市場均衡條件為 $D(p_d) = S(p_s)$(見圖8-11)。

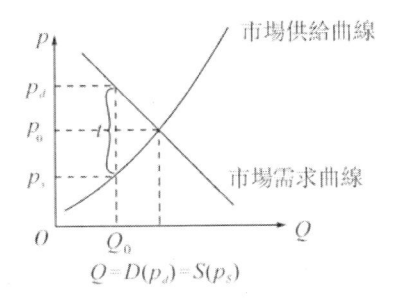

图 8-11 引入消費稅后的市場均衡

我們容易發現,稅後交易的商品數量往往少於稅前均衡數量,這一數量滿足 $p_d = u'(Q) > p_s = C'(Q)$,即消費者的邊際效用(支付意願)高於邊際生產成本。因此,在有稅收的時候,市場沒能夠實現總剩餘最大化,其差額被稱為無謂損失(見圖 8-12)。

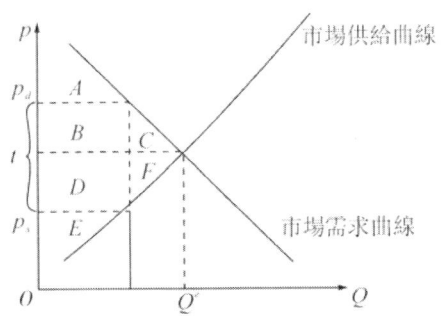

圖 8-12 稅收的無謂損失

我們用表 8-1 說明稅收的福利后果。

表 8-1

	消費者剩餘	生產者剩餘	稅收收入	總剩餘
稅前	$A+B+C$	$D+E+F$	0	$A+B+C+D+E+F$
稅后	A	E	$B+D$	$A+B+D+E$

稅收的無謂損失就是 C 和 F 的面積。我們可以有兩種理解:第一種,稅收縮小了交易的規模,從而本來可以通過交易增加的福利沒能夠產生;第二種理解,稅收減少了消費者剩餘和生產者剩餘,但他們的損失只有一部分轉化為了稅收。無謂損失度量的就是這未轉移的部分,從而也往往被稱為稅收的社會福利淨損失。

按照第一種理解,我們發現,如果稅收不縮小交易的規模,就不會發生無謂損失。這一理論假說支持了對必需品徵稅以及對土地徵稅的政策。

四、價格管制

政府對市場交易的價格管制分為價格上限管制和價格下限管制。如果價格上限低於市場均衡價格,市場就會處於短缺狀況。在此,我們關心價格管制政策的福利后果。實際上,價格上限管制產生的福利損失包括兩部分:來自於供給不足的福利損失和來自於消費者之間無效率配置產品的福利損失。

供給不足(Undersupply)是指價格上限管制下的市場交易數量少於市場均衡數量,從而使得本來可以增進交易雙方福利的交易沒能發生,由此導致社會福利的淨損失產生。

在價格管制實施后,對生產者的激勵不足導致供給不足。同時,由於價格難以發揮競爭規則的作用,無法實現不足的供給量在消費者之間的有效率配置。這是因為當價格競爭規則受到限制時,必須引入替代性的規則。這些規則往往不能保證商品總是配置給支付意願最高的消費者,由此導致福利損失產生(見圖8-13)。

在幾何上,第一部分福利損失可以非常容易地在供求模型中表示出來。如何畫出第二部分福利損失呢?給定價格管制下生產者提供的數量,此數量在消費者之間有效率地配置時的總效用,就是在這一產量下,市場需求曲線下的面積。價格管制下同樣數量的商品能夠產生的總效用則取決於替代價格的競爭規則。假設我們在所有願意支付管制價格購買商品的消費者之間等概率地配置商品,那麼價格管制下的總效用就是平均支付意願和數量的乘積。最后,假設所有的支付意願都是均勻分佈的,那麼平均支付意願就是所有消費者中最高的支付意願和管制價格(也就是最低的支付意願)的均值,在下面的圖形中表示為 v_a(a 表示平均)。這樣,價格管制下的總效用就是 v_a 和數量的乘積,在圖形中表示為一個矩形的面積。兩個面積的差額就是來自於錯誤配置(Misallocation)的福利損失。

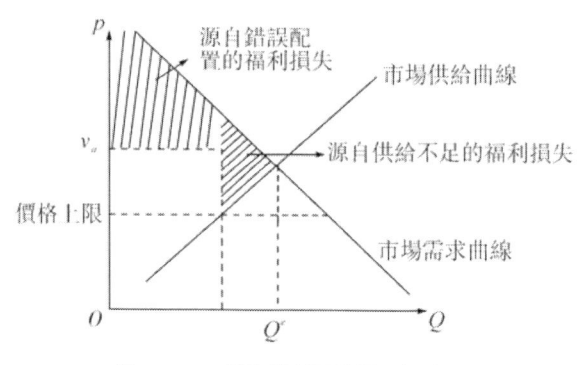

圖 8-13 價格管制下的福利損失

第二部分福利損失非常重要,因為它提醒我們,即使價格管制不會引起嚴重的生產不足(例如在供給完全無彈性的情況下),也會由於配置無效率而導致社會福利的

淨損失產生。

價格管制雖然有某種道德動機,而且往往也是政治壓力的結果,但是經濟學家很少批評這些動機的合理性。經濟學家的理性思維試圖提醒人們:限制了價格的變化,也就限制了價格的作用,因此價格管制的政策往往損害了本來它想要幫助的人的利益。

復習思考題

1. 如果兩個人的需求函數分別為 $D_1(p) = 20 - p$，$D_2(p) = 10 - 2p$，求市場需求函數。

2. 假設一個競爭性市場只有兩個廠商,廠商 1 的成本函數為 $C_1(q_1) = q_1^2$，廠商 2 的成本函數為 $C_2(q_2) = 2q_2^2$，求短期市場供給函數,並且畫圖說明市場供給曲線和廠商供給曲線之間的關係。

3. 一個完全競爭市場的代表性廠商的成本函數為 $C(q) = q^3 - 8q^2 + 30q$，市場需求函數為 $D(p) = 98 - p$，求此市場實現長期均衡時的均衡價格和廠商的數量。

4. 某種商品的市場需求曲線為 $D(P_D) = 100 - 2P_D$，供給曲線為 $S(P_S) = 3P_S$。

（1）假定政府對商品徵收 5 元的數量稅,均衡的數量和價格（P_S 和 P_D）將是多少?

（2）計算稅收的社會福利淨損失。

5. 某種商品的市場需求函數為 $D(P) = 100 - 2P$，市場供給函數為 $S(P) = 3P$。政府對此行業實施價格上限管制,最高限價為 10。

（1）請計算由於供給不足所產生的社會福利淨損失。

（2）由於供給不足,為了使所有願意支付最高限價獲得商品的消費者有相同的機會獲得商品,政府決定通過抽籤的方式公平地分配市場所提供的商品,並且限制消費者之間轉售商品。請計算這種配置方式所導致的社會福利淨損失。

第九章 完全競爭市場一般均衡與福利

第八章介紹的局部均衡分析方法在考察一種商品價格的決定及其變化的時候，其他商品的價格被處理為外生變量。而在一般均衡分析中，所有的商品價格都成了模型的內生變量。也就是說，一般均衡分析方法考察一個經濟體內所有商品市場的同時均衡。

我們用下面的例子說明局部均衡分析和一般均衡分析的區別。假設一個經濟體只有兩種商品，並且有兩個對應的市場：市場 1 和市場 2。如果某種因素的作用增加了消費者對商品 2 的需求，這一變化如何影響兩種商品的價格呢？

如果採取局部均衡的分析方法，我們首先分析需求的增加會提高商品 2 的價格，然后分析商品 2 的價格變化如何影響商品 1 的價格，局部均衡分析到此結束。但如果採取一般均衡的分析方法，我們不僅要進一步分析商品 1 的價格變化如何反作用於商品 2 的價格，而且還要再次考察商品 2 的價格變化對商品 1 價格的影響，以及商品 1 的價格變化對商品 2 的價格的影響，依此類推，直到兩種商品的價格都保持穩定不變。

如果上面兩個市場分別是要素市場和產品市場，那麼上述分析說明了兩大市場之間的相互作用的不同分析方法。

現代一般均衡理論的創始人是瓦爾拉斯。他接受了馬歇爾市場均衡的思想，但把它擴展應用到所有商品市場的同時均衡。他的一般均衡理論的核心是一個由所有的市場均衡條件組成的聯立方程組。而一般均衡的存在性和唯一性問題就是這個方程組的解的存在性和唯一性問題。

本章採取現代經濟學的處理方法介紹一般均衡模型，以市場機制解決資源配置問題為線索，分成交換、生產、生產與交換三個部分依次介紹。

第一節 交換

在一個純交換經濟中，商品的種類和數量都預先給定不變。唯一的經濟行為是交易。而一般均衡理論要分析的則是交換的均衡和效率以及二者的關係。

一、埃奇沃斯方盒(Edgeworth Box)

在最簡單的情況下,純交換經濟的基本問題可以用一個「兩種商品,兩個消費者」的模型加以說明。

每個消費者的經濟特徵都包括商品稟賦和偏好兩個方面。消費者 i 的稟賦定義為 $w^i = (w_1^i, w_2^i)$,其偏好定義為 $\succeq^i$ 或者用效用函數 $u_i(\cdot)$ 表示。

在前面學習稟賦約束下的消費者行為理論時,我們知道如何在一個二維坐標系內描述一個消費者的稟賦、偏好以及選擇。埃奇沃斯則創造性地把兩個消費者的選擇問題放入一個方盒中同時加以描述,而這個方盒就被稱為埃奇沃斯方盒。

埃奇沃斯方盒是一個矩形。我們用水平的邊表示商品 1 的數量,用垂直的邊表示商品 2 的數量。兩種商品的總量可從兩個消費者的稟賦直接計算得到,即 $w_k = w_k^1 + w_k^2, k = 1, 2$。

為了描述每個消費者擁有的兩種商品的數量,此方盒有兩個原點。消費者 1 標註在左下角的原點旁邊,從而消費者 1 對兩種商品的擁有量從左下角的原點開始度量。消費者 2 標註在右上角的原點旁邊,而其擁有的兩種商品的數量就從這裡開始度量(如圖 9-1 所示)。

方盒內的每一個點有四個坐標,例如:$((x_1^1, x_2^1), (x_1^2, x_2^2))$ 表示消費者 1 擁有的商品組合為 (x_1^1, x_2^1),消費者 2 得到的商品組合為 (x_1^2, x_2^2)。方盒內每一個點都完整地描述了經濟內每一個消費者得到的商品組合,我們把這個商品組合定義為經濟的一個資源配置,方盒內的每一個點就代表著經濟的一種資源配置狀態。

稟賦分配 (w^1, w^2) 也是一個資源配置,往往被稱為初始配置。

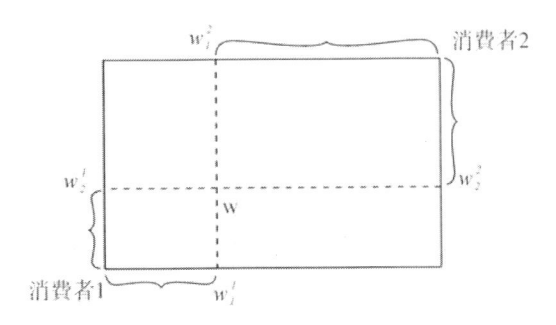

圖 9-1 埃奇沃斯方盒中的初始配置

在分析中有意義的資源配置必須是可行的,可行的資源配置應滿足 $x_k^1 + x_k^2 \leq w_k^1 + w_k^2, k = 1, 2$,由於在方盒內的點所代表的資源配置總是滿足 $x_k^1 + x_k^2 = w_k^1 + w_k^2, k = 1, 2$,因此埃奇沃斯方盒就描述了商品稟賦約束下所有可行的資源配置。

在這個方盒中,我們仍然用無差異曲線簇描述消費者的偏好。消費者 1 的無差異曲線簇和以前學過的相同。但是消費者 2 的無差異曲線則必須以方盒的右上角為

原點(如圖9-2所示)。這樣,若其偏好是良好性狀的,則其無差異曲線凸向右上角,並且越靠近左下角的無差異曲線對應的效用水平越高。

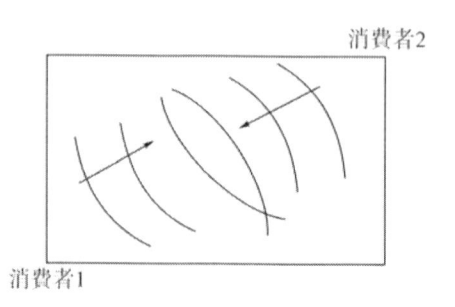

圖9-2　埃奇沃斯方盒中的偏好描述

註:圖中的箭頭表示效用增加的方向。

二、競爭性市場均衡和資源配置

假設每種商品都有一個市場,在上述禀賦分配和消費者的偏好都給定的前提下,運用一般均衡的分析方法,我們可以求解均衡價格(p_1^e, p_2^e)和均衡的資源配置$((x_1^1, x_2^1)^e, (x_1^2, x_2^2)^e)$。如果在每個市場上,消費者都是市場價格的接受者,或者說交易是在競爭性市場機制下發生的,那麼我們稱上述的均衡為競爭性均衡,也稱為瓦爾拉斯均衡。

求解競爭性均衡的步驟如下:

第一步是求解消費者效用最大化的選擇問題,由此得到每個消費者對每種商品的需求。例如,消費者i對商品k的需求可以表示為$x_k^i(p_1, p_2)$。

第二步,加總所有消費者的需求就可以得到每種商品的總需求,表示為$x_k(p_1, p_2) = x_k^1(p_1, p_2) + x_k^2(p_1, p_2), k = 1, 2$。

第三步,如果所有的商品都是合意的商品,那麼均衡價格就滿足$x_k(p_1^e, p_2^e) = w_k^1 + w_k^2, k = 1, 2$。而均衡價格決定的消費者的最優選擇就是均衡的資源配置,表示為$((x_1^1(p_1^e, p_2^e), x_2^1(p_1^e, p_2^e)), (x_1^2(p_1^e, p_2^e), x_2^2(p_1^e, p_2^e)))$。

上述均衡條件的前提是均衡價格所決定的資源配置必須是可行的。或者說,每種商品總的需求量等於總的禀賦數量。從而上述的均衡條件同樣可以理解為供求相等。而且,一般均衡分析的特點就在於所有市場必須同時實現均衡。

在埃奇沃斯方盒中,兩種商品的價格決定了消費者預算約束線的斜率。而根據均衡的條件,在均衡價格下,兩個消費者選擇的點重合。根據我們前面學過的知識,消費者在預算約束下的最優選擇滿足邊際替代率等於價格比。同時,由於競爭性市場的約束,他們面對相同的價格約束,從而在滿足需求和供給相等的均衡點兩個消費者對兩種商品的邊際替代率相等。因此,從幾何上來說,這意味著均衡價格所決定的

預算約束線必須是兩條無差異曲線的公切線(見圖9-3)。

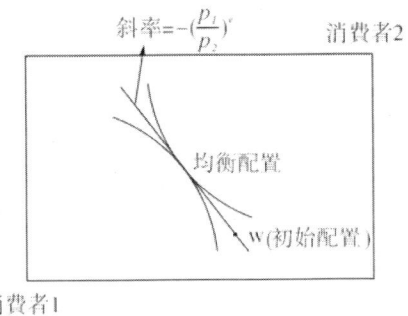

圖9-3 純交換經濟一般均衡

變化上面的均衡條件為 $x_k^1(p_1^c, p_2^c) - w_k^1 = -(x_k^2(p_1^c, p_2^c) - w_k^2), k = 1,2$。定義 $x_k^i(p_1^c, p_2^c) - w_k^i$ 為消費者 i 對商品 k 的淨需求。如果淨需求為負,表明消費者是該市場上的淨供給者。加總所有消費者的淨需求得到商品的超額需求。例如,商品 k 的超額需求可以表示為 $z_k(p_1, p_2) = [x_k^1(p_1, p_2) - w_k^1] + [x_k^2(p_1, p_2) - w_k^2]$。這樣競爭性均衡的條件就可以表示為所有商品的超額需求都為零,即 $z_k(p_1^c, p_2^c) = 0, k = 1, 2$。用超額需求的概念,我們可以非常容易地判斷圖9-4中預算約束線所對應的價格不是均衡價格,因為商品1的超額需求為正,商品2的超額需求為負。

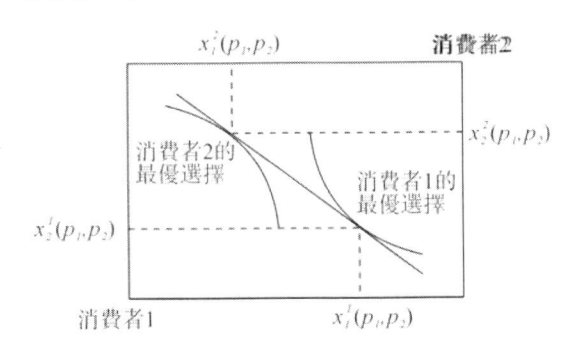

圖9-4 純交換經濟中的非均衡價格及配置

在圖9-4中,均衡價格用預算約束線的斜率來反應。但是,我們知道,預算約束線的斜率僅僅反應的是兩種商品的相對價格。當兩種商品的價格同比例變化時,相對價格保持不變。下面我們要說明的是:出現這種情況,並不是因為我們所選擇的幾何方法有缺陷,而是因為這是一般均衡理論的必然結果:在只有兩種商品的一般均衡模型中,通過均衡條件只能得到唯一的相對價格。下面我們就說明此結論背後的理論。

假設消費者的偏好滿足單調性,那麼消費者的最優選擇一定滿足預算平衡性,即對於消費者 $i = 1, 2$,總有 $p_1 x_1^i(p_1, p_2) + p_2 x_2^i(p_1, p_2) = p_1 w_1^i + p_2 w_2^i$。把 $i = 1$ 時的表

達式和 $i=2$ 時的表達式相加，我們就得到了 $p_1z_1(p_1,p_2)+p_2z_2(p_1,p_2)=0$。即所有商品的超額需求的價值之和為零。這被稱為瓦爾拉斯法則。

在只有兩種商品的情況下，瓦爾拉斯法則的重要含義是：如果所有的商品都是合意商品，即如果 $p_1>0,p_2>0$，那麼一個市場均衡就意味著另一個市場也一定是均衡的。也就是說，均衡條件所對應的兩個方程只有一個有約束作用。從其中的任何一個方程都只能解出一個相對價格。通常採取的做法是令一種商品為計價物，其價格就定為1，求出的相對價格就被稱為另一種商品的價格。

上述結論可以直接推廣到多種商品的情況。同樣基於瓦爾拉斯法則，在一個由 K 種商品組成的經濟系統中，一般均衡只能確定 $K-1$ 個相對價格。

最后我們簡要說明上述簡化模型經常受到的質疑。第一個疑問是：兩個消費者為什麼會是價格接受者，他們不是應該處在雙邊壟斷當中嗎？辯護者提供的回答是把這裡的1和2理解為兩類消費者，並且還假設了兩類消費者人數相等，這樣價格接受者的假設就變得不是那麼難以接受了。第二個疑問是：假定市場只有兩種商品合適嗎？這樣的簡化有沒有抽象掉一般均衡模型特有的問題呢？顯然，兩種商品的簡化有一個困難。如果只有兩種商品，那麼根據瓦爾拉斯法則，一個市場均衡就必然意味著另一個市場的均衡。這樣，一般均衡就無法得到和局部均衡分析方法不同的結論。但是，即使如此，這一簡化模型仍被廣泛使用於各個領域。

三、帕累托有效率的資源配置

在一個純交換經濟中，衡量資源配置優劣的常用標準是帕累托效率。如果不存在其他可行的配置 y，使得對於每個消費者 i，有 $y^i \gtrsim^i x^i$，而且至少有一個人屬於嚴格偏好的情況，那麼可行的配置 x 是帕累托有效率的。和生產技術效率不同，帕累托有效率針對的是資源的配置，所以也被稱為配置有效率。

評價資源配置需要考察社會的偏好。帕累托有效率實際上定義了一種通過加總個體偏好得到社會偏好的方式。如果存在可行的資源配置 y 滿足上述定義的要求，我們就說資源配置 y 帕累托優於資源配置 x。而從 x 轉變為 y 就被稱為帕累托改善。而帕累托有效率就意味著不存在帕累托改善的機會。

一種典型的帕累托改善是交換，因為自願的交換能夠增進雙方的福利。下面我們就在簡單的交換經濟中理解帕累托改善，並找到所有帕累托有效率的配置。

在埃奇沃斯方盒中任意選擇一個資源配置，我們分別畫出兩個消費者的上優集（即效用水平至少不下降的配置）。如果兩個消費者的上優集有交集，說明在其他消費者效用水平不下降的條件下，存在一個消費者的效用提高的可能性，即存在帕累托改善的機會。如果在交集的邊界上移動，就可以在保持另一個消費者效用不變的前提下，提高一個消費者的效用水平；如果移動到交集內部，那麼兩個消費者的效用都

可以嚴格地提高(見圖 9-5)。

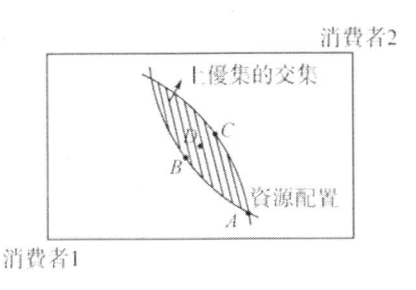

圖 9-5 帕累托改善

註:資源配置 A 是無效率的。改變資源配置為 B, 在不降低消費者 1 的效用的前提下,增加了 2 的效用。改變資源配置為 C, 在不降低 2 的效用的前提下,1 的效用提高。改變資源配置為 D, 同時增加了兩個人的效用。

如果資源配置正好處在兩個消費者的兩條無差異曲線的切點上,就不存在帕累托改善的機會。從切點出發,如果再改變資源配置,至少會降低一個消費者的效用。因此,根據定義,處於兩個消費者無差異曲線切點上的資源配置是帕累托有效率的。

兩條無差異曲線的切點的特徵是當資源實現這樣的配置時,兩個消費者對兩種商品的邊際替代率相等。為什麼邊際替代率相等是資源配置有效率的特徵呢?這是因為,邊際替代率度量的是消費者對商品的邊際支付意願。如果兩個消費者對同一種商品的邊際支付意願不同,就一定存在互利交易的機會。

例如,如果一個資源配置滿足 $MRS^1_{1,2}=1<MRS^2_{1,2}=2$, 這表示消費者 2 願意為一個單位的商品 1 付出兩個單位的商品 2, 而對於消費者 1 來說,得到一個單位的商品 2, 就願意付出一個單位的商品 1。那麼,如果消費者 2 付出 1.5 個商品 2, 從消費者 1 那裡換回 1 個單位的商品 1, 按照這樣的比例交易,兩個消費者的福利都會上升。

因此,當不同的消費者對商品的邊際支付意願或者說評價相同時,就不存在上述互利交易的機會,從而資源的配置就已經是有效率的配置了。

上述結論也可以利用下面的代數模型加以分析。如果我們給定一個消費者的效用水平,求解稟賦約束下另一個消費者的效用最大化問題,那麼由此得到的資源配置一定是帕累托有效率的。假設消費者 2 的效用給定為 $\bar{u}$, 那麼有效率的資源配置是下面問題的解:

$$\max_{x^1_1, x^1_2} u_1(x^1_1, x^1_2)$$
$$\text{s.t. } u_2(x^2_1, x^2_2) = \bar{u}, x^1_1 + x^2_1 = w_1, x^1_2 + x^2_2 = w_2$$

此優化問題的拉格朗日函數為:

$$\ell = u_1(x^1_1, x^1_2) + \lambda (u_2(x^2_1, x^2_2) - \bar{u}) + \mu_1(w_1 - x^1_1 - x^2_1) + \mu_2(w_2 - x^1_2 - x^2_2)$$

資源最優配置的一階必要條件為:

$$\frac{\partial \ell}{\partial x_1^1} = \frac{\partial u_1(x_1^1, x_2^1)}{\partial x_1^1} - \mu_1 = 0$$

$$\frac{\partial \ell}{\partial x_2^1} = \frac{\partial u_1(x_1^1, x_2^1)}{\partial x_2^1} - \mu_2 = 0$$

$$\frac{\partial \ell}{\partial x_1^2} = \lambda \frac{\partial u_2(x_1^2, x_2^2)}{\partial x_1^2} - \mu_1 = 0$$

$$\frac{\partial \ell}{\partial x_2^2} = \lambda \frac{\partial u_2(x_1^2, x_2^2)}{\partial x_2^2} - \mu_2 = 0$$

從上述的一階條件可以得到有效率的配置需要滿足的特徵為

$$\frac{\frac{\partial u_1}{\partial x_1^1}}{\frac{\partial u_1}{\partial x_2^1}} = \frac{\mu_1}{\mu_2} = \frac{\frac{\partial u_2}{\partial x_1^2}}{\frac{\partial u_2}{\partial x_2^2}}$$

也就是說，兩個消費者的邊際替代率相等（見圖9-6）。

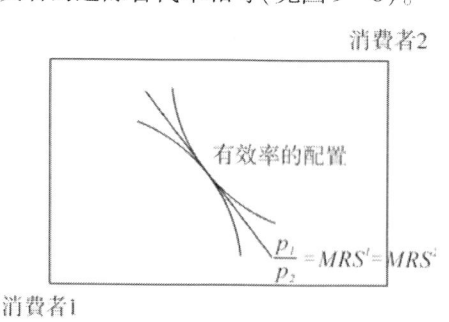

圖9-6　帕累托有效配置

帕累托有效率配置不是唯一的。實際上，所有滿足帕累托有效率配置的點形成了一個集合，被稱為帕累托集。帕累托集描述了從方盒中的任意一點開始的互利交易的所有可能的結果（見圖9-7）。帕累托集也被稱為契約曲線，其原因在於：任何交易的最后契約必定在帕累托集上，否則就會有進一步的交易。帕累托集與初始配置無關，僅僅決定於消費者的偏好和商品稟賦的數量。

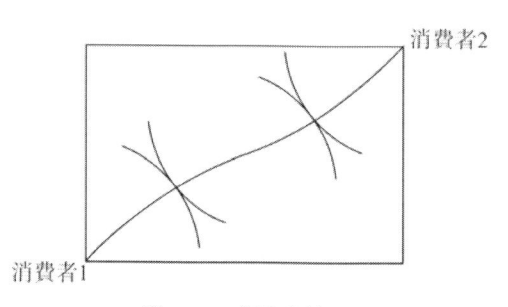

圖9-7　契約曲線

註：契約曲線是兩個原點以及所有無差異曲線切點的連線。

在一個純交換經濟中,帕累托有效率的配置不是唯一的,是一個集合。這恰好說明,帕累托效率標準對於資源配置的評價僅僅給出了部分的非常寬泛的標準。它僅僅告訴我們,如果資源配置沒有落在帕累托集內,必然存在著效率損失和改善的機會,但是如果已經處在帕累托集內,沿著這條曲線再改變資源配置,就會發生收入分配效應:增加一個人的效用必然會減少另一個人的效用。雖然收入分配問題(它關係到公平)往往是社會最優評價標準當中的常客,但是帕累托效率標準對此不置一詞。實際上,帕累托效率標準無法評價含有收入分配效應的資源配置過程。

帕累托效率對於收入分配是中性的。當資源配置實現了帕累托效率時,消費者的效用水平可以相差很大。例如,兩個原點都滿足帕累托效率,但是兩個人的效用水平完全不同。我們用效用可能性邊界來直觀地理解這一問題,效用可能性邊界是在給定商品稟賦的前提下,帕累托有效率配置的效用組合的集合(見圖9-8)。我們可以清楚地看到,效用可能性邊界上的效用組合都是有效率的,但社會如何做出選擇則必須考慮社會的偏好。這也就是說,需要引入社會福利函數。第十五章將會對這一問題進行考察。

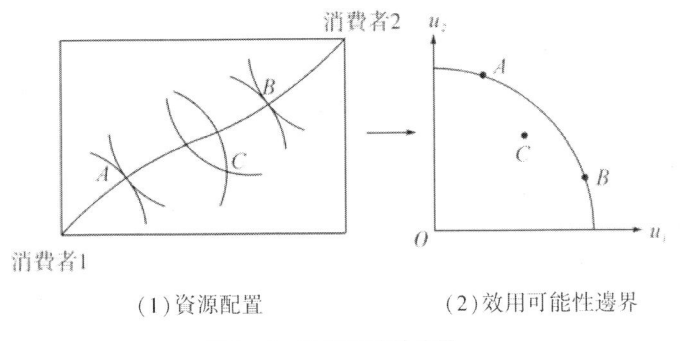

圖9-8 效用可能性邊界

四、福利經濟學基本定理

上面已經分析了純交換經濟的均衡配置和所有有效率的配置,下面我們要介紹的福利經濟學基本定理說明的則是均衡和效率的關係。

福利經濟學第一基本定理:所有競爭性均衡配置都是帕累托有效率的。

在只有兩種商品的簡化模型中,當實現均衡時,每個消費者最終消費的商品組合的邊際替代率都等於兩種商品的相對價格。由於消費者都是市場價格的接受者,從而面對相同的相對價格,均衡配置滿足不同消費者的邊際替代率相等,這正是帕累托有效率配置的特徵。從幾何直觀理解,所有競爭性均衡都在契約曲線上,屬於帕累托集,自然都是有效率的配置。

福利經濟學第二基本定理:任意的帕累托有效率配置都可以成為相應的稟賦配

置下由競爭性市場形成的均衡配置。或者說,稟賦配置和競爭性市場聯合作用可以實現任意的帕累托有效率配置。

為什麼需要市場機制和稟賦配置機制聯合作用才能得到任意的帕累托有效率配置呢？這是因為,如果稟賦配置不是帕累托有效率的,那麼競爭性市場機制可以通過交易改變資源配置,使最終的配置落在契約曲線上。這恰好是市場的作用。但是,市場的作用也僅此而已,在給定的稟賦約束下,市場機制作用下的有效率配置是唯一的。如圖9-9所示,如果初始稟賦分配為w,市場機制的作用可以保證最終的配置是有效率的,例如最終落在x點。但如果出於公平的考慮,人們認為x'是社會最優的資源配置。競爭性的市場在初始稟賦w下無法實現這一最優配置。也就是說,我們無法找到一組價格使得稟賦約束下消費者的選擇正好是x',但是可以通過改變稟賦分配的方式來實現這一目標。例如,通過轉移支付的方法將稟賦分配調整為w',然后在市場機制的作用下,x'成為最終的均衡配置,也是社會所偏好的有效率的配置。

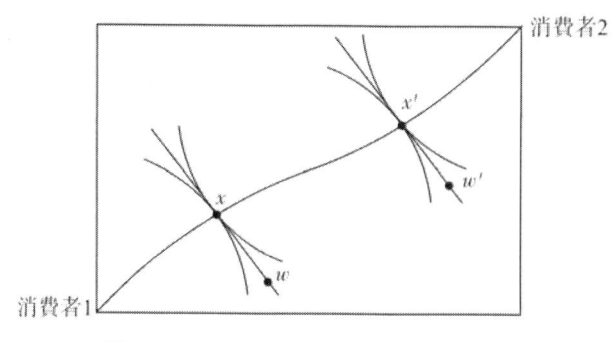

圖9-9　福利經濟學第二基本定理圖示

福利經濟學第二基本定理非常巧妙地分離了社會福利當中的效率和其他方面,比如公平。尤其重要的是,它提醒我們:市場對於分配是中性的,市場的唯一作用是改善無效率的配置。不公平的市場均衡配置並不是市場的缺陷,市場只是複製了最初配置的不公平而已。因此,為了不損失社會福利,效率和公平目標應該通過不同的途徑來實現。讓價格反應資源的相對稀缺性以實現效率的目標,而通過財富的轉移獲得調整分配。

當然,改變稟賦分配可以實現任意的帕累托有效率配置與公平,只是針對給定的產出而言,它沒有考慮到由分配的公平(或不公平)所產生的激勵問題,或者說純交換經濟模型抽象掉了這一問題。

第二節 生產

一、魯濱孫·克魯索經濟

1.「一種投入,一種產出」模型

在這種經濟中,荒島上的魯濱孫用一種投入生產一種產出,從而有兩個市場。在理論上,假設魯濱孫有分身術,我們把他拆成了多個人。在要素市場上,魯濱孫既是生產要素的需求者,也是生產要素的供給者。在產品市場上,魯濱孫既是產品的供給者,又是產品的消費者。並且,我們假設這兩個市場都是競爭性的。

作為生產者的魯濱孫的決策就是在生產技術和市場價格約束下選擇最佳要素投入以實現利潤最大化。假設投入是勞動,其價格是工資率,用 w 表示,產出價格為 p,生產函數為 $q=f(l)$,魯濱孫面臨的利潤最大化問題為:

$$\max_{l} \pi = pf(l) - wl$$

為了便於用幾何方法考察這一問題,我們把上面的優化問題改寫為:

$$\max_{q,l} \pi = pq - wl$$
$$\text{s. t. } q = f(l)$$

這樣,在勞動—產出坐標系內,約束方程就是生產函數曲線。假設此生產具有報酬遞減的特徵,魯濱孫的選擇問題就是在生產函數曲線上選擇一個產量和投入的組合以實現最大化利潤。比較不同組合的利潤水平的工具是等利潤線。顧名思義,給定一個利潤水平,我們就可以得到一條等利潤線。假設一條等利潤線方程為 $\pi = pq - wl$,轉化為 $q = \frac{\pi}{p} + \frac{w}{p}l$。由此可見,等利潤線是一條斜率為真實工資率,截距取決於利潤水平的直線(見圖 9-10)。

由於越是處於上方的等利潤線對應的利潤水平越高,等利潤線和生產函數曲線的切點就決定了利潤最大化的勞動需求和產出供給水平,以及相應的利潤水平 π^*。

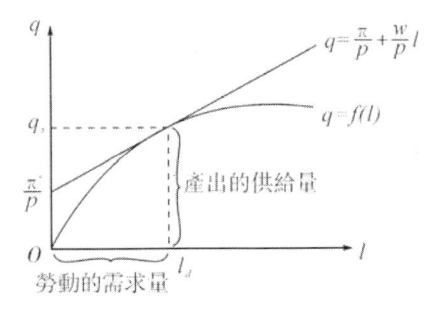

圖 9-10 魯濱孫的生產決策

最高利潤水平的等利潤線也是消費者魯濱孫的預算約束線。他在這條預算約束線上選擇勞動和產出組合以最大化效用（見圖 9-11）。由於勞動是厭惡品，因而無差異曲線斜率為正，其斜率被稱為邊際補償率。假設邊際補償率遞增，也就是說，為了補償因增加一單位勞動而減少的效用，消費者要求越來越高的產出。消費者的選擇就決定了勞動供給和對產出的需求。

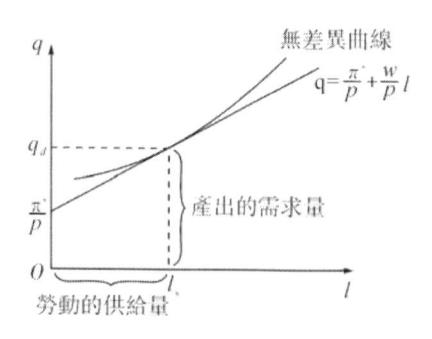

圖 9-11 魯濱孫的消費決策

顯然，一般均衡要求產出市場和勞動市場同時實現均衡。在幾何圖形中，這表現為實現效用最大化和利潤最大化的勞動和產出組合的重合。這個組合被稱為均衡的配置，均衡價格則反應在等利潤線的斜率上。也就是說，我們得到的一般均衡價格是一個相對價格，表示為 $\left(\frac{w}{p}\right)^e$。如果我們將產品作為計價物，那麼一般均衡分析得到的就是用產品的數量度量的勞動的均衡工資率（見圖 9-12）。

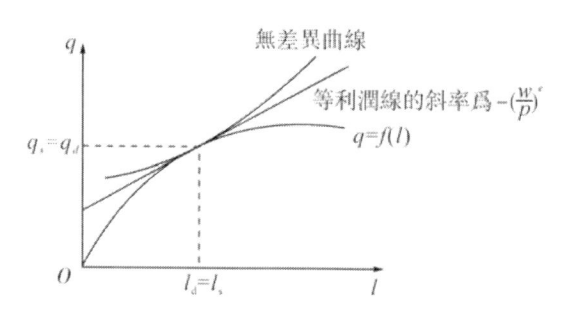

圖 9-12 勞動市場和產品市場的一般均衡

2.「兩種投入，兩種產出」模型

在這種模型中，我們假設魯濱孫用兩種投入生產兩種產出。我們關心的問題是魯濱孫在兩種產出上如何配置生產要素是有效率的。因此，這一模型實際上解決的是生產要素如何在不同的行業間進行配置的問題。

分析的工具是前面學過的埃奇沃斯方盒。用方盒的長邊度量勞動要素的數量，用寬邊度量資本要素的數量。左下角的原點是產品 1，右上角的原點是產品 2，它們都對兩種要素有需求。方盒中任意一個點代表著一個可行的而且是實現了充分利用

的要素配置,我們用經過這一點的等產量線反應這一要素配置實現的兩種產出的數量。

如果一個可行的要素配置是兩條等產量線的交點,這種配置是無效率的,因為調整要素在兩個行業間的配置可以在不減少任何一種產出的情況下,增加至少一種產出的數量。因此,和產品的配置效率相同,有效率的要素配置必須是等產量線的切點。對此,經濟學的解讀是:要素在產品間的配置效率滿足邊際技術替代率相等。

所有有效率的要素配置形成了要素契約曲線,在這一曲線上的任何一點,要增加一種產出的數量,就必須減少另一種產出的數量,因此每個點都對應著一個有效率的產出組合。在給定要素數量和技術水平的前提下,所有有效率的產出組合的集合被稱為生產可能性邊界。圖 9-13 說明了有效率的要素配置和產出組合之間的關係。

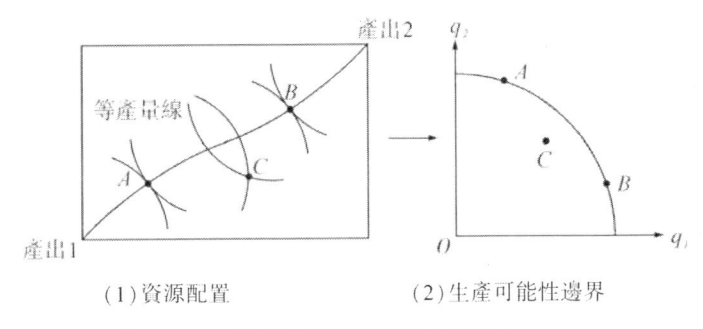

(1)資源配置　　　　(2)生產可能性邊界

圖 9-13　有效率的要素配置與產出組合

二、二人世界:魯濱孫和星期五

在魯濱孫世界中引入星期五,就多了一個生產者,同時多了一個消費者。新的生產者的到來引起了生產方式的變化:不同的生產者可以分工生產。

首先我們來說明什麼決定分工。分工取決於生產者的比較優勢,生產成本較低的生產者具有比較優勢。我們如何判斷生產者的比較優勢呢？在已知生產可能性邊界的條件下,邊際轉換率(生產可能性邊界的斜率的絕對值)就是用產品度量的邊際成本。因此,邊際轉換率低,也就是邊際成本低的生產者在該產品的生產上具有比較優勢。

如果個體生產是有效率的,並且個體之間按照比較優勢分工組織生產,那麼社會生產就是有效率的。我們用下面的例子說明生產的社會組織方式。

假設利用 8 小時的勞動時間,魯濱孫生產一單位魚需要一小時,生產一單位椰子需要兩個小時;星期五生產一單位魚需要兩小時,生產一單位椰子需要一小時。圖 9-14 顯示了他們的生產可能性邊界。

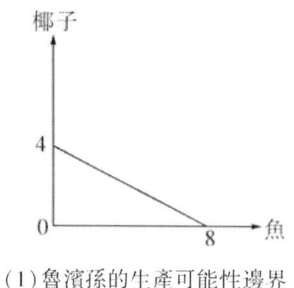

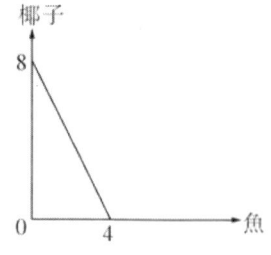

(1)魯濱孫的生產可能性邊界　　(2)星期五的生產可能性邊界

圖 9-14　個人的生產可能性邊界

下面我們分析如何得到魯濱孫和星期五兩個人聯合生產的生產可能性邊界，或者稱為社會生產可能性邊界。兩個人都摘椰子獲得了聯合生產的最大椰子數量，然後要增加魚的數量，就必須減少椰子的數量，但是由誰來生產更有效率呢？關鍵就看誰的邊際成本低，即誰的邊際轉換率低，或者誰在捕魚上有比較優勢。因此，首先考慮捕魚有比較優勢的魯濱孫，這時社會的邊際轉換率就是魯濱孫的邊際轉換率。當魯濱孫全部的要素使用完，繼續增加魚的數量就必須使用並不具有比較優勢的星期五的勞動。這時，邊際轉換率就決定於星期五的生產技術(見圖9-15)。

(1) 魯濱孫的生產可能性邊界　(2) 星期五的生產可能性邊界　(3) 社會的生產可能性邊界

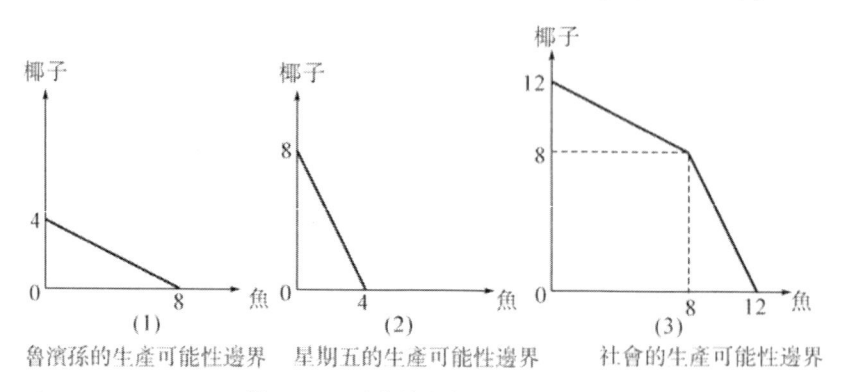

圖 9-15　社會的生產可能性邊界

上面的分析結論是每個人都是完全的專業化生產者。這種特殊的情況產生於特殊的假設：不同的而且不變的邊際轉換率。下面我們簡要說明：如果兩個人的邊際轉換率遞增，這時有效率的生產應該滿足什麼特徵。顯然，結論是：最優的產出組合滿足兩個生產者的邊際轉換率相等。這是因為，邊際轉換率就是用產品表示的邊際成本。如果一個生產者的邊際轉換率高於另一個生產者，那麼我們總是可以通過減少它的產量來降低生產成本。降低生產成本意味著我們可以在不減少一種產出的前提下增加另一種產出，因此，有效率的生產必須滿足邊際轉換率相等。例如，企業1的邊際轉換率為2，意味著減少一個單位的第一種產品，可以增加兩個單位的第二種產品；企業2的邊際轉換率為1，意味著增加一個單位的第一種產品，需要減少一個單位的第二種產品。如果企業2增加一個單位的第一種產品，企業1減少一個單位的

第一種產品,那麼第一種產品的總量不變,但第二種產品就增加了一個單位。

注意,這時對專業化的理解和前面不同,專業化(Specialization)的含義是一個人生產的數量多於消費所需,並不意味著只生產一種產品。也就是說,只要生產者的生產和消費分離,就是專業化的生產者。

第三節 生產與交換

一、魯濱孫經濟

假設魯濱孫是兩種產品的生產者,並且用生產可能性邊界描述所有有效率的產出組合,同時他還是兩種產品的消費者,擁有特定的偏好和效用函數。我們要分析的一般均衡問題需要求出均衡的產出組合和兩種商品的均衡價格。

和前面一樣,我們需要假設魯濱孫分身有術。作為生產者的魯濱孫選擇產出組合以實現最大化的利潤。由於生產可能性邊界是在給定要素投入下的產出組合,因而這裡的產出選擇是在給定成本的前提下,並且利潤最大化和銷售收入最大化是一致的。

用轉換函數 $T(q_1, q_2) = 0$ 表示生產可能性邊界,兩種商品的市場價格分別為 p_1, p_2,那麼生產者魯濱孫的利潤最大化問題為:

$$\max_{q_1, q_2} p_1 q_1 + p_2 q_2$$
$$\text{s. t. } T(q_1, q_2) = 0$$

同樣,在幾何上,約束方程就是生產可能性邊界,而目標函數可以構造出等利潤線(見圖 9-16)。最優選擇則是生產可能性邊界和等利潤線的切點,即最優的產出組合滿足 $MRT_{1,2}(q_1^s, q_2^s) = \dfrac{p_1}{p_2}$(由於此最優選擇決定了兩種產品的供給,故使用上標 s 表示供給之意)。

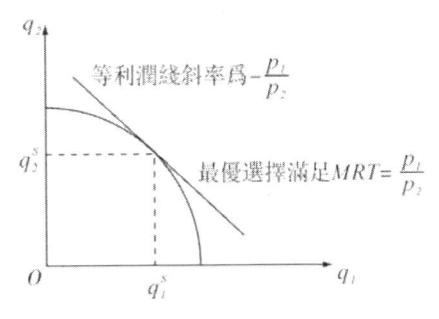

圖 9-16 魯濱孫的生產決策(兩種產出的情況)

經過最優產出組合的等利潤線也是消費者魯濱孫的預算約束線。魯濱孫在此約束下選擇最大化效用的商品組合,此商品組合就是消費者魯濱孫對兩種商品的需求(見圖9-17)。最優選擇滿足 $MRS_{1,2}(q_1^d, q_2^d) = \frac{p_1}{p_2}$。

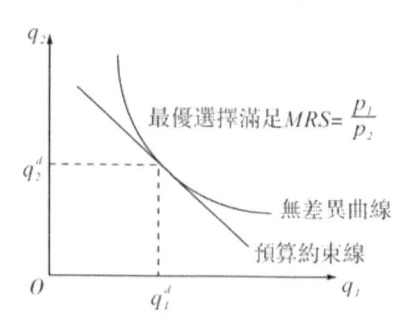

圖9-17 魯濱孫的消費決策(兩種產品的情況)

同樣,一般均衡價格需要滿足兩種商品的供求相等。通過該分析只能得到唯一的相對價格。聯繫上面的分析,一般均衡價格和資源配置滿足 $\left(\frac{p_1}{p_2}\right)^e = MRS_{1,2}(q_1^e, q_2^e) = MRT_{1,2}(q_1^e, q_2^e)$。如圖9-18 所示。

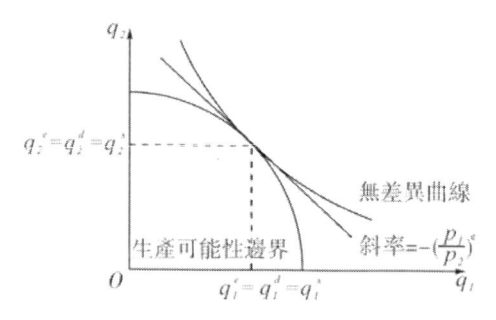

圖9-18 兩種產出下的一般均衡

儘管假設魯濱孫分身有術多少有點滑稽,但是實際上這一模型常常被用於說明一個封閉經濟的生產決策。封閉經濟的含義是沒有外部市場可以利用,從而生產和消費沒有分離,生產決策受偏好約束。

二、二人世界:魯濱孫和星期五

假設只有兩種商品,在第一節,我們分析了對於給定的產出組合,如何在消費者之間有效率地配置;在第二節,我們分析了如何有效率地生產,並且用生產可能性邊界描述所有有效率的產出組合。現在,我們把生產和交換結合起來,分析什麼樣的產出組合、生產方式以及在消費者之間的配置方式同時滿足生產和交換有效率。

這樣的產出組合需要滿足:所有消費者的邊際替代率都相等,並且等於邊際轉

換率。

消費者的邊際替代率相等是給定產出組合下有效率配置產品的要求，而邊際轉換率和邊際替代率相等意味著改變產出組合無法實現帕累托改善。這是因為，邊際替代率是消費者的邊際支付意願，而邊際轉換率是生產的邊際成本，而如果邊際替代率和邊際轉換率不相等，就會存在生產者和消費者交換的互利機會。

用幾何方法圖示這一最優配置的關鍵一步是：給定一個產出組合，就確定了一個純交換經濟的稟賦，從而可以畫出一個埃奇沃斯方盒，然后就可以畫出這個方盒內所有有效率的配置，而有效率的產出組合需要滿足邊際替代率和邊際轉換率相等（見圖 9-19）。

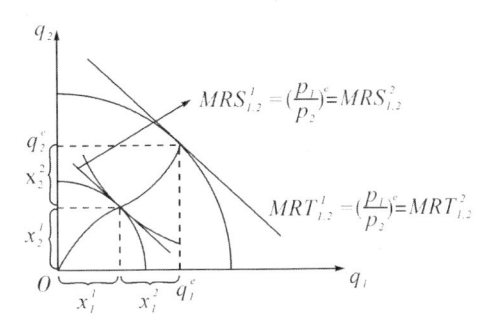

圖 9-19　生產－交換的一般均衡

註：二人世界的生產－交換一般均衡，其中上標 1 和 2 代表魯濱孫和星期五。

如何用代數方法求解這裡的資源配置問題呢？假設 1 代表魯濱孫，2 代表星期五，根據有效率配置的定義，有效率配置是下面優化問題的解。

$$\max_{x_1^1, x_2^1, x_1^2, x_2^2} u_1(x_1^1, x_2^1)$$

s.t. $u_2(x_1^2, x_2^2) = \bar{u}$ 且 $T(x_1^1 + x_1^2, x_2^1 + x_2^2) = 0$

這個優化問題的拉格朗日函數為：

$$\ell = u_1(x_1^1, x_2^1) + \lambda [u_2(x_1^2, x_2^2) - \bar{u}] - \mu T(x_1^1 + x_1^2, x_2^1 + x_2^2)$$

一階條件為：

$$\frac{\partial \ell}{\partial x_1^1} = \frac{\partial u_1}{\partial x_1^1} - \mu \frac{\partial T}{\partial x_1} = 0$$

$$\frac{\partial \ell}{\partial x_2^1} = \frac{\partial u_1}{\partial x_2^1} - \mu \frac{\partial T}{\partial x_2} = 0$$

$$\frac{\partial \ell}{\partial x_1^2} = \lambda \frac{\partial u_2}{\partial x_1^2} - \mu \frac{\partial T}{\partial x_1} = 0$$

$$\frac{\partial \ell}{\partial x_2^2} = \lambda \frac{\partial u_2}{\partial x_2^2} - \mu \frac{\partial T}{\partial x_2} = 0$$

根據前面兩個一階條件，我們可以得到 $MRS_{1,2}^1 = MRT_{1,2}$，即消費者 1 的邊際替代

率等於兩種商品的邊際轉換率。從后兩個一階條件,我們可以得到 $MRS_{1,2}^2 = MRT_{1,2}$,即消費者 2 的邊際替代率等於兩種商品的邊際轉換率。綜合這兩個結果,可以得到 $MRS_{1,2}^1 = MRS_{1,2}^2 = MRT_{1,2}$,即消費者的邊際替代率等於邊際轉換率。

到目前為止,我們已經分析了市場機制如何解決社會基本經濟問題以及有效率的配置所具有的特徵。具體來說,當邊際轉換率等於消費者的邊際替代率時,「生產什麼」「生產多少」的經濟問題得到了有效率的解決;當不同要素在產品間的配置滿足邊際技術替代率相等,並且不同的生產者按照比較優勢分工生產且滿足任意兩種商品的邊際轉換率相等時,「如何生產」的問題得到了有效率的解決;當產品在消費者之間的配置滿足所有消費者對任意兩種商品的邊際替代率相等時,「為誰生產」的問題得到了有效率的解決。本章同時給出的另一個重要結論是:競爭性市場均衡配置是有效率的,而且任何有效率的資源配置都可以通過再分配機制和競爭性市場機制實現。

復習思考題

1. 假定一個純交換經濟只有兩個消費者;消費者 1 的支出函數為 $e_1(p_1, p_2, u_1) = u_1\sqrt{p_1 p_2}$,稟賦為 $(1,2)$;消費者 2 的效用函數為 $u(x_1, x_2) = x_1^{\frac{1}{3}} x_2^{\frac{2}{3}}$,稟賦為 $(2,1)$。求競爭性均衡價格。

2. 假定一個純交換經濟只有兩種商品,稟賦數量分別為 w_1, w_2;只有兩個消費者,其效用函數分別為 $u_1 = (x_1^1)^{\frac{2}{3}}(x_2^1)^{\frac{1}{3}}, u_2 = (x_1^2)^{\frac{1}{3}}(x_2^2)^{\frac{2}{3}}$。求契約曲線的方程。

3. 假設魯濱孫的生產函數為 $q = L^\alpha$,其中 $\alpha < 1$;假設時間稟賦為 T,閒暇時間為 R;其效用函數為 $u(R,q) = R^{1-\beta} q^\beta$;令產品價格為 1。求均衡工資率。

4. 假設一個經濟體中的五個人 A,B,C,D,E 的日生產可能性邊界如表 9-1 所示。請回答下面的問題:①填空回答 Y 的邊際成本是多少。②假設生產信息被一個計劃者得到,現在要生產一個單位的 Y,應該由誰來生產?③畫出社會的生產可能性邊界。④為什麼說只要生產是有效率的,那麼生產的邊際成本是遞增的?

表 9-1　　　　　　　　　　五個人的生產可能性邊界

經濟人	產出 X	產出 Y	Y 的邊際成本(X 的價格為 1)
A	6	3	
B	3	3	
C	1	2	
D	9	6	
E	6	10	

第十章　壟斷

壟斷在歷史上的含義是專賣權。在這種制度安排下,壟斷的主要特點是市場對於其他的賣者是封閉的。而現代經濟學中壟斷的含義是一個廠商面對斜率為負的需求曲線。因此,一個具有壟斷力量的廠商就不同於作為價格接受者的完全競爭廠商,而是價格的搜尋者,或者稱為價格的制定者。

壟斷競爭廠商、寡頭廠商都具有一定的壟斷力量。因此,請讀者注意,這一章所考察的是完全壟斷市場,即一個廠商獨占市場,獨自供應全部市場需求。即使一個市場只有一個在位廠商,它也可能面對潛在競爭的壓力。而是否存在潛在競爭的壓力會直接影響在位廠商的行為。

本章所有分析都假設不存在潛在競爭的壓力,將依次介紹壟斷廠商的線性定價模型、非線性定價模型(即價格歧視)以及自然壟斷的含義和治理政策。

第一節　線性定價模型

一、壟斷價格與壟斷產量

壟斷廠商的行為可以理解為在市場需求和成本函數的約束下選擇價格或產量以實現利潤最大化。因此,我們有兩個略微不同但實際上等價的理解壟斷廠商行為的方式:一種是假設壟斷廠商選擇產量,而銷售價格則取決於消費者需求;另一種是假設壟斷廠商選擇價格,而銷售數量則取決於消費者需求。

如果以第一種理解方式構造壟斷廠商的行為模型,那麼我們假設壟斷廠商面對的反市場需求函數為 $p = p(Q)$,成本函數為 $C(Q)$,從而壟斷廠商的行為可以模型化為

$$\max_{Q} p(Q)Q - C(Q)$$

這個優化問題的一階條件是 $p(Q) + p'(Q)Q = C'(Q)$。等式的左邊是增加產量的邊際收益,而等式右邊則是增加產量的邊際成本。因此,從這個一階條件,我們可以得到壟斷廠商利潤最大化時的產量需要滿足的必要條件:壟斷廠商選擇的產量滿足邊際收益等於邊際成本。

如果一階條件是充分的，我們就可以通過這個一階條件計算得到壟斷廠商利潤最大化時的產量，表示為 Q^M。這樣，根據市場需求我們就可以得到壟斷價格 $p^M = p(Q^M)$。

那麼，在什麼情況下，一階條件是充分的呢？上面的優化問題的二階條件為 $2p'(Q) + p''(Q)Q - C''(Q) < 0$。如果需求曲線是向右下方傾斜的直線，邊際成本不變或遞增，上面的二階條件就可以得到滿足。線性需求和遞增邊際成本條件下的壟斷行為如圖 10-1 所示。

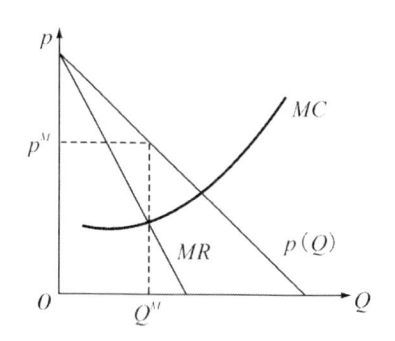

圖 10-1　壟斷產量與壟斷價格

在很多時候，我們可以進一步簡化上面的條件，假設反市場需求函數為 $p = a - bQ$，成本函數具有不變邊際成本的特徵，表示為 $C(Q) = cQ$，那麼壟斷產量為 $Q^M = \dfrac{a-c}{2b}$，而壟斷價格為 $p^M = \dfrac{a+c}{2}$（見圖 10-2）。請注意，為了使這裡的分析有意義，需要限定參數滿足如下特徵，即 $a > 0, b > 0, a > c$。請讀者理解這裡的限定的含義是什麼。

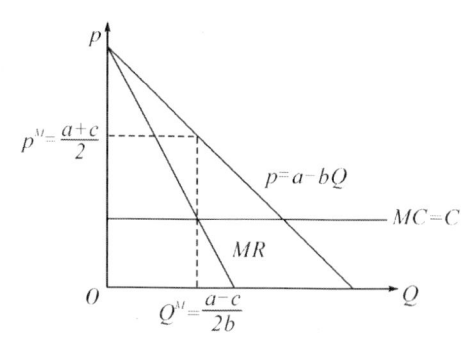

圖 10-2　線性需求、不變邊際成本條件下的壟斷價格與壟斷產量

進行簡單的運算，邊際收益可以改寫為 $MR(Q) = p(Q)\left(1 - \dfrac{1}{|\varepsilon|}\right)$，這樣，我們就可以得到一個新的壟斷產量需要滿足的特徵，即 $MR(Q) = p(Q)\left(1 - \dfrac{1}{|\varepsilon|}\right) = MC(Q)$。

從這個表達式,我們知道,由於 $MC(Q) \geq 0$,壟斷廠商一定不會在缺乏彈性的需求區間從事生產。實際上,我們可以非常直觀地理解這一結論。缺乏彈性的時候,減少產量可以增加銷售收入,而減少產量肯定可以降低成本,從而增加利潤,因而利潤最大化的廠商必定不會在缺乏彈性的需求區域從事生產。

對上面的表達式再變換,我們可以得到壟斷價格和邊際成本之間存在以下關係,即 $\frac{p-MC}{p} = \frac{1}{|\varepsilon|}$。這被稱為壟斷價格的反彈性原則(the Inverse Elasticity Rule),而 $\frac{1}{|\varepsilon|}$ 被稱為勒納指數(Lerner Index)。它告訴我們:壟斷價格偏離邊際成本的程度取決於消費者對商品的需求價格彈性。這一結論也可以非常直觀地表示為 $p(Q) = C'(Q) \frac{1}{1 - 1/|\varepsilon|}$。由於 $\frac{1}{1 - 1/|\varepsilon|} > 1$,所以壟斷價格是邊際成本加成定價。

不同於完全競爭廠商的分析,壟斷廠商沒有供給曲線,這是為什麼呢?

一種理解是:在分析完全競爭廠商時,價格是外生變量,從而我們定義的完全競爭廠商的供給曲線反應的是廠商的產量如何隨著外生決定的價格變化而變化。壟斷產量和壟斷價格都是壟斷廠商要同時選擇的變量,或者說,都是壟斷廠商利潤最大化模型的內生變量。因此,我們無法定義壟斷產量是壟斷價格的函數。

另一種理解是:給定一條需求曲線,利潤最大化的決策只決定一個價格和產量的組合,此點必然在需求曲線上。若需求曲線移動,在新的需求曲線上重新確定價格和產量,連接這些點沒有經濟含義。

既然壟斷廠商沒有供給曲線,考察壟斷廠商的生產時,我們總是就一條特定的需求曲線來考察。而且,在考察壟斷市場均衡時,我們也不能使用供求均衡分析方法。

二、壟斷的福利損失

壟斷市場的資源配置有效率嗎?要回答這個問題,我們需要將總剩餘(或者稱為社會福利)作為分析工具,考察壟斷產量是否實現了總剩餘最大化。在此,我們直接定義壟斷市場的總剩餘為消費者剩餘和壟斷利潤之和,即 $W(Q) = \int_0^Q P(x) dx - C(Q)$。要考察一個產量水平是否實現了總剩餘最大化,我們要看在這個產量水平上增加產量時總剩餘的邊際變化,簡單計算可得 $W'(Q) = p(Q) - C'(Q)$。這個表達式有重要的經濟學含義。減號的前面是消費者的邊際支付意願,減號的後面是產品的邊際成本,二者之差反應的是來自於交易新增的社會福利,也被稱為邊際社會福利。當 $p(Q) = C'(Q)$ 時,社會福利(也就是總剩餘)恰好實現了最大化;當 $p(Q) > C'(Q)$ 時,增加產量可以提高總剩餘水平;當 $p(Q) < C'(Q)$ 時,減少產量可以提高總剩餘水平。

壟斷廠商以利潤最大化為目標來選擇產量,前面我們已知 Q^M 滿足 $p(Q^M) +$

$Q^M p'(Q^M) = C'(Q^M)$，所以在壟斷產量水平上，有 $W'(Q^M) = -Q^M p'(Q^M) > 0$。這就告訴我們，壟斷產量低於能夠實現總剩餘最大化的有效率的產量。總結上面的分析，我們知道壟斷市場是無效率的，這種無效率源於壟斷產量過低。

壟斷市場上的無效率也可以理解為壟斷市場上存在社會福利的淨損失。為了理解這一點，我們仍然使用前面考察過的不變邊際成本的簡化模型。總剩餘最大化的產量是需求曲線和邊際成本曲線的交點所決定的產量，但是壟斷廠商選擇的產量滿足邊際收益等於邊際成本，獲得的壟斷利潤為 A，但消費者剩餘減少了 A 和 B（見圖 10-3）。我們發現，消費者剩餘的損失部分轉移為了生產者的利潤，這部分轉移不影響總剩餘。經濟學家批評壟斷是低效率的，是因為有一部分消費者剩餘的損失沒有轉移為壟斷利潤，變成了社會福利的淨損失，也被稱為無謂損失（Deadweight Loss）。

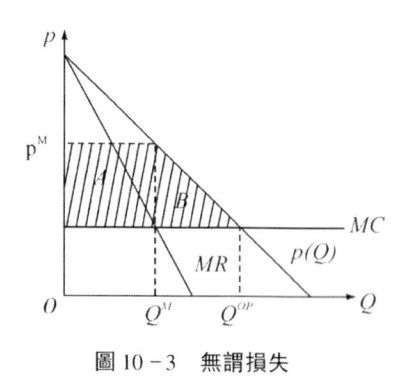

圖 10-3　無謂損失

註：圖中 Q^{OP} 是總剩餘最大化的產量，壟斷產量為 Q^M，消費者剩餘損失中的 A 轉移為廠商利潤，而 B 則是無謂損失。

第二節　價格歧視

價格歧視是說，同一消費者或不同的消費者對相同的商品支付了不同的價格。因此，價格歧視既可以針對單個消費者，也可以針對多個消費者實施。實施價格歧視的一個必要條件是壟斷廠商能夠阻止消費者套利，這種套利活動在不同類型的價格歧視中表現不同。實施價格歧視的另一個條件是壟斷廠商必須掌握一定的消費者需求信息。實際上，我們根據廠商所掌握信息的不同來區分三類價格歧視。如果壟斷廠商掌握了所有消費者全部的偏好或需求信息，就可以實施一級價格歧視，也叫作完全價格歧視。如果壟斷廠商僅僅根據消費者的某些外在特徵能夠區分出不同類型的消費者，從而可以對不同類型的消費者收取不同的價格，就可以實施三級價格歧視。如果壟斷廠商僅僅知道市場上有不同類型的消費者，但是無法識別每一個具體的消

費者所屬的類型,這時就可以實施二級價格歧視。

一、一級價格歧視

實施一級價格歧視的前提條件是壟斷廠商掌握了消費者的偏好信息或需求信息,從而壟斷廠商就知道了一個消費者的邊際支付意願。壟斷廠商實施一級價格歧視就是要消費者按照其邊際支付意願為每個單位的商品付費。這樣,消費者為購買一定數量的商品所支付的費用就是其願意支付的最高費用,從而在實施一級價格歧視時,壟斷廠商就佔有了全部的消費者剩餘。

為了實施完全價格歧視,壟斷廠商必須採取非線性定價的手段。在此,我們介紹兩種非線性定價方法。第一種是全部收費或全不收費(All-or-zero)的定價方式。具體說,壟斷廠商向消費者提供消費計劃(R,q),即消費者為消費數量為q的商品付費R,或者壟斷廠商不向消費者提供任何產品,當然也不收取任何費用。第二種是兩部定價法,消費者為消費數量為q的商品支付總費用$A+pq$,即在線性定價的基礎上增加了一個與消費數量無關的部分A。這兩種方法有一個區別值得注意。在實施第一種收費方法時,廠商規定消費數量以及相應的費用。而在兩部定價法中,廠商僅僅規定A和p,消費數量則是由消費者自己決定的。

接下來,我們考察壟斷廠商如何利用這兩種略微不同的定價方式實施一級價格歧視。假設一個成本函數為$C(q)=cq$的壟斷廠商知道一個消費者從消費這種商品中得到的效用函數為$u(q)$,這個效用函數用貨幣度量效用,從而它告訴我們這個消費者對商品的總的支付意願。壟斷廠商採取全部收費或全不收費的方式實施價格歧視的問題就是下面的最優化問題:

$$\max_{R,q} R - cq$$
$$\text{s.t. } u(q) \geq R$$

請注意,約束方程被稱為參與約束,是消費者購買此壟斷廠商提供的產品或服務的條件。具體來說,即要求消費者獲得非負的消費者剩餘;或者更直觀地說,壟斷廠商為一定數量的商品收取的最高費用不能超過消費者的支付意願。

利潤最大化要求約束條件的等式成立,這意味著廠商獲得了全部的消費者剩餘。但是,請注意,正因為如此,這時的壟斷產量是有效率的。具體來說,由於壟斷廠商可以佔有全部的消費者剩餘,實際上它就得到了總剩餘,其行為就以總剩餘最大化作為行為目標,而這就使得它所選擇的產量是有效率的。

通過簡單的計算我們可以得到:利潤最大化產量滿足$u'(q^*)=c$,這表明產量是有效率的。歧視性收費為$R^*=u(q^*)$,這表明壟斷廠商佔有了全部的消費者剩餘。

讀者可以自己構造模型思考壟斷廠商如何使用兩部收費法實施一級價格歧視。壟斷廠商的做法是令單位價格P等於邊際成本,而令A等於消費者剩餘。

圖 10-4 說明了兩種收費方式的一致性。

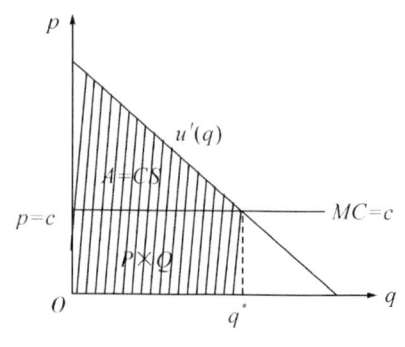

圖 10-4　一級價格歧視

註：壟斷廠商如果採用兩部收費法實施價格歧視，令 $A = CS, P = c$；如果採用全部收費或全不收費的定價方法實施價格歧視，令 $R = \int_0^{q^*} u'(q) dq = A + P \times Q$。

如果存在眾多不同的消費者，那麼或者廠商為不同的消費者提供不同的消費計劃，或者消費者都支付相同的價格，但是不同的消費者支付不同的固定費用，且該費用分別等於各自的消費者剩餘。這樣，完全價格歧視就得到了實施。

二、二級價格歧視

二級價格歧視應用於下面的情形：消費者存在多種類型，壟斷廠商僅僅擁有每種類型消費者的需求信息，但是無法識別每個消費者屬於何種類型。

在這種信息約束下，壟斷廠商無法實施完全價格歧視或三級價格歧視。如果要實施二級價格歧視，壟斷廠商採取的做法是針對不同類型的消費者設計不同的全部收費或全不收費的消費方案，供消費者選擇。但是，如果消費方案設計得不好，某種（或某些）類型的消費者可能會選擇本來針對其他類型的消費者設計的方案，這種行為被稱為套利。一旦存在套利，價格歧視就失敗了，因為不同類型的消費者沒有被區別開來。因此，二級價格歧視要求消費方案的組合必須滿足無套利的條件，即所有類型的消費者都選擇本來就針對其所屬類型而設計的消費方案。

為了理解上述概念，我們需要考察一個簡單的例子。假設只有兩個消費者，分別屬於兩種不同的類型，即高需求的消費者和低需求的消費者。這就是說，面對相同數量的商品，高需求的消費者邊際支付意願更高（見圖 10-5）。

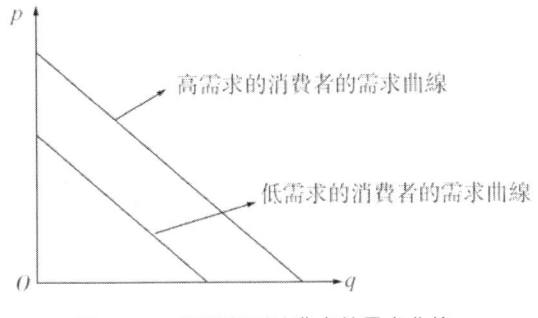

圖 10-5　兩種類型消費者的需求曲線

為了簡化，假設壟斷廠商的生產成本為零。如果它擁有完全的需求信息，它就可以實施完全價格歧視。具體做法是：為高需求的消費者提供的消費方案為 $(A+B+C, q_2)$，為低需求的消費者提供的消費方案為 (A, q_1)（見圖 10-6）。

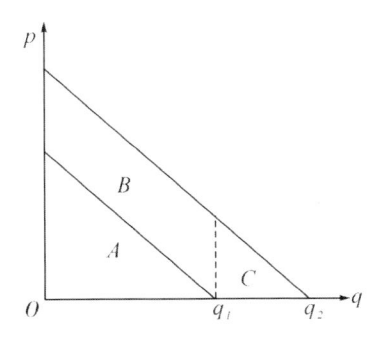

圖 10-6　完全信息下的定價

註：對兩種類型的消費者實施完全價格歧視，為高需求的消費者提供消費方案 $(A+B+C, q_2)$，為低需求的消費者提供消費方案 (A, q_1)。

在壟斷廠商擁有完全的需求信息，並且可以阻止消費者之間轉售套利的條件下，上述消費方案的組合是可以實施的。但是，當壟斷廠商無法識別不同類型的消費者，而價格歧視只能通過消費者的自我選擇來實施時，上述消費方案的組合是不能成功實施的。當高需求的消費者選擇為其設計的消費方案時，他得到的消費者剩餘為零，而當高需求的消費者選擇本來為低需求的消費者設計的消費方案時，他獲得了消費者剩餘 B。這就說明上述消費方案組合不滿足無套利條件，高需求的消費者會選擇本來為低需求的消費者設計的消費方案。上述消費方案組合能夠實現的利潤只有 $2A$。

要成功地實施二級價格歧視，必須要能阻止上述高需求消費者的套利行為。在這裡所舉的例子中，當高需求的消費者選擇不同的消費方案能夠得到相同的消費者剩餘時，他就失去了套利的動力。既然高需求的消費者套利得到剩餘 B，那麼如果壟斷廠商把針對高需求的消費者的消費方案修改為 $(A+C, q_2)$，這時組成的新的消費

方案組合就滿足無套利條件。

如果實施上述滿足無套利條件的消費方案組合,那麼壟斷廠商得到的利潤為 $2A + C$,這一利潤水平高於前述的 $2A$,但它並不是壟斷廠商能夠實現的最大利潤。那麼,壟斷廠商如何增加利潤呢？壟斷廠商已經佔有了低需求的消費者的全部的消費者剩餘,也從低需求的消費者那裡得到了最大化的利潤。為了實施二級價格歧視,壟斷廠商為高需求的消費者留下了消費者剩餘,沒有從高需求的消費者那裡得到最大化的利潤。請注意,為高需求的消費者留下的消費者剩餘受到了為低需求的消費者提供的消費方案的影響。如果壟斷廠商改變為低需求的消費者提供的消費方案以減少它對高需求的消費者的吸引力,就可以降低高需求的消費者留下的消費者剩餘,從而提高對高需求消費者的消費方案的收費。這樣做會減少從低需求的消費者那裡得到的利潤,但會增加從高需求的消費者那裡得到的利潤,如果后者超過前者,就可以增加總利潤。

具體來說,在低需求的消費者提供的消費方案中,壟斷廠商可以減少商品的數量,如圖 10-7 所示的 q_1',這樣,對低需求的消費者收費就會減少 ΔA。同時,壟斷廠商不改變對高需求的消費者提供的商品的數量,並且滿足無套利要求,可以提高費用,為 ΔB。因此,進行這樣的調整之后,新的利潤變為 $2A + C + \Delta B - \Delta A$。當從最初的數量 q_1 開始逐步減少為低需求的消費者提供的商品數量時,$\Delta B - \Delta A > 0$,所以這樣做確實可以增大利潤。

顯然,為低需求消費者所設計的最優的消費數量應該能夠使 $\Delta B - \Delta A$ 最大化。在這裡,最優的數量滿足:在這一數量水平,高需求的消費者的邊際支付意願是低需求的消費者邊際支付意願的兩倍。當然,請注意,這一結論嚴格依賴於消費者的類型以及各種類型的消費者所佔比例的簡化設定。但是,改變這些設定,並不需要改變分析思路。

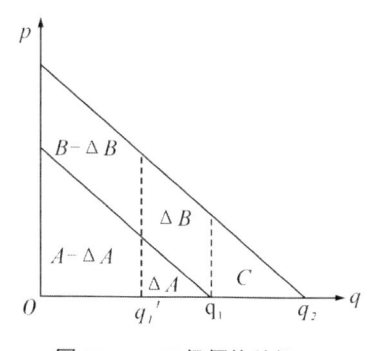

圖 10-7　二級價格歧視

註:二級價格歧視的最優消費方案組合為:針對低需求消費者,為 $(A - \Delta A, q_1')$;針對高需求消費者,為 $(A + C + \Delta B, q_2)$。在 q_1' 水平上,高需求的消費者的邊際支付意願是低需求消費者的兩倍。

值得說明的是，二級價格歧視實際上是一個典型的信息不對稱下的信號篩選模型。在信息經濟學的概念體系中，無套利條件被稱為激勵相容條件，消費者的選擇則顯示了真實的類型信息。有興趣的讀者可以在學習信息不對稱理論時回頭思考二級價格歧視問題。

三、三級價格歧視

假設壟斷者能夠通過消費者的某些外在的信息（如年齡、性別、職業、所在地、第一次買還是第二次買）把總需求分成多個群體或市場。壟斷者知道每個市場間的需求曲線，但不知道每個市場內部不同消費者的需求曲線，從而無法在每個群體內部進行價格歧視。但是，如果壟斷者可以防止不同市場間的套利活動，就可以在不同的群體之間進行價格歧視。

壟斷廠商同樣可以採取全部收費或全不收費的方法或兩部收費法實施三級價格歧視。但是，為了方便分析，我們下面分如果壟斷廠商仍然採取線性收費方法，如何在不同的市場上制定不同的價格水平。

我們首先來依靠直覺思考。給定產出，利潤最大化要求能夠實現銷售收入最大化。那麼應該如何在不同的市場上分配產出呢？顯然銷售最大化要求每個市場的邊際收益相等。我們知道對任意的細分市場，令 $\varepsilon_i = -D_i'(p_i)p_i/D_i(p_i)$，則有 $MR_i = p_i\left(1 - \dfrac{1}{\varepsilon_i}\right)$。這樣，銷售收入最大化意味著對任意的兩個市場，有 $\dfrac{p_i}{p_j} = \dfrac{1 - 1/\varepsilon_j}{1 - 1/\varepsilon_i}$。因此，最優定價滿足：在需求彈性越小的市場上制定越高的價格（見圖 10-8）。

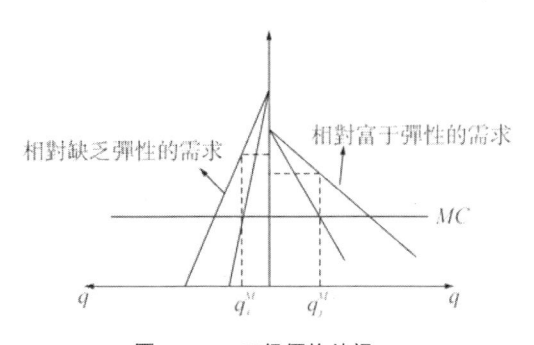

圖 10-8　三級價格歧視

註：不同市場的邊際收益相等，並且等於邊際成本，但在相對缺乏彈性的市場上會制定更高的價格。

第三節　自然壟斷及治理

一、自然壟斷行業的特徵

根據成因，壟斷往往被分為自然壟斷、行為壟斷和法定壟斷。自然壟斷是指技術或市場需求的限制使得市場上只能容納一個生產者。從生產技術角度來理解，自然壟斷行業的根本特徵是成本的次可加性。

正式地，如果成本函數滿足 $TC(\sum_i q_i) < \sum_i TC(q_i)$，就稱其滿足次可加性。成本的次可加性是指由一個企業生產一個任意的產量水平的成本低於由多個企業分散生產的成本之和。

成本次可加性的一個重要成因就是規模經濟效應。實際上，平均成本遞減就意味著成本函數是次可加的。簡單的證明如下：

設 $Q = \sum_i q_i$，平均成本遞減意味著 $\frac{TC(q_i)}{q_i} > \frac{TC(Q)}{Q}$，也就有 $TC(q_i) > \frac{TC(Q)}{Q} q_i$，兩邊都對 $i = 1, \cdots, n$ 求和，得到 $\sum_i TC(q_i) > TC(Q)$，也就是存在 $\sum_i TC(q_i) > TC(\sum_i q_i)$，這就是成本次可加性。

如果一個行業的生產要求大量的初始投入，將會產生數額巨大的固定成本，該行業就往往具有自然壟斷特徵，這種行業的生產技術可以用 $C(Q) = F + cQ$ 簡化描述，如圖 10-9 所示：

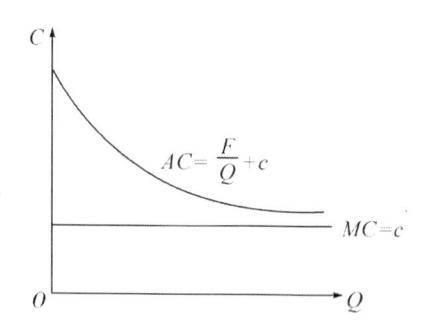

圖 10-9　典型的自然壟斷行業成本特徵

二、反壟斷中的兩難

反壟斷政策能在自然壟斷行業中提高效率嗎？一般來說，反壟斷政策主要採取拆分在位廠商的辦法來提高市場競爭力，這樣做的好處在於可以提高資源的配置效

率。但是，根據自然壟斷行業成本次可加性的特徵，拆分在位廠商會提高行業的平均成本，從而產生生產效率損失。反壟斷政策的總體效果則取決於兩種效應。

為了理解上述思想，我們構造一個簡單的模型。假設拆分之前一個廠商獨占市場，不變的平均成本為 c_m，此廠商按照壟斷利潤最大化的原則決定產量，此時產量為 Q_m。假設拆分之后代表性廠商不變的平均成本為 c_c，並且按照價格等於邊際成本的原則選擇產量，此時產量為 Q_c（見圖 10-10）。產生上述兩難選擇的關鍵假設是拆分政策提高了生產成本，即有 $c_m < c_c$。

通過圖 10-10 我們可以非常直觀地理解市場結構選擇問題中的替代權衡。如果該市場是壟斷性的，那麼總剩餘為 $A+B$，而如果該市場被改造成競爭性的，總剩餘則為 $A+C$，因此只有當 $C>B$ 時，反壟斷政策才能夠增加社會福利，否則該市場維持壟斷結構反而有利於社會福利的實現。

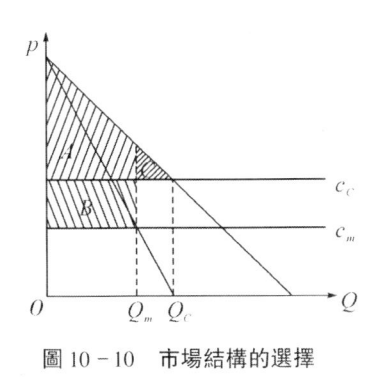

圖 10-10　市場結構的選擇

三、管制自然壟斷

鑒於自然壟斷的生產技術特徵，對於自然壟斷行業的治理採取的思路是：通過管制限制競爭以實現有效率的生產，通過價格管制實現有效率的配置。

當然，要實現有效率的資源配置，管制價格應該等於邊際成本。但是對於自然壟斷行業而言，邊際成本總是小於平均成本，從而管制價格會使得這些企業虧損。解決的辦法是價格管制的同時利用一次性總付的補貼維持廠商的經營。注意，這種制度下的補貼並不表示低效率的經營，而是反應著存在大量的固定成本。

后期的理論研究把價格管制放在了信息不對稱的背景下，重點考察了四個問題：①如何設計機制，以選擇出生產成本最低的生產者；②如何設計機制，以解決管制者不擁有企業生產成本信息的問題；③如何設計機制，以激勵壟斷廠商降低成本；④如何設計機制，以解決管制者被俘虜的問題。

雖然信息不對稱下的管制理論獲得了飛速的發展，但是從 20 世紀 70 年代開始，全世界範圍內掀起了一股放松管制的浪潮。如何充分利用行業內競爭和潛在競爭的

力量提高效率再次成為理論研究的熱點。

復習思考題

1. 假設一壟斷市場需求函數為 $Q = kp^{-\varepsilon}$，壟斷廠商的成本函數為 $C(Q) = cQ$，求壟斷價格並說明價格與邊際成本的關係。

2. 假設一壟斷廠商的成本函數為 $C(Q) = cQ$，面對線性需求，如果對此商品徵收從量銷售稅，稅率為 t，請分析稅收歸宿。

3. 一壟斷廠商的成本函數為 $C(Q) = cQ$，壟斷廠商瞭解到一消費者的需求函數為 $Q = D(q)$，請分析此壟斷廠商如何使用兩部收費法對此消費者實施完全價格歧視。

4. 一壟斷廠商的成本函數為 $C(Q) = 2Q$。市場上有兩類消費者，第一類消費者共 20 人，每人的需求函數為 $p = 10 - q$；第二類消費者共 10 人，每人的需求函數為 $p = 10 - \dfrac{q}{3}$。請分析回答以下問題：①如果壟斷廠商採取非歧視性的線性定價，請計算價格和利潤。②如果壟斷廠商可以根據消費者的外在特徵區分不同類型的消費者，並且可以採取兩部收費方法，請分析如何實施價格歧視。③如果壟斷廠商無法識別不同的消費者的類型，但掌握了題目中的市場信息，請分析如何實施價格歧視。

第十一章　寡頭市場

　　雖然在很長一段時間內,經濟學家嘗試僅僅使用完全競爭和完全壟斷兩種市場結構來解釋企業行為和市場均衡,但是現實中的市場往往不同於這兩種理論模型所描述的市場結構。理論和現實的鴻溝主要由壟斷競爭市場和寡頭市場填補。

　　寡頭市場的基本特徵是少數幾家大規模廠商占據整個行業的產出或行業的大部分產出。因此,廠商之間存在著相互依存的關係。一個企業的決策的收益還同時取決於其他企業的行為,一個企業在決策時必須考慮競爭對手的反應。

　　根據寡頭之間是否達成有約束力的協議,我們把分析寡頭市場的模型分成合作寡頭和非合作寡頭,前者主要是卡特爾模型,而后者還可以進一步細分。根據相互作用是一次性的,還是存在重複性的相互作用,我們又可以把非合作寡頭分成兩大類,其中,后者主要關心在什麼條件下寡頭之間可以達成約束競爭的默契合謀,而前者還可以進一步細分。如果寡頭之間進行一次性的產量競爭,那麼可以用古諾模型加以分析。如果寡頭之間進行一次性的價格競爭,那麼分析模型是伯特蘭模型。上面兩種模型的共同點是寡頭同時選擇產量或價格。如果寡頭的行動在時間上有先後順序,后行動的寡頭在觀察到先行動的寡頭的決策后再決定自己的價格或產量,那麼分析這種情況的模型是斯塔克爾伯格產量領導或價格領導模型。

　　實際上,我們還可以根據寡頭生產的產品是同質的還是存在產品差異的,把寡頭市場分為同質寡頭和異質寡頭。在本章的分析中,我們僅僅考察同質雙寡頭市場上的競爭與合作,但是請注意,所有的寡頭市場模型都可以直接擴展到多個寡頭的情況。

　　寡頭市場分析模型的分類如圖 11-1 所示。

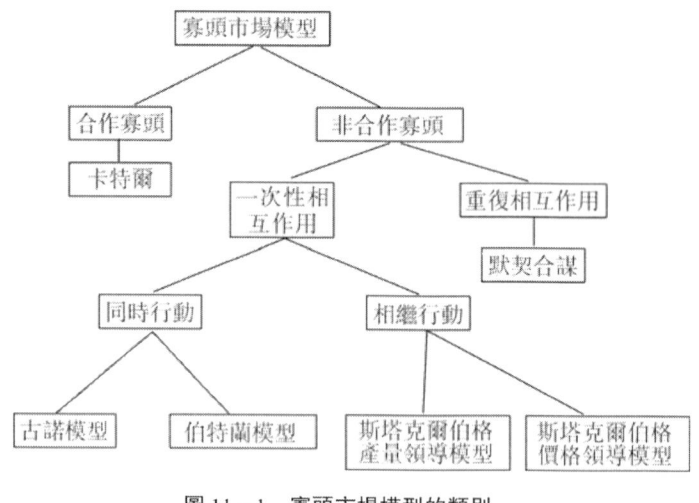

圖 11-1 寡頭市場模型的類別

第一節 合作的寡頭——卡特爾模型

一、卡特爾的定價和產量安排

卡特爾實際上是一個價格聯盟。卡特爾模型假設寡頭們作為一個整體認識到其可以影響價格，並且可以通過協調產量決策實現壟斷利潤，就如同一個多工廠的壟斷者一樣。

為了理解卡特爾的產量和價格決策，我們假設卡特爾追求所有成員聯合利潤最大化。假設卡特爾只有兩個成員，其成本函數分別為 $C_1(q_1)$ 和 $C_2(q_2)$，並且假設它們都滿足邊際成本遞增的特徵。卡特爾面對的反市場需求函數為 $p(q_1+q_2)$。這樣卡特爾的決策就可通過求解下面的利潤最大化問題得到：

$$\max_{q_1,q_2} p(q_1+q_2)(q_1+q_2) - C_1(q_1) - C_2(q_2)$$

這個利潤最大化問題的一階條件為：

$$p(q_1+q_2) + p'(q_1+q_2)(q_1+q_2) = C_1'(q_1)$$

$$p(q_1+q_2) + p'(q_1+q_2)(q_1+q_2) = C_2'(q_2)$$

由此我們可以得到卡特爾內部產量安排的特徵：所有成員按照等邊際成本的原則決定各自的產量份額。這是我們假設卡特爾追求利潤最大化的必然結果，因為按照這樣的原則配置產量可以實現成本最小化的生產特徵，而這是利潤最大化的必要條件。

實際經濟中的卡特爾可能並不是按照這樣的原則組織生產的，而是通過某種談

判程序決定各自的產量。如果兩個成員具有相等的、不變的平均成本,上述條件就無法限定產量配置,這時產量份額就只能依靠某種談判程序來確定。但如果在分析中遇到上述情況,我們往往假設所有成員具有相同的談判能力,從而平分市場份額。

從上面的兩個方程式,我們可以解出兩個成員的產量,將兩者加總就可以得到卡特爾的利潤最大化產量,代入反需求函數,就可以得到卡特爾所制定的價格。

卡特爾成員都相等的邊際成本可以稱為卡特爾的邊際成本。因此,上面的條件也告訴我們,卡特爾和一個壟斷企業一樣,其所選擇的總產量滿足邊際收益等於邊際成本。只是在卡特爾中,壟斷利潤在成員之間分配(見圖11-2)。

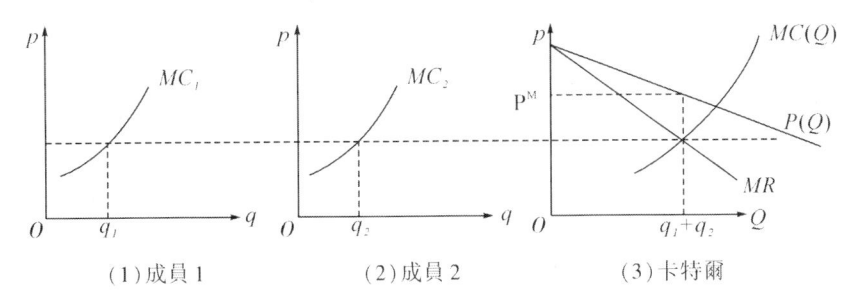

(1)成員1　　　(2)成員2　　　(3)卡特爾

圖11-2　卡特爾的價格安排和產量份額的配置

二、卡特爾的不穩定性與監督懲罰機制

從上面的分析中我們知道,卡特爾的實質是行業內所有廠商或大部分廠商聯合起來限制產量、提高價格、獲取壟斷利潤的一種企業間組織形式。實施卡特爾後,雖然一個寡頭市場存在多個廠商,但是資源配置就和一個完全壟斷市場相同。同樣,它也和所有的壟斷廠商一樣,面對消費者的替代選擇和新廠商進入的威脅。

但是,我們這裡要討論的卡特爾的不穩定性則指的是卡特爾成員不遵守協議,暗中增加產量以降低商品售價的行為。下面我們用一個簡單的例子來說明為什麼卡特爾成員有這種違反協議的激勵。

假設反市場需求函數為 $p = a - b(q_1 + q_2)$,兩個企業具有相同的成本函數,均為 $C(q) = cq$。如果這兩個廠商組成卡特爾,那麼市場均衡結果就與一個具有相同成本結構和市場需求的完全壟斷市場一樣,壟斷產量為 $\frac{a-c}{2b}$,壟斷價格為 $\frac{a+c}{2}$,卡特爾聯合利潤為 $\frac{(a-c)^2}{4b}$。如果我們假設兩個成員平分市場,那麼我們就得到了這個卡特爾的產量安排,兩個成員生產相同的產量 $\frac{a-c}{4b}$,獲得相同的利潤 $\frac{(a-c)^2}{8b}$。

如何理解這個卡特爾的不穩定性呢?我們以企業1為例考察他是否願意單方面改變產量。給定企業2生產的卡特爾協議產量為 $\frac{(a-c)}{4b}$,企業1的利潤為 $\pi_1 = \frac{3}{4}$

$(a-c)q_1 - b(q_1)^2$。企業1是否願意背離協議產量呢？回答這個問題的辦法是考察企業1的背離是否能夠增加其利潤。而為了回答這一問題，我們首先計算企業1的邊際利潤$\frac{d\pi_1}{dq_1} = \frac{3}{4}(a-c) - 2bq_1$，並且在卡特爾協議產量$\frac{(a-c)}{4b}$處取值，這樣我們得到$\frac{d\pi_1}{dq_1}|_{q_1=\frac{a-c}{4b}} = \frac{a-c}{4} > 0$。這表明：如果企業2遵守卡特爾協議，生產協議產量，那麼企業1暗中增加產量可以增加其利潤。不過這樣做不僅會減少企業2的利潤，也會減少卡特爾的總利潤。

同理可以知道企業2也面對相同的激勵。所有的卡特爾成員都有提高產量降低價格的激勵，這導致了卡特爾的不穩定性。如果把卡特爾理解為一種合作的話，卡特爾的不穩定性描述的是這樣的困境：雖然合作可以聯合提高收益，但在與其他人合作的時候，個體選擇不合作行為可以得到更高的收益，這種激勵使得合作往往無法發生或維持。在第十二章，我們把這種困境用博弈論的術語描述為囚徒困境。

由於存在這種內在的不穩定性，卡特爾的成功運行離不開對背離協議的行為的監督和懲罰機制，這種機制能否建立直接關係到卡特爾能否建立。例如，從監督來看，存在產品差異，銷售對象是分散的消費者，或者市場需求不規則的波動都會提高監督費用，從而使得識別違反協議的行為變得困難，而卡特爾也就難以實施。

第二節　競爭的寡頭模型

一、產量競爭與古諾均衡

寡頭市場上一種可能的相互作用是：寡頭廠商同時選擇自己要生產和提供的產量水平，市場價格和每個寡頭的利潤都取決於所有寡頭提供的總產量。假設反需求函數為$p = P(q_i + q_j)$，企業i的利潤函數可以表示為$\pi_i(q_i, q_j) = q_i P(q_i + q_j) - C_i(q_i)$。這個函數很好地反應了企業間的相互作用：一個廠商的利潤不僅取決於市場需求、成本函數以及自身提供的產量，而且還取決於其他企業所提供的產量。

由於一個廠商的利潤受到其他廠商產量的影響，因而一個廠商在選擇自身的利潤最大化產量時必須考慮其他廠商的產量。由於同時行動時無法觀測到其他廠商的產量水平，因此每個廠商都必須依靠對其他廠商的產量的預測來進行決策。市場均衡要求每個廠商都實現利潤最大化，或者說每個廠商都沒有調整產量的激勵，也就要求每個廠商都預測準確，這就是市場均衡的條件。

為了用最簡單的情況來理解這種市場上寡頭的理性選擇和市場均衡，我們假設：①市場上只有兩個企業，其成本函數相同，都為$C(q) = cq$，沒有潛在競爭者；②兩個

寡頭提供完全同質的產品，也就是說，在消費者看來，不同廠商提供的產品是完全替代品；③兩個廠商同時選擇產量；④給定市場總的產量，市場價格由市場需求決定，即 $p = a - b(q_1 + q_2)$。

首先，我們分析廠商的行為機制。企業1根據對企業2的產量的預測 q_2^e（上標 e 表示預測），求解下面的利潤最大化問題：

$$\max_{q_1} [a - b(q_1 + q_2^e) - c] q_1$$

從一階條件，我們可以得到 $q_1 = \frac{a-c}{2b} - \frac{q_2^e}{2}$。這一表達式稱為企業的反應方程，對應於圖11-3的反應曲線，反應了企業1的行為機制，它根據對企業2的產量的預測選擇自身的利潤最大化產量。

同理，我們可以得到企業2的反應方程（曲線）：$q_2 = \frac{a-c}{2b} - \frac{q_1^e}{2}$。

市場均衡需要滿足兩個方面的條件：每個企業根據預測選擇利潤最大化時的產量，並且每個企業都預測準確。這兩方面的條件就是下面的四個方程：

$$q_1 = \frac{a-c}{2b} - \frac{q_2^e}{2}$$

$$q_2 = \frac{a-c}{2b} - \frac{q_1^e}{2}$$

$$q_1^e = q_1$$

$$q_2^e = q_2$$

市場均衡要求上面四個方程同時成立。這樣，我們就可以解出每個廠商的均衡產量均為 $\frac{a-c}{3b}$，市場價格為 $\frac{a+2c}{3} > c$。這表明這個市場上存在效率損失。每個廠商可以實現利潤為 $\frac{(a-c)^2}{9b}$。見圖11-3。

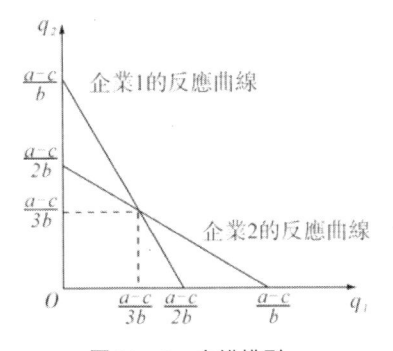

圖11-3 古諾模型

註：企業的行為機制由反應曲線來描述，雙寡頭古諾均衡點是兩條反應曲線的交點。

上述市場均衡結果由法國經濟學家古諾第一次給出。因此,上述模型被稱為古諾模型,上述均衡則被稱為古諾均衡。需要說明的是,古諾最早考察這一問題時,並未把均衡建立在準確預測之上。古諾的均衡機制是一個動態的調整過程,而均衡則是這個調整過程的穩定狀態。

簡單來說,這一均衡的實現過程如下:假設在時期1,廠商1是這個市場上最初的、唯一的在位廠商,其利潤最大化產量就是壟斷產量,即圖11-4中的q_1^1(q_i^t是指時期t廠商i的利潤最大化的產量)。在時期2,廠商2進入並假設廠商1生產上一期的產量,廠商2選擇利潤最大化時的產量q_2^2。在時期3,廠商1要調整產量,它假設廠商2繼續生產上一期的產量,並由此決定自己利潤最大化時的產量為q_1^3。這個過程一直進行下去,直到沒有廠商有積極性進一步調整,這時市場就實現了均衡(見圖11-4)。

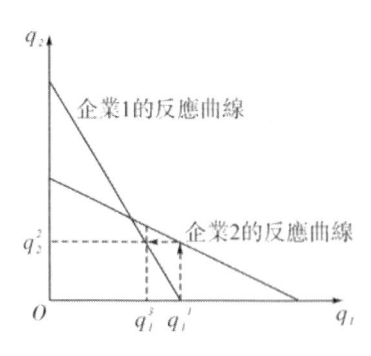

圖11-4　古諾均衡的實現機制

二、價格競爭與伯特蘭均衡

寡頭之間另一種不同的相互作用方式是:所有寡頭同時選擇價格,這樣每個寡頭的利潤就同時取決於所有寡頭制定的價格。考察這種相互作用下的理性選擇和市場均衡的模型被稱為伯特蘭模型。

伯特蘭模型的基本假設包括:①兩個寡頭具有相同的成本函數,不變的平均成本為c;②生產的產品完全同質;③兩個企業同時選擇價格;④企業總是能夠滿足其所面對的需求,不存在生產能力限制。

為了理解這種市場結構下企業間相互作用的特徵,我們首先來看一個企業所面對的需求。假設市場需求函數為$Q=D(p)$,由於產品同質,消費者總是購買要價更低的產品。如果兩個寡頭要價相同,我們假設市場需求均勻分配,即每個寡頭的剩餘需求為市場需求的一半。綜合上述分析,企業i所面對的需求可以表示為:

$$D_i(p_i, p_j) = \begin{cases} D(p_i), \text{如果 } p_i < p_j \\ \frac{1}{2} D(p_i), \text{如果 } p_i = p_j \\ 0, \text{如果 } p_i > p_j \end{cases}$$

這樣,企業 i 的利潤為 $\pi_i(p_i, p_j) = (p_i - c) D_i(p_i, p_j)$。通過分析得知,市場均衡需要兩步:第一步,找到均衡價格 (p_1^*, p_2^*);第二步,根據市場需求得到均衡數量。

同以前的理解一樣,均衡價格指的是穩定不變的價格。伯特蘭指出在這裡的價格競爭模型中,只有唯一的均衡價格 $p_1^* = p_2^* = c$。理解這一結論的方法是:首先設想不同於這個均衡的其他價格結果,然后運用均衡價格的特徵來逐一排除。

第一種情況, $p_1^* > p_2^* > c$。顯然,在這種情況下,企業 1 的利潤為零,企業 1 可以通過制定價格 $p_1 = p_2^* - \varepsilon$,滿足全部市場需求並得到正的利潤。也就是說,企業 1 有激勵改變價格,因而這種價格安排不是均衡價格。

第二種情況, $p_1^* > p_2^* = c$。不盈利的企業 2 可以通過略微提高價格 $(p_2 = p_2^* + \varepsilon)$ 獲得正的利潤。

第三種情況, $p_1^* = p_2^* > c$。這樣,企業 1 或企業 2 略微降低價格就可以增加利潤。

伯特蘭模型及其均衡結果表明少數廠商可以達到完全競爭的效果,企業按邊際成本定價,利潤為零。但是,這一結論和人們的現實觀察差距很大。研究發現,集中度和產業的利潤率之間具有顯著的正相關關係。理論推測的零利潤和現實中寡頭市場的高利潤的不一致被稱為伯特蘭悖論。

借助於模型,人們將複雜的現實抽象為一系列的假設,然后用嚴格可靠的邏輯推理得出具體的結論。如果理論和現實相去甚遠,那麼說明我們對現實的假設有問題。通過對假設的一步步放松,經濟模型也就將一步步逼近現實情況。因此,我們可以通過放松伯特蘭模型的基本假設來解開伯特蘭悖論,大致有以下四種方法:

第一種是埃奇沃斯(Edgeworth)的方法。他指出,由於現實生活中企業的生產能力是有限制的,企業不能銷售他沒有能力生產的產品,因此只要一個企業的全部生產能力不能滿足全部的市場需求,那麼另一個企業就可以收取超過邊際成本的價格。這種解釋叫作生產能力約束解。因此伯特蘭模型的技術基礎在於不變的規模報酬,如果引入規模報酬遞減,也就是引入生產能力約束,那麼競爭就會被削弱。

第二種方法是考察重複的相互作用。一旦引入重複的相互作用關係,每個企業都會認識到自己降價之后會引起另一家企業更低的定價的競爭。這樣,每個寡頭都需要比較降價在短期中帶來的好處與在長期中由於價格戰而帶來的損失。從而,現實生活與伯特蘭均衡之間的不一致就可以解釋為:因為企業擔心降價會引發長期的價格戰,所以兩家企業很可能在 $p_1^* = p_2^* > c$ 的某一點達成協議,不降價了,這就是所

謂的勾結(Collusion),這是本章第三節考察的內容。

第三種方法是引入產品差異。伯特蘭模型假定企業間的產品是同質的,是可以完全相互替代的,這會引發企業間的價格戰,使價格向邊際成本靠攏。但產品差別會削弱這種價格競爭的動力。

第四種方法是引入信息約束,尤其是引入價格分佈的搜尋成本。伯特蘭模型的一個假設是如果一個廠商的價格略低於另一個廠商,就可以滿足全部的市場需求,這要求消費者擁有價格分佈的完全信息,而一旦引入搜尋成本,價格離散就會出現。

三、斯塔克爾伯格均衡

前面的兩個模型有一個共同點,即寡頭同時行動。斯塔克爾伯格模型引入了寡頭行動上的先後順序。先行動的企業被稱為領導者,后行動的企業被稱為追隨者。根據行動的不同,該模型又可以分為產量領導模型和價格領導模型。

產量領導模型的結構是:首先,廠商1(領導者)選擇不可逆轉的產量;隨后,廠商2(追隨者)在觀察到廠商1的產量之后選擇自己的產量。給定市場總產量,價格由市場需求決定,寡頭獲得各自的利潤。

求解這一模型的均衡的關鍵是:雖然領導者先行動,但我們必須首先分析追隨者的反應機制,因為領導者必須在認識到這種反應機制的前提下才能做出最優的選擇,而這是市場均衡的前提條件。

因此,和行動的順序相反,我們首先分析追隨者的行為機制。為了便於比較,假設這裡的市場需求和企業的成本函數與古諾模型相同。追隨者在觀察到領導者的產量后的選擇是以下利潤最大化問題的解:

$$\max_{q_2} [a - b(q_1 + q_2) - c] q_2$$

我們從一階條件得到 $q_2 = \frac{a-c}{2b} - \frac{q_1}{2}$。這一函數被稱為追隨者的反應函數,它告訴我們追隨者對領導者的產量的反應機制。如果領導者認識到這一反應機制,就可以推測自己的產量的后果。

領導者的選擇則通過求解這一反應機制約束下的利潤最大化問題而得到,即下面的優化問題:

$$\max_{q_1} \left[a - b \left(q_1 + \frac{a-c}{2b} - \frac{q_1}{2} \right) - c \right] q_1$$

請注意,在這個優化問題中,領導者的產量不僅直接影響其利潤,而且還通過影響追隨者的產量而間接地影響其利潤。解這個優化問題得到領導者的最優產量為 $q_1 = \frac{a-c}{2b}$,而追隨者的產量為 $q_2 = \frac{a-c}{4b}$,市場價格為 $\frac{a+3c}{4}$,領導者得到利潤為

$\frac{(a-c)^2}{8b}$，追隨者得到利潤為$\frac{(a-c)^2}{16b}$。

值得注意的是，在成本和市場需求相同的市場中，若兩個廠商進行同時行動的產量競爭，則各自得到相同的利潤$\frac{(a-c)^2}{9b}$。與此對照，如果一個廠商有了先動優勢，其得到的利潤提高，即$\frac{(a-c)^2}{8b} > \frac{(a-c)^2}{9b}$，而后行動的追隨者的利潤則要降低。

在這個模型的均衡產量中，廠商2的產量確實是在給定廠商1的產量的基礎上的最佳反應，所以如果廠商1不改變產量，廠商2也沒有激勵改變產量。但是，廠商1是根據廠商2的反應機制做出自己的最佳選擇的，而並不是對廠商2的產量做出最佳選擇。實際上，給定廠商2生產$\frac{a-c}{4b}$，廠商1生產$\frac{3(a-c)}{8b}$才是利潤最大化時的產量。現在我們要提出的問題是：廠商1會不會首先生產$\frac{a-c}{2b}$，然后僅僅向市場上供給$\frac{3(a-c)}{8b}$呢？答案是不會。原因在於，如果領導者進行這樣的調整后，追隨者會跟著調整自己的產量。這種調整過程的最后穩定狀態就是古諾均衡，而那時領導者得到的利潤就只有$\frac{(a-c)^2}{9b}$了。

上述的分析引出了一個新問題，即領導者必須使追隨者相信自己不會調整既定的產量，即做出不改變產量的承諾。一般來說，承諾機制是通過限制自己的選擇範圍來保證承諾的可信性的。在此，有趣的是承諾行動會通過直接效應和間接策略效應影響行動者的收益。

第三節　無限次重複性的相互作用與默契合謀

一、合謀阻止價格競爭

在上一節的分析中，我們已經知道，在一次性的相互作用中，每個寡頭總是試圖通過把價格定在比競爭對手略低的水平上來搶占市場並提高利潤，但這樣做的最終結果是誰都無利可圖。

雖然寡頭廠商能夠認識到共同維持一個高價格的好處，但是在一次性的相互作用中，競相降價受不到約束，這是因為沒有辦法懲罰降價行為。但是在重複性的相互作用關係中，懲罰機制就可以有效發揮作用。因為擔心一次降價會引來對手隨后的進一步降價，所以市場可能在一個較高的價格水平上維持均衡。

约束降价行为的机制是:一次降价会降低未来的利润。但是这种约束机制的效果则取决于寡头如何惩罚降价行为,以及它们如何看待现在利润的提高与未来利润的损失(用贴现因子反应这一点)之间的权衡。

假设两个具有相同成本函数的寡头提供同质产品,它们处在无限次重复相互作用的关系中,每期都需要同时选择价格。我们要分析的是,在特定的惩罚机制下,在什么条件下,合谋能够发生。

一个自然的合谋价格就是垄断价格。在此价格下,假设两个寡头平分市场,从而每个寡头得到的利润就是行业利润的一半,表示为 $\frac{\pi^M}{2}$。一个厂商可以以略低于垄断价格的价格得到整个市场,从而近似地得到全部市场利润。这样做引起的未来利润的损失取决于惩罚机制的严厉程度。我们在此考虑一种非常严厉的惩罚机制:一旦观察到背离垄断价格的行为,从此以后,就永远把价格定在边际成本水平上。如果我们面对的是上一节伯特兰模型中所设定的市场需求和成本情况,那么这种惩罚机制就意味着背离垄断价格之后,所有厂商的每期利润都为零。

合谋要成为寡头理性的选择就必须满足:合谋得到的利润现值高于背离得到的利润现值。根据上面的分析,我们得到合谋能够发生的条件是: $\frac{\pi^M}{2}$ $(1+\delta+\delta^2+\cdots) \geq \pi^M$,其中 δ 为贴现因子。从这个条件中,我们可以得到:当 $\delta \geq \frac{1}{2}$ 时,合谋成为每个时期的市场均衡。也就是说,当贴现因子足够大时,即寡头较为看重未来的利润损失时,维持垄断价格就成为了寡头的理性选择。

二、合谋阻止产量竞争

和上面分析的思想相同,但是我们现在考虑略微不同的情况,即两个寡头处于无限次重复的产量竞争关系中。假设市场需求为 $p = a - bQ$,寡头具有相同的成本函数 $C(q) = cq$。在默契合谋中,每个厂商生产的产量为 $\frac{a-c}{4b}$,从而可以得到利润 $\frac{(a-c)^2}{8b}$。在某个时期,一个寡头背离合谋的利润最大化时的产量为 $\frac{3(a-c)}{8b}$,得到利润为 $\frac{9(a-c)^2}{64b}$。假设惩罚机制为:观察到一次背离后,就永远进行古诺竞争。这样,一次背离后各期的利润就变为 $\frac{(a-c)^2}{9b}$,合谋成为市场均衡的条件是 $\frac{1}{1-\delta} \frac{(a-c)^2}{8b} \geq \frac{9(a-c)^2}{64b} + \frac{\delta}{1-\delta} \frac{(a-c)^2}{9b}$。从中我们可以得到:当 $\delta \geq \frac{9}{17}$ 时,产量合谋成为市场均衡。

不论哪一种合谋,默契合谋的实现条件都要求背离合谋的行为会迅速地受到惩

罰。要使這種威脅發揮作用,一個基本條件是必須能夠觀察到合謀的背離行為。觀察的困難和滯后往往會瓦解合謀。另一個值得討論的問題是:這裡的分析僅僅考察了懲罰的有效性,卻沒有涉及懲罰的可信性,因為在這裡所討論的懲罰機制的作用下,懲罰對手同時也是懲罰自己。但是,對這些問題的討論超出了本教材所設定的難度範圍。

復習思考題

1. 假設反市場需求為 $p = 100 - Q$,兩個廠商的成本函數分別為 $C_1(q_1) = (q_1)^2$,$C_2(q_2) = 2(q_2)^2$。如果兩個廠商組成卡特爾,並且按照成本最小化的原則分配產量,求其利潤最大化的價格、總產量以及每個成員的產量。

2. 假定反市場需求為 $p = a - bQ$,追隨者的成本為 $C_2(q_2) = \frac{(q_2)^2}{2}$,領導者的成本為 $C_1(q_1) = cq_1$,求產量領導模型的均衡。

3. 在一個雙寡頭市場上,廠商 1 的成本函數為 $C_1(q_1) = c_1 q_1$,廠商 2 的成本函數為 $C_2(q_2) = c_2 q_2$,市場需求為 $p = a - b(q_1 + q_2)$。請分析回答如下問題:①如果兩個廠商同時選擇產量,求均衡產量;②如果廠商 1 是領導者,廠商 2 是追隨者,求均衡產量;③如果兩個廠商無限次重複博弈,並且假設 $c_1 = c_2 = c$,t 期的背離合謀的行為要在 $t + 2$ 期的期初才能被觀察到,並且從此進行古諾產量競爭,求 $q_1 = q_2 = \frac{a-c}{4b}$ 可以成為合謀產量的最低貼現因子。

4. 一個潛在進入者正在考慮是否進入一個市場,進入后將和在位企業展開古諾競爭。已知市場需求為 $p = 10 - q_1 - q_2$,兩個廠商不變的平均可變成本都為 1,但進入者要額外承擔的進入成本為 10,請分析進入是否會發生。

第十二章　博弈論基礎

作為一門社會科學,經濟學關注個體的理性選擇和個體之間的互動。在經濟學中,人與人之間的相互作用可以分成間接的相互作用和直接的相互作用兩種情況。完全競爭市場屬於前者。在完全競爭市場上,一個個體的行動不會顯著地影響其他個體,而所有其他個體對他的影響通過價格間接地產生。寡頭市場則屬於后者。在寡頭市場上,不同廠商之間存在直接的相互作用和相互影響,從而在決策時必須把這種相互影響考慮進來。

經濟學用均衡方法分析個體之間的互動結果。馬歇爾和瓦爾拉斯均衡適用於第一種相互作用。而分析直接的相互作用下的個體選擇和均衡結果的標準方法就是博弈論。博弈論不僅被應用於經濟學,也被廣泛地應用於其他學科。而且,在經濟學中,博弈論也被廣泛地運用於產業組織、信息經濟學、國際經濟學、宏觀經濟學等領域。

博弈論首先分成合作博弈和非合作博弈。合作博弈的分析單位是集體(Group),或者說是一個聯合體(Coalition)。合作博弈的參與者之間形成了有約束力的協議,且更關注集體理性(效率和公平)。非合作博弈的分析單位是個體參與者,關心的核心是參與者的個體理性和集體利益之間的衝突。

習慣上,人們根據兩個維度把非合作博弈劃分為四種不同的類型,而且對不同類型的博弈用不同的均衡解進行分析。表 12-1 給出了四種不同類型博弈最基本的均衡概念。

表 12-1　　　　　　　　　　非合作博弈的分類

	靜態	動態
完全信息	納什均衡(包含純策略和混合策略兩種情況)	子博弈精煉納什均衡
不完全信息	貝葉斯納什均衡	精煉貝葉斯納什均衡

考慮到本教材的難度限制,在本章,我們僅僅介紹完全信息博弈,對不完全信息博弈感興趣的讀者可以選修專門的博弈論課程或學習專門的博弈論教材。

第一節　完全信息靜態博弈

一、標準式

完全信息靜態博弈可以簡便地用標準式描述。標準式也被稱為策略式,由參與者集合、每個參與者的策略空間和支付函數三部分組成。

參與者是指在博弈中做決策的主體。描述參與者集合就是列出所有的參與者。

參與者 i 的策略表示為 s_i。它是一個完整的行動計劃(請注意,行動也是博弈的重要概念,只不過這種重要性在后面的動態博弈中才能顯現出來)。S_i 表示他的所有可選策略的集合,也被稱為策略空間。所有參與者的策略的有序組合被稱為策略組合,一個有 n 個參與者的策略組合為 $s = (s_1, \cdots, s_n)$,而所有可能的策略組合形成的策略組合空間,用 S 表示。

每個參與者都有一個定義在策略組合空間內的理性偏好,表明參與者對所有策略組合的偏好排序。良好定義的偏好也可以用支付函數來描述,可以表示為 $u_i(s)$。這樣,我們就用支付的大小反應偏好的強弱。在這裡請注意,每個參與者的支付都取決於所有參與者的策略,而不是僅僅取決於參與者自己所選擇的策略。

有了上述基本概念,現在我們就可以定義完全信息靜態博弈的基本特徵了。完全信息是說所有參與者的支付函數都是公共知識(簡單地說,是指每個參與者都知道所有參與者的支付函數,而且所有參與者都知道這一點),而不完全信息博弈則是指至少在一個參與者看來,其他參與者的支付函數是不確定的。

當一個博弈中所有參與者同時行動,或者即使行動有時間上的先后順序,但后行動的參與者沒有觀察到先行動的參與者的行動,這種博弈就被稱為靜態的博弈。

如果一個博弈的參與者的人數是有限的,而且每個參與者的可選的策略也是有限的,這種博弈被稱為有限博弈。一種特殊的有限博弈是只有兩個參與者的博弈。我們可以用支付矩陣直觀地描述這種博弈,尤其是每個參與者的策略較少的時候。

下面我們以囚徒困境博弈為例來理解上面的概念和工具。兩個犯罪嫌疑人是博弈的參與者,分別稱為參與者 1 和參與者 2,因此有 $N = \{1,2\}$。警方掌握了他們一個較輕的罪行的證據,但更重的罪行的認定需要有人舉證。因此,每個參與者有兩個策略可以選擇:坦白(表示為 C)或不坦白(表示為 D)。因此我們有 $S_i = \{D, C\}, i = 1, 2$。如果參與者 1 選擇坦白,參與者 2 選擇不坦白,那麼策略組合為 (C, D)。類似地,我們可以定義其他三個可能的策略組合,從而策略組合空間為 $\{(D,C), (D,D), (C,D), (C,C)\}$。參與者的偏好定義在這個集合上。假如,兩個參與者都拒絕坦白,

依據較輕的罪行,判每人入獄 2 年;如果兩個參與者都坦白,判入獄 6 年;如果一人坦白,判坦白者入獄 1 年,判不坦白者入獄 10 年。由於參與者偏好更短的入獄時間,因而我們可以根據上面的數據給出每個參與者的偏好關係。但是為了方便,我們也可以用支付數字來反應偏好的強弱。當然,這裡的支付數字僅僅用於排序,因此其有序數性質,故沒有唯一的描述這裡的偏好關係的數字序列。因此,我們可以非常直觀的定義參與者 1 的支付如下:$u_1(D,C) = -10$, $u_1(D,D) = -2$, $u_1(C,D) = -1$, $u_1(C,C) = -6$。類似地,我們可以定義參與者 2 的支付函數。

這樣,我們就完成了對囚徒困境博弈的規範描述,把它轉化為一個策略式博弈,而且我們還可以用支付矩陣直觀地給出上述的內容。

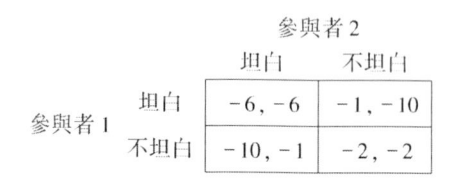

	參與者2 坦白	參與者2 不坦白
參與者1 坦白	-6, -6	-1, -10
參與者1 不坦白	-10, -1	-2, -2

圖 12-1　囚徒困境博弈的支付矩陣

二、理性假設與重複剔除嚴格劣策略均衡

知道了如何描述一個完全信息靜態博弈後,現在我們討論如何求解一個博弈。下面我們就給出僅僅以參與者是理性的這一假設為前提的均衡解。

一般來說,處在博弈當中的個體的最優選擇取決於對手的策略。但是,有時一個參與者的策略空間中存在這樣的策略:不論其他參與者選擇什麼策略,總是能找到一個不同的策略產生更高的支付。具有這種特徵的策略就被稱為嚴格劣策略。一個策略 $s_i(s_i \in S_i)$ 是參與者 i 的嚴格劣策略,當且僅當對於任意的 $s_{-i}(s_{-i} \in S_{-i})$,存在一個不同的策略 s_i' ($s_i' \in S_i$),滿足 $u_i(s_i', s_{-i}) > u_i(s_i, s_{-i})$。其中,$s_{-i} = (s_1, \cdots, s_{i-1}, s_{i+1}, \cdots, s_n)$ 表示其他所有參與者的策略組合。

定義嚴格劣策略是因為一個理性的參與者永遠不會選擇這種策略。如果在一個博弈中,一個參與者存在嚴格劣策略,我們就可以通過剔除這一策略使博弈簡化。而且,如果所有參與者都知道所有參與者都是理性的,那麼就可以不斷重複採用剔除劣策略的方法使博弈簡化,一直到無法進一步剔除為止,這時剩下的策略組合就被稱為重複剔除嚴格劣策略均衡。

下面我們舉例說明這種剔除方法,並詳細列出分析當中的每一步所需要的假設。

假設一博弈的支付矩陣如圖 12-2 所示。

參與者 2

		L	C	R
	U	2,7	2,0	2,2
參與者 1	M	7,0	1,1	3,2
	D	4,1	0,4	1,3

圖 12-2　初始博弈

由於參與者 1 的策略 D 嚴格劣於策略 M，並且我們假設參與者 1 是理性的（假設 1），這樣就可以剔除參與者 1 的策略 D，得到下面的簡化博弈（見圖 12-3）。

參與者 2

		L	C	R
	U	2,7	2,0	2,2
參與者 1	M	7,0	1,1	3,2

圖 12-3　第一輪剔除結果

在進一步分析之前，我們必須假設參與者 2 知道參與者 1 是理性的（假設 2）。這樣，我們才能確定參與者 2 認為自己實際上面對上面的簡化博弈。現在對於參與者 2 而言，策略 C 嚴格劣於策略 R。因此，我們進一步假設參與者 2 是理性的（假設 3），從而完成第二步剔除，得到下面的簡化博弈（見圖 12-4）。

參與者 2

		L	R
	U	2,7	2,2
參與者 1	M	7,0	3,2

圖 12-4　第二輪剔除結果

我們假設（假設 4）參與者 1 知道參與者 2 是理性的，而且知道參與者 2 知道參與者 1 是理性的，那麼參與者 1 就會認為自己會面對上面的簡化博弈。現在，對於參與者 1 而言，策略 U 嚴格劣於策略 M。由於我們前面已經假設了參與者 1 是理性的，因此我們可以剔除這一策略，得到下面的簡化博弈（見圖 12-5）。

參與者 2

		L	R
參與者 1	M	7,0	3,2

圖 12-5　第三輪剔除結果

雖然現在參與者 2 面對的是一個非常簡單的選擇問題，但是這最后一步所需要的假設最複雜，需要假設參與者 2 知道參與者 1 知道參與者 2 知道參與者 1 是理性

的(假設5)。現在,對於參與者2所面對的博弈,策略L嚴格劣於策略R。這樣,經過最后一步剔除劣策略,我們得到了對這個博弈的預測,參與者最終選擇的策略組合是(M,R),最終的支付分別為3和2。

我們在前面已經發現,重複剔除的步驟增加一次,對參與者關於理性的知識的要求就會增加一些,即需要羅列出更複雜的假設。為了一次性地解決這一問題,我們引入「公共知識」這一概念簡化我們所需要的假設。這樣,上述所有的假設,就可以簡化表述為:所有的參與者都是理性的,而且這是公共知識。

重複剔除嚴格劣策略的方法因為其僅僅依賴於理性假設而非常有吸引力,但其最大的缺陷是有時根本無法提供任何預測。例如,如果沒有任何參與者有嚴格劣策略,那麼所有的策略組合都可用「存活下來」這一方法來檢驗,結果這種方法對博弈的「預測」就是什麼都可能發生。

讓我們來考慮下面的性別戰博弈,其支付矩陣如圖12-6所示。

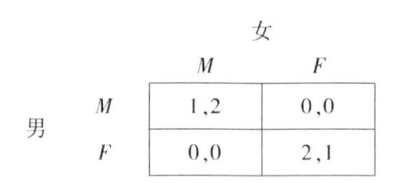

		女 M	F
男	M	1,2	0,0
	F	0,0	2,1

圖12-6　性別戰博弈

註:其中,M表示看電影,f可表示看足球。

利用嚴格劣策略的剔除程度無法剔除上述博弈中的任何一個策略組合,這也就意味著無法對比博弈從而進行全程的預測。如何解決這一問題呢?顯然,我們需要提供更強的均衡概念,使其能夠剔除那些在重複剔除嚴格劣策略方法下允許的策略組合併最終提出更精確的預測。下面的納什均衡就提供了這樣的概念和方法。

三、納什均衡

經濟學中的均衡概念借鑑於物理學,其含義是一種沒有變化趨勢的穩定狀態。在這裡,納什均衡是判斷或選擇什麼樣的策略組合具有穩定特徵的概念,而這裡的穩定性是指沒有人有偏離的意願。正式地,一個策略式博弈的納什均衡是這樣一個策略組合 s^* ($s^* \in S$),滿足 $u_i(s_i^*, s_{-i}^*) \geq u_i(s_i', s_{-i}^*)$, $\forall i \in N$, $\forall s_i' \in S_i$,或者說 $s_i^* \in \arg\max_{s_i \in S_i} u_i(s_i, s_{-i}^*)$, $\forall i \in N$。

根據這個定義,我們可以深入理解納什均衡的穩定性的含義:如果其他人不改變策略,那麼任何一個參與者都不會單方面改變。我們可以依此逐一檢驗不同的策略組合是否是納什均衡。

在納什均衡策略組合中,為什麼給定其他參與者的策略不變,就沒有參與者有偏離的

意願呢？這是因為，這一策略組合中每個參與者的策略都是在給定其他參與者策略的前提下的最佳選擇。這一思路給出了一個和上面的定義等價但思路不同的納什均衡的定義。正式地，如果對於任意的參與者 i，我們可以定義最佳應對(或對應)函數為 $R_i(s_{-i}) = \{s_i \in S_i, u_i(s_i, s_{-i}) \geq u_i(s_i', s_{-i}), \forall s_i' \in S_i\}$，那麼納什均衡 $s^*(s^* \in S)$ 滿足 $s_i^* \in R_i(s_{-i}^*), \forall i \in N$。

這個定義提供了尋找納什均衡的思路。如果策略是有限的，我們在支付矩陣中的最佳應對的支付下畫一條橫線，如果一個方格內兩個支付下面都畫了線，這個方格所對應的策略組合就是納什均衡。如果策略是無限的，我們首先找到每個參與者的最佳應對函數，這些函數組成一個聯立方程組，這個方程組的解就是納什均衡策略組合。

我們如何理解納什均衡是一個比重複剔除嚴格劣策略均衡更強的解的概念呢？首先，嚴格劣策略一定不能包括在納什均衡中(請讀者自己思考為什麼)，也就是說不可能成為重複剔除嚴格劣策略均衡的策略組合也就不可能成為納什均衡。其次，如果一個策略組合是納什均衡，那麼它一定不會被重複剔除嚴格劣策略的方法剔除掉，但是一個不會被剔除的策略可能不會成為任何一個納什均衡的組成部分。也就是說，納什均衡一定是重複剔除嚴格劣策略均衡；一個重複剔除劣策略均衡卻可能不是納什均衡。綜合以上兩點，我們可以說，相比於重複剔除嚴格劣策略均衡，納什均衡施加了更強的限制以排除一些不合理的預測。

納什均衡的機制一直是爭論的焦點。簡單來說，在一個靜態博弈中，所有的參與者同時行動，而由於每個參與者的支付又依賴於其他參與者的策略，因此每個參與者都需要根據對其他參與者策略的猜測來選擇自己的策略，而均衡要求沒有人有偏離的意願，這只有在每個參與者都猜測準確的情況下才能發生。

正式一點來說，納什均衡由兩個部分組成：每個參與者根據對其他參與者的策略的信念(Belief)進行理性選擇，而且他們的信念都是正確的。在形式上，我們可以定義納什均衡如下：

$$\begin{cases} s_i^* \in R_i(s_{-i}^e) \\ s_{-i}^e = s_{-i}^* \\ \forall i \in N \end{cases}$$

其中，s_{-i}^e 是參與者 i 對其他參與者策略的預期。

爭論的中心是：參與者正確的信念是如何形成的？人們普遍認為：納什均衡是一個動態調整過程的靜態描述，或者說納什均衡是博弈雙方相互作用的穩定結局。

下面我們通過普林斯頓大學經濟學教授摩根(John Morgan)提出的一個博弈來理解(見圖 12-7)。

參與者乙

	a	b	c
A	2,2	3,1	0,2
B	1,3	2,2	3,2
C	2,0	2,3	2,2

參與者甲

圖 12-7 納什均衡形成機制

我們可以非常容易地發現，(A,a) 是唯一的純策略納什均衡。納什均衡的特徵是單獨的偏離不能獲益。在這個博弈中，如果甲選擇 C 可以確定地得到 2，似乎更好，但是如果甲偏離之后，乙一定會做出反應。如果乙對甲選擇 C 的最佳應對是選擇 b，結果甲隨之調整為 A，如果乙隨之調整為 a，博弈回到納什均衡。如果乙對甲選擇 A 的應對是選擇 c，博弈繼續，甲會調整為 B，乙則會選擇 a，隨后如果甲選擇 A，博弈回到納什均衡，如果甲選擇 C，就又回到我們剛剛討論的起點。

因此，我們可以把博弈的過程理解為真的發生了這樣的動態調整過程，而納什均衡描述的是這個過程穩定的結果，它是一種靜態方法。按照這種理解，納什均衡不需要試錯和調整，博弈的參與者就能夠理性地預期對手的反應。

我們之所以關心納什均衡的機制，是因為我們要用它來預測博弈中人們的行為。問題是，納什均衡是否總會發生呢？假設上面性別戰博弈中的男生和女生，兩個人都想在一起共度週末，為了給對方一個驚喜，他們獨自去買足球票或電影票。他們一定會買到相同的入場券嗎？想一想《麥琪的禮物》吧。博弈論專家在回答一致的信念的產生機制時賦予了習慣和文化重要的功能。

納什均衡具有和重複剔除嚴格劣策略均衡相同的困難，就像上面的性別戰一樣，一個博弈可能有多個納什均衡。但是，納什均衡有一個新的困難，並不是所有的博弈都有納什均衡。請看下面的硬幣配對博弈，參與者 1 和 2 同時決定自己手裡的硬幣正面朝上還是反面朝上。如果相同的面朝上（Match），2 支付一單位給 1；否則，1 支付一單位給 2。其支付矩陣如圖 12-8 所示：

參與者 2

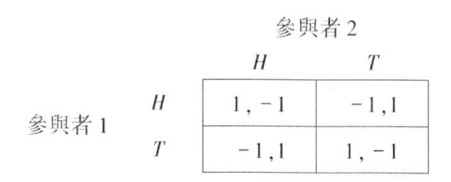

	H	T
H	1, -1	-1, 1
T	-1, 1	1, -1

參與者 1

圖 12-8 硬幣配對博弈

註：其中，H 表示正面朝上，T 表示反面朝上。

讀者可以容易地發現，這個博弈沒有我們上面定義過的納什均衡（請聯繫納什均衡的實現機制思考為什麼這個博弈沒有納什均衡）。對於這樣的博弈，我們可以

通過引入混合策略的概念定義一種新的納什均衡。

四、混合策略納什均衡

為了理解混合策略,我們需要把之前討論過的例子中的策略都重新定義為純策略。以定義清楚的純策略為基礎,混合策略是指參與者隨機地選擇純策略,而描述一個混合策略就要給出參與者選擇不同的純策略的概率分佈。

具體來說,上面的硬幣配對博弈中,參與者1的混合策略可以表示為:以 p_1 的概率選擇正面朝上,以 $1-p_1$ 的概率選擇反面朝上。類似地,參與者2的混合策略可以表示為:以 p_2 的概率選擇正面朝上,以 $1-p_2$ 的概率選擇反面朝上。

在一次博弈中,使用概率的概念需要簡單的解釋。仍然以上面的博弈為例,其中的概率或者理解為他們在多次重複博弈中選擇相應策略的頻率,或者理解為多個同類參與者參加相同的博弈時選擇相應策略的比例。

混合策略納什均衡可以表示為 $((p_1^*, 1-p_1^*), (p_2^*, 1-p_2^*))$,同樣需要滿足納什均衡的特徵。下面我們就用標準的方法求解這個博弈的混合策略納什均衡。

我們先來看參與者1所面對的決策。給定參與者2的混合策略 $(p_2, 1-p_2)$,參與者1選擇 H 的期望支付為 $U_{1H} = 2p_2 - 1$,而選擇 T 的期望支付為 $U_{1T} = 1 - 2p_2$。比較不同的純策略的期望支付,我們得到參與者1的最佳應對為:

$$p_1 = \begin{cases} 0, \text{如果} p_2 < \frac{1}{2} \\ [0,1], \text{如果} p_2 = \frac{1}{2} \\ 1, \text{如果} p_2 > \frac{1}{2} \end{cases}$$

給定參與者1的混合策略 $(p_1, 1-p_1)$,同理可以得到參與者2的最佳應對。

混合策略納什均衡仍然要滿足:每個參與者的策略都是其他參與者的均衡策略的最佳應對。在圖12-9中,參與者的最佳應對用反應曲線描述,兩條反應曲線的交點為 $\left(\frac{1}{2}, \frac{1}{2}\right)$,此博弈的混合策略納什均衡為 $\left(\left(\frac{1}{2}, \frac{1}{2}\right), \left(\frac{1}{2}, \frac{1}{2}\right)\right)$。

我們可以非常容易地發現,當參與者2的混合策略為 $\left(\frac{1}{2}, \frac{1}{2}\right)$ 時,$U_{1T} = U_{1H}$,即參與者1在兩個純策略之間無差異。參與者2有相同的特徵。這是必然的,因為只有當參與者面對不同的純策略無差異時,他才會混合,即隨機選擇。

上面的觀察提供了一個非常簡捷的求混合策略納什均衡的方法,我們令 $U_{1T} = U_{1H}$ 得到 $p_2 = \frac{1}{2}$,這就是參與者2使得參與者1採取混合策略的條件;同理,我們可

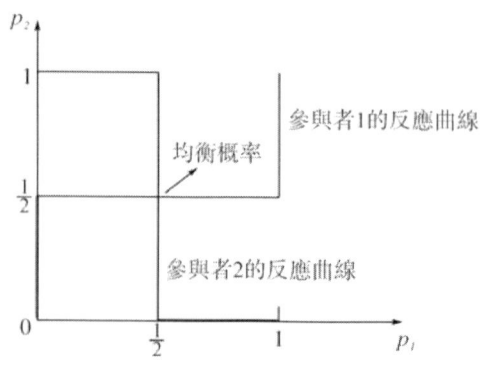

圖 12-9　硬幣配對博弈的混合策略納什均衡

以得到參與者 2 選擇混合策略的條件為 $p_1 = \frac{1}{2}$。這樣，我們就可以直接得到混合策略納什均衡。

第二節　完全信息動態博弈

一、擴展式博弈

動態博弈的一個必要條件是參與者的行動存在時間上的先后順序。同時，動態博弈中還出現了一個靜態博弈中不存在的問題：當輪到一個參與者採取行動時，他是否瞭解之前的行動。因此，要描述一個動態博弈，我們需要說明：①參與者集合；②行動的順序，誰在何時行動；③每個參與者在行動機會出現時的行動集合；④每個參與者在每次行動機會出現時知道什麼；⑤所有參與者的支付函數，每個參與者的支付由行動序列(Sequence of Actions)決定。

用上述方式描述的博弈被稱為擴展式。下面我們就給出描述一個擴展式博弈的基本概念。①用歷史描述博弈處於「何時」。博弈的一個歷史 h 是一個行動序列，它告訴我們博弈到達了什麼位置以及如何到達這一位置的。請注意，所有的歷史都必須從博弈的起始點開始，最初的決策之前的歷史是空集，到達終點的歷史集合用 Z 表示，而所有歷史的集合可以表示為 H。②要描述誰在何時行動，就是要說明在每個非終點歷史，輪到誰採取行動。③我們用行動集合 $A(h)$ 定義參與者在歷史 h 的所有可選的行動。④當輪到一個參與者行動時，他是否知道之前的行動呢？如果他知道之前發生的所有行動，也就意味著他清楚自己選擇行動時所處的歷史。因此，上面的問題等價於「這個參與者是否知道自己行動時所處的歷史」。描述這一信息狀況的工具是信息集，參與者在一個決策位置(由歷史規定)的信息集是他此時無法區分的

所有到達此決策機會的歷史的集合。在一個博弈中，參與者 i 的所有信息集的集合表示為 I_i。⑤既然參與者的支付取決於所有參與者所採取的行動，那麼參與者的支付函數直接定義在終點歷史集合上。

上述概念多少有點抽象，幸運的是，我們總是可以用博弈樹直觀地描述一個動態博弈。在一個博弈樹中：①「何時」用結來表示；②在每個結的旁邊標註決策者；③從每個決策結伸出來的枝表示可選的行動；④在終點結的后面標註參與者的支付。

假設一個進入博弈的博弈樹如圖 12 - 10 所示。

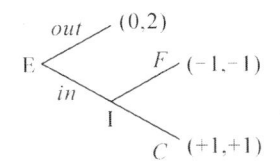

图 12 - 10　進入博弈的博弈樹

這個進入博弈的行動順序為：首先，潛在進入者 E 有兩個行動可以選擇，或者進入(in)，或者不進入(out)。如果 E 不進入，博弈結束。隨后，在觀察到潛在進入者進入后，在位廠商 I 有兩個行動可以選擇：或者鬥爭(F)，或者容納(C)。最后，兩個參與者實現各自的支付。

這個博弈的歷史集合為 $H = \{\varnothing, in, out, (in, F), (in, C)\}$；

這個博弈的行動集合分別為 $A(\varnothing) = \{in, out\}$ 和 $A(in) = \{F, C\}$；

潛在進入者的信息集為 $\{\varnothing\}$；

在位廠商的信息集為 $\{in\}$。

二、動態博弈的策略和策略式

如何求解上面這個動態博弈的均衡呢？我們前面已經學過了如何求解策略式博弈的納什均衡，如果我們能夠把一個動態博弈表示為策略式，就可以求解博弈的均衡了。問題是能否用策略式表示一個動態博弈呢？答案是：不僅動態博弈可以用策略式來描述，靜態博弈也可以用擴展式描述。但是當我們把一個擴展式博弈轉化為一個策略式博弈時，我們必須明確地定義策略並清楚策略和行動的區別。

一個參與者的策略是一個完整的行動計劃，規定這個參與者在所有可以區分的行動機會出現時可行的行動。請讀者注意，行動機會出現的時間是用歷史描述的，而當一個決策機會出現時無法區分的歷史形成一個信息集。因此，可以區分的行動機會就用不同的信息集描述，而所有的信息集構成的信息集集合就可以描述所有的決策機會。進而，一個完整的行動計劃就是要為一個參與者所有的信息集規定可行的行動。正式地，參與者 i 的一個純策略是一個函數 $s_i: I_i \to A$，即為每一個信息集規定一個行動。

我們知道一個信息集中的元素是歷史，而歷史是以前的行動序列。因此，策略就

可以理解為對以前行動的反應規則。由此,我們就可以清楚地看到策略和行動的區別。在前面我們學過的完全信息靜態博弈當中,我們沒有區分行動和策略,這是因為所有的參與者同時行動,每個參與者都只有一個信息集,所以策略空間和行動空間相同。

當一個策略組合被實施後,就決定了唯一的終點歷史。這一歷史被稱為策略組合 s 的結果(Outcome),表示為 $O(s)$,告訴我們從博弈開始到結束都發生了哪些行動。在博弈樹中,結果表現為從起始結到終點結的一條路徑。

每一個結果對應著一個終點,也規定了參與者的支付。參與者 i 的支付函數可以表示為 $u_i(O(s))$,即間接地定義在策略組合空間上,直接地定義在終點歷史集合,或者說結果集合上。

仍然回到前面進入博弈的例子,其策略式表示如下:

參與者集合為 $N = \{E, I\}$。

潛在進入者的策略空間為 $\{out, in\}$,和行動空間相同。

在位企業的策略空間為 $\{F, C\}$,也和行動空間相同,因為它也只有一個信息集。但是,例如,策略 F 要理解為:如果潛在進入者進入,在位企業選擇鬥爭。

結果有三個: $(out), (in, F), (in, C)$。

潛在進入者的支付為: $u_E(out) = 0, u_E(in, F) = -1, u_E(in, C) = 1$。

同理,我們可以寫出在位企業的支付。

同樣,這個博弈的策略式可以用支付矩陣表示(見圖 12-11)。

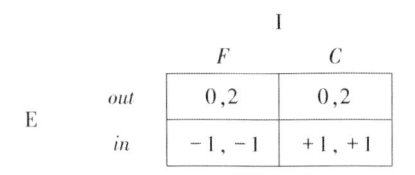

		I	
		F	C
E	out	0,2	0,2
	in	-1,-1	+1,+1

圖 12-11　進入博弈的策略式

三、不可置信的威脅和納什均衡的精煉

在完成了用策略式描述進入博弈後,我們容易看出,這個博弈的納什均衡有兩個,即 (out, F) 和 (in, C)。但是,需要注意,(out, F) 不是對這個博弈合理的預測。這個均衡策略組合是說:企業 E 選擇不進入,企業 I 的策略是如果企業 E 進入則選擇鬥爭。我們把企業 I 的這個策略理解為它對進入者發出的一個威脅,但是之所以這個策略不是合理的預測,是因為這個威脅是不可置信的(Empty Threat)。納什均衡無法排除不可置信的威脅策略,所以要對博弈做出合理的預測,我們就要引入更強的均衡概念。

策略 F 是不可置信的,是因為一旦企業 E 選擇進入,企業 I 選擇鬥爭是不理性

的。因此,為了排除不可置信的威脅,我們需要提高對參與者的理性的要求,這裡我們要引入的是序貫理性(Sequential Rationality)。

簡單來說,序貫理性是指,一個參與者的策略需要規定在博弈樹的任一點的最優行動。這樣,進入博弈問題中的在位企業 I 的策略 F 就不滿足序貫理性,因為給定新企業進入,容納才是在位企業的最佳行動。

這樣,在納什均衡的基礎上增加序貫理性,我們得到了上面的進入博弈的均衡結果:潛在進入者 E 選擇進入,在位企業 I 選擇容納。這是唯一合理的預測。

納什均衡和序貫理性結合在一起,我們就得到了一個更強的解的概念——子博弈精煉納什均衡。尋找這一新的均衡的標準方法被稱為子博弈精煉,但是如果一個動態博弈是完美信息的博弈,可以用反向歸納法直接找到這一均衡。

四、完美信息動態博弈與反向歸納法

完美信息動態博弈是指所有參與者在所有行動機會出現時都觀察到了之前的所有行動;也就是說,所有的參與者都清楚自己決策時所處的歷史;或者說,所有參與者的所有信息集都只含有單一的歷史,沒有任何一個參與者的信息集中含有兩個以上的歷史。

運用反向歸納法求解一個完美信息動態博弈,我們從最後一個決策結開始思考。由於之前的行動都已經給定,並且被觀察到,在此決策結的決策者做出最佳反應,其他的行動不可能成為滿足序貫理性的策略。如果我們排除這些行動,就可以簡化博弈。接下來,我們考慮倒數第二個決策結的決策者如何思考問題。由於信息是完全的,他能正確地預期到在他行動之後會發生什麼,從而他認為自己面對著簡化之後的博弈。在這個簡化博弈中,他現在成了倒數第一個決策者,由於信息是完美的,他知道之前發生過什麼,運用序貫理性,我們可以找到他的最佳反應並把博弈進一步簡化。然後,我們重複上面的步驟,直到博弈的起點,最後剩下的行動序列就是反向歸納結果,也被稱為子博弈精煉納什均衡結果。

假設一個動態博弈的博弈樹如圖 12 - 12 所示。

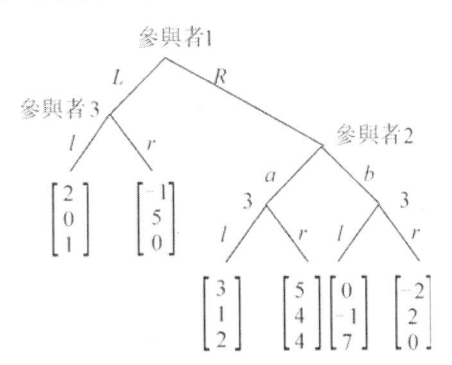

圖 12 - 12　初始動態博弈

首先，我們來看參與者 3 如何在 2 行動之後選擇自己的行動。如果 2 選擇 a，3 的最佳反應是選擇 r；如果 2 選擇 b，3 的最佳反應是選擇 l；如果參與者 1 選擇 L，參與者 3 選擇 l。這樣一來，博弈簡化為如下的博弈樹（見圖 12 - 13）：

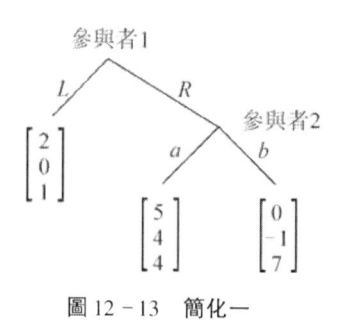

圖 12 - 13　簡化一

現在 2 面對這個簡化之後的博弈，並且是最後的決策者，2 在觀察到 1 選擇 R 和正確地預期到 3 的反應的前提下，選擇 a。這樣，博弈進一步化簡，如圖 12 - 14 所示：

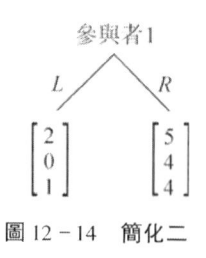

圖 12 - 14　簡化二

面對這個簡化之後的決策問題，1 的理性決策是選擇 R。這樣，我們就找到了這個博弈的反向歸納結果 (R, a, r)。

前面，我們已經明確地定義過均衡結果和策略的區別。在此，(R, a, r) 是均衡結果，是當均衡策略組合被實施時的終點歷史，記錄了均衡路徑上的行動。現在，我們要回答的是，什麼樣的均衡策略組合能夠導致這個結果出現呢？

首先我們來看參與者 3 的策略。參與者 3 有三個信息集。因此，他的策略需要規定在每一個信息集選擇什麼行動。根據序貫理性，我們知道：$s_3^*(L) = l$，$s_3^*((R, a)) = r$，$s_3^*((R, b)) = l$。參與者 3 實施這個策略，正好可以使我們得到參與者 3 在面臨所有的決策機會時的最佳行動。

參與者 2 只有一個信息集，因此其策略規定當參與者 1 選擇 R 之後他的最佳反應，其滿足序貫理性。同時，對參與者 2 的策略的最佳應對策略是 $s_2^*(R) = a$。

參與者 1 只有一個信息集，他對參與者 2 和參與者 3 的均衡策略的最佳應對策略為 $s_1^*(\varnothing) = R$。

策略組合 $s^* = (s_1^*, s_2^*, s_3^*) = (R, a, (l, r, l))$ 不僅是納什均衡，而且滿足序貫理性，實施這個策略組合的結果正好是運用反向歸納法得到的均衡結果 (R, a, r)。

五、三階段討價還價模型

有限階段討價還價模型是反向歸納法的典型應用。假設一個三階段的序貫討價還價(Sequential Bargaining)模型的時間線如下：

(1)在第一階段，參與者1首先提議自己得到的份額為s_1，留給參與者2的份額為$1-s_1$。如果參與者2接受這一提議，博弈結束；如果參與者2拒絕這一提議，博弈進入第二階段。

(2)在第二階段，輪到參與者2首先提議參與者1得到份額為s_2，留給自己份額為$1-s_2$。如果參與者1接受這一提議，博弈結束；如果參與者1拒絕這一提議，博弈進入第三階段。

(3)在第三階段，參與者1得到外生給定的份額為s，留給參與者2的份額為$1-s$，其中$0<s<1$。

假設兩個人要分配的總量為1，具有相同的貼現因子δ，我們用反向歸納法求解這個博弈的結果。博弈到達第二階段之後，參與者1只會接受$s_2 \geq \delta s$的提議。假設參與者在無差異的情況下總是選擇接受提議，因此，參與者2面對的選擇是此階段立刻得到$1-\delta s$，或者在下一階段得到$1-s$。由於$1-\delta s > \delta(1-s)$，因而在第二階段，參與者2的理性行動是提議$s_2 = \delta s$。

由於信息是完全的，因此參與者1能夠同樣求解第二階段參與者2的決策，從而參與者1知道只有當$1-s_1 \geq \delta(1-\delta s)$，即$s_1 \leq 1-\delta+\delta^2 s$時，參與者2才會接受提議。參與者1面對的選擇是此刻得到$s_1 = 1-\delta+\delta^2 s$，或者在下一階段得到$s_2 = \delta s$。因為$\delta^2 s < 1-\delta+\delta^2 s$，所以參與者1選擇提議$s_1 = 1-\delta+\delta^2 s$，參與者2接受此提議，得到$1-s_1 = \delta-\delta^2 s$，博弈結束。此博弈的反向歸納結果是：參與者1提議$s_1 = 1-\delta+\delta^2 s$，參與者2選擇接受。

六、不完美信息動態博弈與子博弈精煉納什均衡

動態博弈中的不完美信息產生於后行動的參與者沒有觀察到之前的行動，從而無法確定自己決策時所處的歷史。這樣一來，在一個不完美信息動態博弈中，至少有一個信息集包含有兩個以上的歷史。而在博弈樹中，我們就用虛線把屬於同一信息集的決策結連起來。

仍然考慮進入博弈，但是現在博弈的時間順序是：首先，潛在進入者選擇是否進入；其次，如果進入發生了，進入者和在位廠商同時選擇鬥爭還是容納；最后，博弈結束，參與者實現各自的支付。

在這個動態博弈中，進入發生之后，兩個廠商同時選擇行動，從而無法觀察到對手的行動，這就產生了不完美信息。此博弈的博弈樹如圖12-15所示。

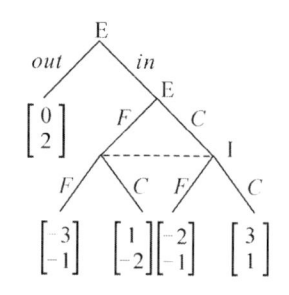

圖 12-15　擴展的進入博弈

請注意,輪到在位廠商 I 決策時,它不知道進入者選擇鬥爭還是容納,因此它的唯一的一個信息集有兩個歷史,為 $\{(in,F),(in,C)\}$。在博弈樹中,我們用虛線連起了在位廠商的兩個決策結。

由於存在不完美信息,我們無法使用反向歸納法,但是我們仍然要借助反向歸納法的精神。在反向歸納法中,分析的第一步,即倒數第一個決策結的決策都是簡單的個體選擇問題。現在,在不完美信息博弈中,分析的第一步是一個真正的博弈,是新企業進入後的同時行動博弈(見圖 12-16)。

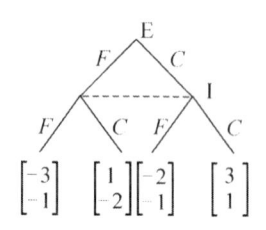

圖 12-16　擴展的進入博弈的子博弈

容易看出來,在進入後的博弈中,納什均衡策略組合是 (C,C)。也就是說,進入之後兩個企業都採取容納行動是對進入後博弈的合理推測。以此為基礎,我們就可以簡化這一博弈,得到如圖 12-17 所示的選擇問題。

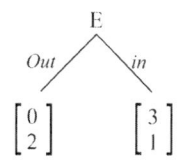

圖 12-17　擴展的進入博弈的最終簡化

顯然,進入者的理性選擇是進入。因此,我們對這個進入博弈的合理預測是:進入者選擇進入,進入後兩個廠商同時選擇容納對手。

在概念上,我們把進入之後的同時行動博弈稱為這個進入博弈的子博弈。正是因此,這個博弈的均衡策略組合 $((in,C),C)$ 被稱為子博弈精煉納什均衡,而這個博弈的均衡結果 (in,C,C) 就被稱為子博弈精煉納什均衡結果。

在概念上，我們也把完美信息動態博弈中單個參與者的選擇問題稱為子博弈。這樣一來，反向歸納法得到的均衡策略組合就也被稱為子博弈精煉納什均衡，其結果也被稱為子博弈精煉納什均衡結果。

最后說明一點，子博弈精煉的目的就在於剔除納什均衡中所含有的不可置信的威脅策略，從而剔除那些不合理的預測。但是，以進入博弈為例，在位廠商可以事先採取承諾行動以使威脅變得可信。這種承諾行動往往通過限制自身的選擇使得不實施威脅策略規定的行動時反而得到更低的支付。這裡值得注意的是，承諾行動對參與者支付的影響有直接效應和間接效應兩種。限制自身的選擇往往會降低支付，但它會影響其他參與者改變行動，並且通過這種間接效應最終提高其支付。

復習思考題

1. 假設兩個牧民可以在一個公共草地上自由地放牧，用 q_1, q_2 分別表示兩個人放牧的羊的數量，每只羊的價值為 $v = 210 - (q_1+q_2)^2$，每只羊的成本為 10，請寫出此博弈的策略式並求納什均衡。

2. 請計算性別戰博弈中混合策略納什均衡。

3. 如果把性別戰博弈改變為女生先行動的完美信息動態博弈，請畫出此博弈的博弈樹並求解子博弈精煉納什均衡。

4. 假設一個市場的反市場需求函數為 $p = a - q_1 - q_2 - q_3$，不變的平均成本都為 c。博弈規則為：首先，企業 1 選擇產量 q_1；隨后，觀察到此產量后，企業 2 和 3 同時選擇產量 q_2 和 q_3。請給出這個博弈的子博弈精煉納什均衡結果。

5. 交易雙方進行交替出價的討價還價以決定交換新增收益的分配。在奇數階段，1 提出分配方案，2 選擇接受或拒絕，如果 2 選擇接受，博弈結束，如果 2 選擇拒絕，進入下一階段；在偶數階段，正好相反。我們假設：①交易的收益隨著時間的推移而減少，如果在階段 1 成交，新增收益為 1；在第二階段成交，交易收益只有 1/2；第三階段成交，交易收益就只有 1/4 了，到第四階段成交，交易收益只有 1/8；如果第四階段沒有成交，交易就無法發生了。②兩個人的貼現因子分別為 δ_1, δ_2。求此博弈的均衡結果。

第十三章　外部性和公共物品

本章考察導致市場失靈的外部效應問題,主要回答以下問題:①為什麼外部性的存在會扭曲資源的配置;②社會如何解決外部性造成的無效率;③公地的悲劇;④公共物品的配置效率和供給機制。

外部性產生於個體之間的相互作用和相互影響。為了理解外部性問題,我們必須首先區分兩種不同的相互影響方式。為此,我們先看兩個例子。當工廠把氧化硫和氧化氮排放到空氣中,這些化學物品會與水蒸氣發生反應,生成酸性物質,而這些酸隨著雨和雪落到地面上,會對動植物產生不良影響。例如,水產業就是酸雨的受害者。而且,隨著空氣的流動,這種不良影響可能擴散到相距遙遠的地區。

現在很多人變得很關心他們的膽固醇含量,並且決定消費更少的牛肉,消費更多的燕麥糠。隨著需求的增加,燕麥糠的價格上升,這就使得燕麥糠製造商變得富有,但是減少了那些以前就消費燕麥糠的人們的福利。隨著牛肉需求下降,牛肉的價格也會下降,這就會影響到那些繼續消費牛肉的人們、牛肉製造商和飼料食品公司老板們的福利。

酸雨和膽固醇的例子體現了相互作用的不同方式。在膽固醇的例子中,儘管人們在影響彼此的福利,但是所有影響都是通過市場價格不斷變化的方式來發揮的。假設在偏好變化之前,資源配置已經是帕累托有效率的,偏好變化改變了商品的相對價格,但新的競爭性均衡配置仍然是有效率的。在酸雨的例子中,水產業經營者的福利受到污染排放者生產活動的直接影響。對於任何給定的投入數量,在酸雨存在的情況下,水產業主生產出更少的產出。

外部性概念針對的是上述直接的相互作用。當經濟當事人的行為以不反應在市場交易之中的種種方式影響另一個當事人行為的時候,就會出現外部性。或者說,當經濟當事人對未參與市場交易的第三方當事人產生直接影響時,就出現了外部性。

第一節　生產的外部性

一、生產外部性的定義

若一個廠商的生產可能性受到另一個消費者或者廠商選擇的直接影響,則生產

的外部性就產生了。在 J. 米德提出的那個充滿田園化的經典例子中,養蜂人和種植蘋果者之間的行為存在著相互的正的外部性:蜜蜂在蘋果樹上採蜜會提高蘋果的產量,而蘋果樹的增加則可以提高蜂蜜的產量。類似地,漁場關注著傾倒在捕魚區的污染物的數量,因為它對捕魚量有負的影響。

為了用最簡單的形式說明生產的外部性,我們假設有如下生產函數 $q_乙 = q_乙(k_1, k_2, k_3, \cdots, k_n; q_甲)$。式中,$k_1, k_2, \cdots, k_n$ 是廠商乙投入的各種要素的數量,$q_甲$ 是廠商甲的產量,$q_乙$ 是廠商乙的產量。上式表明,廠商乙的產量不僅受到他自己所投入的各種要素量的影響,還直接受到廠商甲的行為的影響。廠商甲的行為就對廠商乙的產出產生了生產的外部性。如果廠商甲的產量提高能夠提高廠商乙的產量,即 $\frac{\partial q_乙}{\partial q_甲} > 0$,那麼就存在正的生產外部性;如果廠商甲的產出提高會降低廠商乙的產量,即 $\frac{\partial q_乙}{\partial q_甲} < 0$,則存在負的生產的外部性;如果廠商甲的產量與廠商乙的產出沒有關係,即 $\frac{\partial q_乙}{\partial q_甲} = 0$,那麼就不存在生產的外部性。

生產的外部性也可以從成本的角度來分析,假定甲、乙兩個企業的生產產量分別為 $q_甲, q_乙$,企業甲的生產成本為 $c^甲(q_甲)$,企業乙的生產成本受到無法控制的企業甲的產量的影響,表示為 $c^乙(q_甲, q_乙)$。這就形成了生產的外部性。如果 $\frac{\partial c^乙}{\partial q_甲} > 0$,這就是生產中的負外部性;如果 $\frac{\partial c^乙}{\partial q_甲} < 0$,這就是生產中的正外部性。

二、生產的外部性與庇古傳統

假設兩種產品的市場都是競爭性的,價格分別為 $p_甲, p_乙$。根據利潤最大化,我們可以得到兩種產品的最優產量選擇 $(q_甲^*, q_乙^*)$,滿足:

$$p_甲 = \frac{dc^甲(q_甲^*)}{dq_甲},$$

$$p_乙 = \frac{\partial c^乙(q_甲^*, q_乙^*)}{\partial q_乙}$$

如果這兩個企業屬於同一個公司,那麼他們的產量選擇會追求總利潤的最大化,可以表示為 $\max_{q_甲, q_乙} p_甲 q_甲 + p_乙 q_乙 - c^甲(q_甲) - c^乙(q_甲, q_乙)$。最優的產量選擇 $(q_甲^{**}, q_乙^{**})$ 滿足一階條件:

$$p_甲 = \frac{dc^甲(q_甲^{**})}{dq_甲} + \frac{\partial c^乙(q_甲^{**}, q_乙^{**})}{\partial q_甲},$$

$$p_乙 = \frac{\partial c^乙(q_甲^{**}, q_乙^{**})}{\partial q_乙}$$

兩種不同情況下的結果的區別在於企業甲根據不同的邊際成本確定產量。庇古把 $\dfrac{dc^{甲}(q_{甲}^{**})}{dq_{甲}} + \dfrac{\partial c^{乙}(q_{甲}^{**}, q_{乙}^{**})}{\partial q_{甲}}$ 稱為企業甲生產的邊際社會成本，根據價格等於邊際社會成本所確定的產量實現了社會福利的最大化。但是在分散決策時，企業甲在選擇產量的時候卻僅僅考慮 $\dfrac{dc^{甲}(q_{甲}^{*})}{dq_{甲}}$，庇古把它解讀為邊際私人成本。外部性的問題就在於決策者的私人成本和社會成本出現了分離。

如果 $\dfrac{\partial c^{乙}(q_{甲}, q_{乙})}{\partial q_{甲}}$ 大於0，那麼邊際私人成本小於邊際社會成本，這種情況是生產的負的外部性；如果 $\dfrac{\partial c^{乙}(q_{甲}, q_{乙})}{\partial q_{甲}}$ 小於0，那麼邊際私人成本大於邊際社會成本，這種情況是生產的正的外部性。不論生產中存在負的外部性（見圖13-1）還是正的外部性（見圖13-2），企業的行為都偏離了社會最優水平。

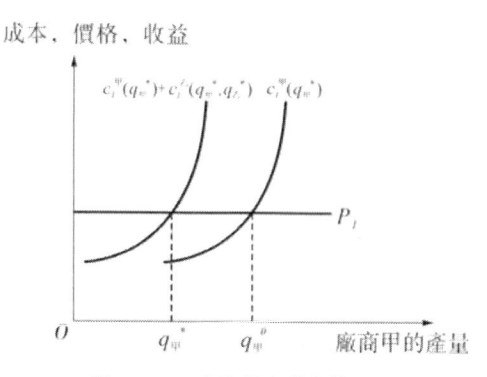

圖13-1　生產的負外部性

註：存在生產的負外部性，企業甲生產了從社會看來過多的產量 $q_{甲}^{0} - q_{甲}^{*}$。

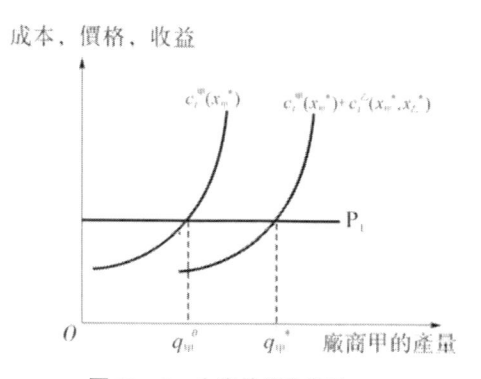

圖13-2　生產的正外部性

註：存在生產的正外部性，企業甲生產了從社會看來過少的產量 $q_{甲}^{0} - q_{甲}^{*}$。

按照庇古的分析思路,外部性屬於市場失靈是因為企業甲面對錯誤價格提供的錯誤激勵。或者說,價格沒有傳遞真實的信息,行為主體沒有面對他們行動的全部經濟后果。沿著這樣的思路,庇古提出了糾正的機制,利用稅收或補貼來反應外部影響,從而使企業面對正確的價格,這種稅收被稱為庇古稅。

在上面例子中,矯正性的稅收的邊際稅率應該滿足 $t = \frac{\partial c^{乙}(q_{甲}, q_{乙})}{\partial q_{甲}}$。必須注意的是一次性的總額稅不能實現社會最優的資源配置。

三、生產的外部性與外部性市場

上面分析中選擇的變量都是產量,沒有明顯地考慮污染的數量問題。下面我們變換一種分析方法,並且考察外部性問題的不同闡釋。

我們把企業製造的污染的數量表示為 y,那麼企業甲的利潤最大化決策可以表示為 $\max_{q_{甲}, y} p_{甲} q_{甲} - c^{甲}(q_{甲}, y)$,一階條件為:

$$p_{甲} = \frac{\partial c^{甲}(q_{甲}^{*}, y^{*})}{\partial q_{甲}}$$

$$0 = \frac{\partial c^{甲}(q_{甲}^{*}, y^{*})}{\partial y}$$

第二個一階條件是什麼含義呢? $\frac{\partial c^{甲}(q_{甲}^{*}, y^{*})}{\partial y}$ 表示的是增加污染對企業甲的成本的邊際影響,顯然 $\frac{\partial c^{甲}(q_{甲}^{*}, y^{*})}{\partial y} \leq 0$,即增加污染的數量可以降低生產成本。從而當企業甲不需要為污染付費時,其最優選擇是把污染數量增加到對於降低成本沒有進一步的作用,即

$$0 = \frac{\partial c^{甲}(q_{甲}^{*}, y^{*})}{\partial y}$$

換一種表述,我們可以把 $-\frac{\partial c^{甲}(q_{甲}^{*}, y^{*})}{\partial y}$ 理解為污染帶給企業甲的邊際收益,等式左邊的 0 意味著污染帶給企業的邊際成本為零,從而利潤最大化要求污染的數量滿足邊際收益等於邊際成本。顯然,這意味著企業甲沒有對污染進行任何支付,或者說企業甲使用清潔的河流這種生產要素的價格為零。

價格為零,應該被理解為根本就不存在這樣的市場。現在我們假設存在這樣一個市場:乙企業擁有不受污染的權利,但是它願意按照價格 r 放棄這種權利。這時兩個企業的最大化問題分別為:

$$\max_{q_{甲}, y_1} \pi^{甲} = p_{甲} q_{甲} - c^{甲}(q_{甲}, y_1) - r y_1$$

$$\max_{q_{乙}, y_2} \pi^{乙} = p_{乙} q_{乙} - c^{乙}(q_{乙}, y_2) + r y_2$$

一階條件為：

$$p_{甲} = \frac{\partial c^{甲}(q_{甲}^*, y_1^*)}{\partial q_{甲}}, r = -\frac{\partial c^{甲}(q_{甲}^*, y_1^*)}{\partial y_1}$$

$$p_{乙} = \frac{\partial c^{乙}(q_{乙}^*, y_2^*)}{\partial q_{乙}}, r = \frac{\partial c^{乙}(q_{乙}^*, y_2^*)}{\partial y_2}$$

污染市場的均衡滿足 $y_1^* = y_2^* = y^*$。因此，根據以上條件，我們看到在存在污染市場的情況下，污染的價格等於污染帶給企業乙的邊際成本，企業甲的行為將面對正確的激勵（見圖13-3），污染的數量滿足：

$$-\frac{\partial c^{甲}(q_{甲}^*, y^*)}{\partial y} = \frac{\partial c^{乙}(q_{乙}^*, y^*)}{\partial y}$$

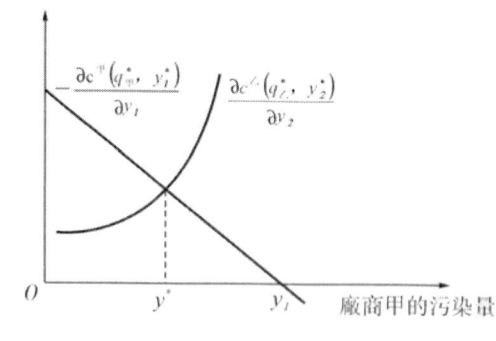

圖13-3 污染市場

註：y_1是不存在污染市場時企業甲的污染數量，y^*是存在污染市場時企業甲的污染數量，也是社會的最優污染數量。

四、生產的外部性與科斯定理

科斯定理是人們對科斯的著名論文《社會成本問題》的思想的一種歸納。科斯對外部性問題的理論進展做出了突出的貢獻，他批評了庇古傳統並深入考察了外部性發生的條件，從而提出了不依靠政府管制的私人解決辦法。

科斯的回答突出了一度被經濟學家所忽略的產權這一約束條件。社會成本和私人成本分離的原因在於缺乏排他的明晰的產權界定。並且，針對把外部性問題的產生歸結於沒有外部性市場，科斯強調沒有外部性市場的原因在於沒有對初始權利進行清晰的、排他的界定，從而產權和市場的關係就被鮮明地提出來了。新古典經濟學總是假設市場的完全性，但是科斯則指出，如果缺乏明晰的產權界定，那麼大量的市場就不會存在。

以上述分析為基礎，科斯接著指出：如果交易費用為零，那麼不論產權如何界定，最終的權利配置總是有效率的。這是因為沒有交易費用，互利的交易總是可以發生，

因此無效率的權利配置會通過交易得到改善。這就是著名的科斯定理。為了理解此定理,讀者可以自己構建模型分析:在企業甲有權自由排放數量為 y 的污染物的權利界定下,污染市場的均衡,並且比較不同權利界定下的均衡結果。

第二節 消費的外部性

一、消費外部性的定義

當一個消費者的效用受另一個消費者或廠商的選擇影響時,消費的外部性就產生了。有關環境外部性的大多數例子都屬於這一類。從經濟的角度講,這類效應是由廠商引起(比如有毒化學品或者飛機噪音的形式),還是由個人引起(比如丟棄廢棄物或者是開大收音機音量所發出的噪音),幾乎沒有什麼區別。在所有這些情況中,這種行為的數量會直接進入個人的效用函數。

如果消費者甲的福利直接受到行為人乙的行為影響,那麼我們可以記 $u^甲 = u^甲(x_1, x_2, x_3, \cdots, x_n; u^乙)$。式中,$x_1, x_2, \cdots, x_n$ 是消費者甲所消費的各種商品的數量,$u^甲$ 是消費者甲的效用,$u^乙$ 是行為人乙的效用。上式表明,消費者甲的福利或效用,不僅受他自己所消費的各種商品量的影響,還直接取決於行為人乙的效用。如果行為人乙的福利增加的同時也增加消費者甲的福利,即 $\frac{\partial u^甲}{\partial u^乙} > 0$,那麼就存在正的消費外部性;如果行為人乙的效用增加會使消費者甲的狀況變壞,即 $\frac{\partial u^甲}{\partial u^乙} < 0$,那麼存在負的消費外部性;如果消費者甲的效用與行為人乙的福利沒有關係,即 $\frac{\partial u^甲}{\partial u^乙} = 0$,那麼就不存在消費的外部性。

二、存在消費外部性時的消費者偏好

為了考察消費的外部性問題,我們考慮一種非常經典的情形。假設同寢室有甲、乙兩個消費者,有貨幣和香菸兩種商品,兩個消費者都喜歡貨幣,但是消費者甲喜歡清新的空氣,消費者乙喜歡吸菸。外部性產生於消費者甲必須消費與消費者乙相同的菸量。

我們用一般均衡方法來分析這個問題。消費者甲和消費者乙的偏好可以方便地在埃奇沃思方盒圖中畫出來。我們用橫軸的長度表示這兩個行為人的全部貨幣量 m,縱軸的高度表示吸菸的數量,菸量可以標準化為 0 到 1,0 意味著屋子裡面充滿清新的空氣,而 1 則代表寢室裡充滿了菸塵。根據上面的設定,我們可以得到如圖 13

-4 所示的一張曲線圖。

在圖 13-4 所示的埃奇沃思方盒圖中,當乙減少商品 2(香菸)的消費時,甲的境況會變得更好一些,原因在於這兩個消費者必須消費相同的菸量,而消費者甲認為抽菸是有害的。由於貨幣是合意商品,消費者乙喜歡吸菸,因此消費者乙的無差異曲線凸向右上角的原點,而且越往東北方向效用水平越低,因此有 $U_1^乙 < U_2^乙 < U_3^乙$。對於消費者甲而言,從上往下是吸菸量的增加,因此消費者甲的無差異曲線凸向左下角的原點,而且越往東北方向,效用水平越高,即 $U_1^甲 < U_2^甲 < U_3^甲$。

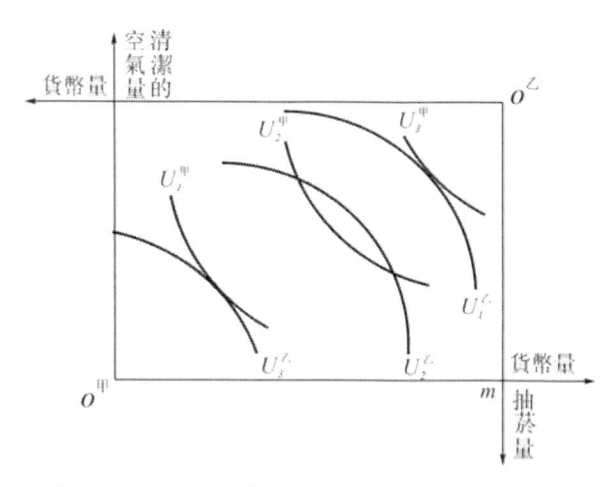

圖 13-4　存在消費外部性的偏好和埃奇沃斯方盒圖

特別值得注意以下兩點:一是圖中橫軸和縱軸的測度方式不同。在圖 13-4 中,我們從方盒圖的左下角沿橫軸度量消費者甲的貨幣,從右上角沿橫軸度量消費者乙的貨幣,但全部菸量都是從右上角沿縱軸度量的。比如,在 $O^甲$ 點,意味著消費者甲和乙消費的菸量都為 1,而 $O^乙$ 點則表明消費者甲和乙消費的菸量為 0。其實,縱軸也可以看成度量清潔空氣的數量,當菸量為 0 時就意味著清潔空氣量為 1,而當菸量為 1 時就意味著清潔空氣量為 0。當然,清潔空氣量只不過是從左下角沿縱軸度量的,在 $O^甲$ 點,意味著消費者甲和乙消費的清潔空氣量都為 0,而 $O^乙$ 點則表明消費者甲和乙消費的清潔空氣量為 1。橫軸和縱軸的測度方式出現差異,原因在於貨幣是可以在兩個消費者之間分割的,所以可以分別度量兩個行為人的貨幣量,而菸量是不可以在兩個行為人之間進行分割的,他們必須共同消費同一菸量。二是香菸對消費者甲是有害品,但是消費者甲的無差異曲線又是斜率為負的。這是因為清潔空氣的數量是從左下角的原點沿縱軸度量的。

三、存在消費外部性的消費可能性與稟賦

已知貨幣總量和貨幣分配,稟賦分配必然落在經過這一點的垂線上。比如,如果

甲擁有 $m/2$ 的貨幣,而乙就擁有 $m/2$ 的貨幣,那麼他們的稟賦就必然落在圖 13-5 中經過 C 點的垂線上。但是落在垂線上的哪一點則取決於吸菸者和不吸菸者之間的產權界定。

如果法律界定人們有享受潔淨空氣的權利,初始配置是圖 13-5 中的 A 點,消費者甲擁有初始稟賦為 $m/2$ 的貨幣和清潔空氣的產權,而行為人乙擁有初始稟賦為 $m/2$ 的貨幣和清潔空氣的產權。如果法律規定人們有吸菸的權利,初始配置是圖 13-5 中的 B 點,這意味著消費者甲擁有初始稟賦為 $m/2$ 的貨幣和吸菸的產權,而行為人乙擁有初始稟賦為 $m/2$ 的貨幣和吸菸的產權。當然,如果法律界定人們享有 $1/2$ 的清潔空氣的權利,那麼初始配置就落在圖中的 C 點,這意味著消費者甲擁有初始稟賦為 $m/2$ 的貨幣和 $1/2$ 清潔空氣的產權,而行為人乙擁有初始稟賦為 $m/2$ 的貨幣和 $1/2$ 清潔空氣的產權。見圖 13-5。

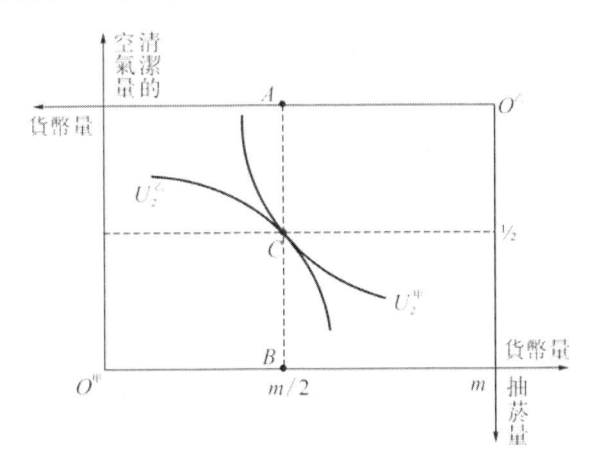

圖 13-5　存在消費外部性時的初始稟賦

香菸的初始稟賦取決於法律體系。這和一般種類的商品的初始稟賦沒有很大區別。我們說某人有 $m/2$ 單位貨幣的初始稟賦,等於說他能夠決定自己消費這 $m/2$ 貨幣,或者說他可以捐贈這 $m/2$ 貨幣,再或者他能夠用 $m/2$ 的貨幣同其他人進行交易。同樣,我們說某人具有清潔空氣的產權,就意味著他可以消費清潔空氣,他也可以把這種權利送人,他還可以把它賣給別人,只要他願意這麼做。因此,從這個意義上講,擁有清潔空氣的產權與擁有貨幣的產權沒有什麼區別。

四、存在消費外部性的交換均衡

下面我們來分析存在外部性時的帕累托最優配置。我們已經知道,帕累托有效率配置是這樣一種狀態,即如果沒有另一個消費者的境況變差,任何一個消費者的境況都不可能變好。

與沒有外部性的情況一樣,初始稟賦並不一定是帕累托有效率的,從而會發生進

一步的交易行為,例如,如果初始稟賦是 A 點,那麼,消費者乙願意付出一定量的貨幣換來一定量的吸菸的權利。這樣我們可以得到最終的均衡:兩個消費者的無差異曲線相切的一點決定了最終的吸菸量。這樣一種最優配置通常通過相切的條件來表示,即圖 13-6 中 E_1 點所示的那樣,抽菸和貨幣的邊際替代率在兩個行為人之間是相同的。

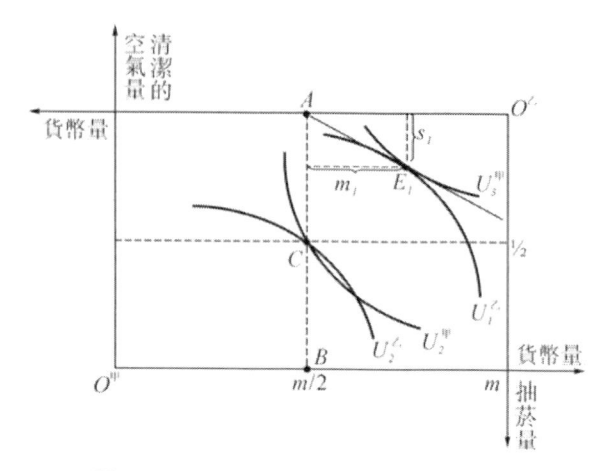

圖 13-6　初始稟賦為 A 點時的交換均衡

註:行為人乙付出貨幣 m_1 換來有權吸菸量 s_1,交易增進了雙方的福利。

如果我們改變產權安排,如消費者乙有權隨意吸菸,那麼當消費者甲要求乙減少吸菸量時就必須向乙進行支付。圖 13-7 中標記為 B 的稟賦所對應的情況就是這種。同上面一樣,通常這也不是帕累托最優,所以我們也可以設想行為人甲和乙之間通過交易而達到大家都喜歡的狀況,比如圖中的 E_2 點。比較 B 點與 E_2 點,意味著消費者甲付出貨幣 m_2 換來少享用 s_2 的菸量的權利。

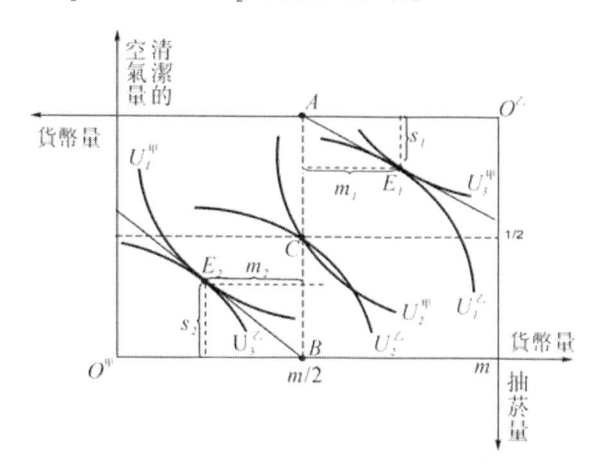

圖 13-7　初始稟賦為 B 點時的交換均衡

註:消費者甲付出貨幣 m_2 換來少消費 s_2 的菸量的權利,交易使雙方福利增加。

五、擬線性偏好與科斯定理

顯然,E_1和E_2都是帕累托最優配置點,是不同的初始稟賦下的市場均衡。可以肯定,抽菸者乙在E_2的境況好於E_1,而不抽菸者在E_2的境況不如E_1。雖然不同的產權安排會產生不同的福利分配,但是就效率而言,不同的產權安排都會實現帕累托效率,這就是科斯定理。

如果產權安排可以連續定義,我們就可以獲得一條完整的契約曲線。這意味著只要我們能夠清晰界定產權,就能夠構造一個交易外部性的市場。在這樣的市場上,最終的交換均衡能夠實現帕累托效率。如果出現了外部性問題,一定是因為不存在這樣的市場,原因是消費者的產權未能得到很好的界定。未能很好地界定產權意味著我們面對不確定的稟賦,交易是很難發生的。

下面我們分析產權安排如何影響外部效應的數量,在這裡指吸菸的數量。一般來說,有效率的配置取決於初始稟賦。這也就是說,不同的產權安排會決定不同的外部性行為的數量(見圖13-8)。這是因為,產權界定不同導致消費者的稟賦不同,稟賦不同會導致收入效應產生。

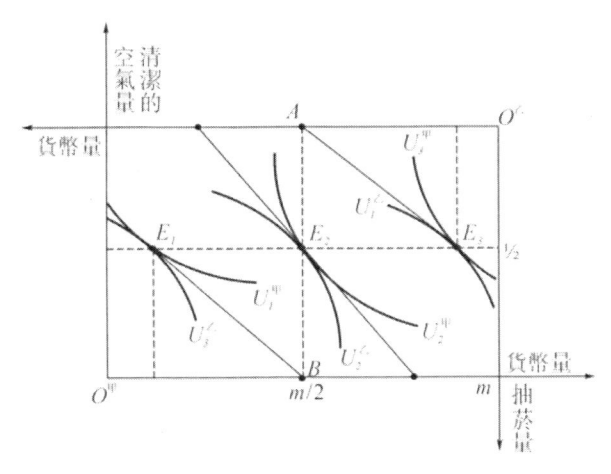

圖13-8 擬線性偏好時的交換均衡

註:對於擬線性偏好來說,不同的產權界定會導致相同的外部性。

但是,如果兩個消費者都是擬線性偏好,就不存在收入效應,契約曲線是一條水平線。從而,不論初始產權如何界定,配置有效率的最終吸菸量都是相同的。不同的產權界定的主要影響是不同的貨幣分配,非常明確地代表著參與者之間的收入分配效應。

這一結論構成了科斯定理的一個版本。如果不考慮收入分配效應,那麼不同的產權界定可以實現相同的外部效應有效配置。但是,現實中,當我們無法忽略收入效應的時候,產權界定就不僅僅是因為要作為交易的基礎,往往還涉及公平問題。例

如，人們很少反對私人產權之間的交易，但對於共有資產與私人產權的界定方式充滿了衝突和爭議。圈地運動就是把共用土地私有化的運動，損失了使用權的人們把私產的建立視為一種盜竊。這個例子告訴我們產權的界定和建立與產權的實施是兩個問題。科斯定理認為排他性的私人產權是有效率的，但並沒有針對如何界定私人產權給出標準。

第三節 公地的悲劇

受科斯思想的啟發，人們逐漸認識到產權與資源配置的關係。在這裡，我們要分析的是如果人們可以非排他性地使用一種資源，就會出現嚴重的福利損失。可以自由使用的資源被稱為共有資源，其無效率的使用往往被稱為公地的悲劇。

為了說明公地的悲劇，我們考慮這樣一個鄉村，那裡的村民在牧場裡放牛。一個可以放牛的牧場有兩種資源配置機制。第一種是私人產權，按照這種辦法，某人將擁有這個牧場，同時這個人決定整個牧場可以放牧多少頭牛。第二種是共有產權安排，即這塊牧場由全體村民共同所有，進入牧場是免費的，而且沒有任何限制。

假設每頭牛的成本為 a，用 q 表示牛的數量，其創造的產出（比如牛奶）為 $f(q)$，$f''(q) < 0$。這也就是說，邊際產量是遞減的，假設牛奶的價格為 1。

如果牧場歸一個人所有，他能夠控制進入牧場的牛的數量，那麼牧場主選擇牛的數量就要求解最大化問題 $\max_q f(x) - ax$，最優數量滿足 $f'(x^*) = a$。見圖 13-9。

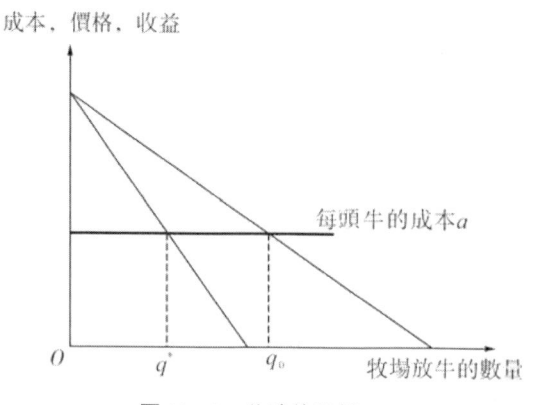

圖 13-9 公地的悲劇

註：如果牧場是私人的，所選擇的放牛量就滿足牛的邊際產量等於邊際成本。但是，如果牧場是公共資源，所放牧的牛的數量就會一直增加到利潤為 0 時的數量。此時，牧場上存在過度放牧。

在共有產權安排下,牧場成了每個牧民可以自由使用的共有資源。為了簡化,假設每個牧民僅放牧一頭牛,這樣一個牧民在選擇是否進入這個牧場的時候就比較邊際收益和邊際成本。增加一頭牛的邊際收益是每頭牛的平均產量 $\frac{f(q)}{q}$。根據上面的設定,我們知道平均產量是遞減的。也就是說,一個新的牧民進入這個牧場會降低所有牧民的產出,但是這個新的進入者並不關心這一點。在共有產權安排下,牧民把這種影響看作社會成本,這就是典型的外部性問題。對於個人而言,只要增加一頭牛的收益仍然大於成本,更多的牛就會被放入牧場。均衡的結果是 $\frac{f(q)}{q}=a$,變化後可以看到實際上均衡數量滿足 $f(x)-ax=0$,即利潤為零。這一結果往往被稱為租值耗散。

第四節 公共物品

一、公共物品的特徵

公共物品是指具有消費的非排他性和非競爭性的物品。如果一種物品被提供之后,沒有一個家庭或個人可以被排除在消費該物品的過程之外,或者為了排除某人消費該物品而需付出無窮大的代價,則稱其具有非排他性。非競爭性是指一種產品一旦被提供,其他人消費它的邊際成本為零。簡單地說,非競爭性指的是消費時的共用性。

滿足「非排他性」與「非競爭性」這兩個屬性的物品就稱為純公共品。純公共品必須以「不擁擠」為前提。一旦擁擠,增加一個消費者就會影響別人的消費,從而影響「公共品」的性質。同時,「非排他性」也有這樣的含義,即使某種公共品對於某個社會成員來說是不必要的,他也別無選擇,只能消費這類服務。比如,某國建造導彈系統,有些公民便會認為增加導彈只會使軍備競爭升級,從而危及國家安全,於是會反對建造導彈系統。但是,一旦政府決定建造該導彈系統,你就算反對,也只能接受這種消費。因此,「非排他性」也包含了「無可逃避性」這一含義。

但是,在實際生活裡,「擁擠程度」是可以由量變累積成質變的,因此「非競爭性」的程度也是會發生變化的。這樣,公共品的分類就不是純粹的,而事實上我們面對的是大量非純粹的公共品。比如,一個大圖書館,如果讀者少,可以對任何人開放,這時它便是公共品;但隨著讀者數量的增加,就會發生擁擠問題,這不利於嚴肅的學術研究,於是就要設置種種限制,讓教授優先啦,進門要查證啦,等等。於是,我們有必要對日常生活中遇到的純粹公共品與非純粹公共品進行分類。分類仍是按「非排他

性」與「非競爭性」這兩個標準來進行的(見表13-1)。

表13-1　　　　　　　　　　　　公共品和私人品

	非競爭性	競爭性
非排他性	純公共品(如國防、天氣預報)	準公共品(在高峰期開車通過鬧市區)
排他性	準公共品(在不擁擠時上網、看電影、上公園等)	私人品(穀物、成衣、飲料)

在表13-1中,只有左上角是純公共品,右上角與左下角都是非純公共品,而右下角則是私人品。具有非排他性但具有競爭性的物品如交通,是難以設置足夠的收費亭來監控的,因這樣做社會成本太高,也不利於交通暢通,但在鬧市區你開車當然會影響別人行車,於是會出現阻塞。具有排他性但不具有競爭性的公共品如上網,上網要收上網費,當然可以排除某一個消費者,但網路在未飽和之前是不會由於增加一個消費者而增加成本的。對非純公共品,有時也稱「混合品」或「準公共品」。

二、離散的公共物品供給

1. 行為人的預算約束和效用函數

為了便於理解,我們考慮簡單的例子:同寢室的兩個學生甲和乙,考慮是否購買一臺電視機,這臺電視機在寢室裡面屬於公共物品。

用 $w_甲, w_乙$ 分別表示甲和乙兩個學生的財富數量,他們用在私人物品上的貨幣數量分別為 $q_甲$ 和 $q_乙$;相應地,他們用於公共物品的支出為 $g_甲$ 和 $g_乙$。假設總的財富被分配在公共物品和私人物品上面,因此他們的預算約束方程就為:

$$q_甲 + g_甲 = w_甲$$
$$q_乙 + g_乙 = w_乙$$

如果電視機的價格為 c,那麼只有當 $g_甲 + g_乙 \geq c$ 時,兩個人才能消費一個單位的公共物品。

每個人的效用函數都是由他或她的私人消費和公共品的可得性來決定的。如果公共物品的數量用 G 表示, $G=0$ 表示沒有電視機, $G=1$ 表示一臺電視機,那麼甲和乙兩人的效用函數就分別為:

$$u_甲 = u_甲(q_甲, G)$$
$$u_乙 = u_乙(q_乙, G)$$

值得注意的是,每一個人的私人消費都用下標表明物品是由行為人甲或乙消費的,但是公共品沒有下標,它是由兩個人公共消費的。不同的消費者雖然消費數量不同的私人物品,但是會消費數量相同的公共物品,這就是對公共物品消費的非排他性和非競爭性的刻畫。

2. 提供公共品的條件

下面我們要分析的問題是：在什麼條件下存在著一種支出方案$(g_甲, g_乙)$使得購買電視機相對於不購買電視機是一種帕累托改善，也就是比較在什麼條件下兩個人對資源配置$(w_甲 - g_甲, w_乙 - g_乙, 1)$的偏好都強於對資源配置$(w_甲, w_乙, 0)$的偏好。根據帕累托改善的定義，這要求滿足：

$$u_甲(w_甲, 0) < u_甲(w_甲 - g_甲, 1)$$
$$u_乙(w_乙, 0) < u_乙(w_乙 - g_乙, 1)$$

這個條件的經濟學含義是什麼呢？

首先，我們定義兩個人對電視機的保留價格是他們在付費購買電視機和不購買電視機之間無差異的價格。比如，如果行為人甲支付了這種保留價格$r_甲$並得到一臺電視，他可以用於私人消費的財產就為$w_甲 - r_甲$；如果他不購買電視機，就有$w_甲$的財產可用於私人消費。同樣地，如果行為人乙支付了這種保留價格$r_乙$並得到一臺電視，他可以用於私人消費的財產就為$w_乙 - r_乙$；如果他不購買電視機，就有$w_乙$的財產可用於私人消費。因此，兩個人的保留價格$r_甲, r_乙$滿足：

$$u_甲(w_甲, 0) = u_甲(w_甲 - r_甲, 1)$$
$$u_乙(w_乙, 0) = u_乙(w_乙 - r_乙, 1)$$

這樣，帕累托改善的條件就變成：

$$u_甲(w_甲 - g_甲, 1) > u_甲(w_甲 - r_甲, 1)$$
$$u_乙(w_乙 - g_乙, 1) > u_乙(w_乙 - r_乙, 1)$$

由於公共物品和私人物品都是合意的商品，因此兩個人的效用函數都滿足單調性，因此帕累托改善的條件就是：

$$w_甲 - g_甲 > w_甲 - r_甲$$
$$w_乙 - g_乙 > w_乙 - r_乙$$

這就意味著要滿足：

$$g_甲 < r_甲$$
$$g_乙 < r_乙$$

這就是說，當每個人對公共物品的保留價格高於需要實際支付的價格時，提供公共物品是一種帕累托改善。

上面的條件可以改寫為$r_甲 + r_乙 > g_甲 + g_乙 = c$，這是說如果所有消費者對公共物品的保留價格之和高於公共物品的價格，購買公共物品就是帕累托改善。

由於保留價格取決於偏好和財富分配，從而有些財富的分配在提供公共物品時實現帕累托有效率；而另外一些財富的分配則在根本不提供公共物品時實現帕累托有效率。為了理解這一點，我們設想極端的情況。如果寢室裡面兩個人一個喜歡電視機，而另一個人持無所謂的態度，這個人對電視機的保留價格為零，這樣如果財富

全部分配給了這個人,電視機就不會被提供,但如果是相反的財富分配,電視機就會被提供。

3. 公共品私人供給的無效率

下面我們要說明的是公共物品的特殊性往往會導致公共物品供給無效率。假設寢室裡面兩個消費者的初始財產都為500,偏好相同,對電視機的保留價格都為300,電視機的成本為400,保留價格總和高於成本,購買電視機是帕累托有效率的。

如果兩個人都付費,購買電視機的費用在兩個消費者之間平攤;如果只有一個消費者付費,由他獨自承擔全部的費用。由於每個人的效用都取決於其他人的選擇,因此我們需要運用博弈論來分析他們的選擇。這個問題的支付矩陣如圖13-10所示:

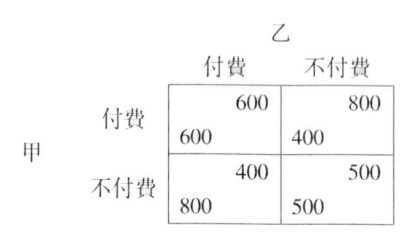

	乙 付費	乙 不付費
甲 付費	600, 600	400, 800
甲 不付費	800, 400	500, 500

圖 13-10 公共品的私人供給博弈

運用博弈論的求解方法,我們發現這個博弈中的(不付費,不付費)是納什均衡,但是這個結果是帕累托無效率的,因為雙方分攤成本提供公共物品是帕累托改善。這種無效率的情況同樣屬於囚徒困境:雖然聯合消費公共物品好於不消費公共物品,但是,一方面,如果其他人不付費,一個消費者獨自提供公共物品的效用小於公共物品的費用;另一方面,如果其他人負擔了公共物品的費用,未付費的消費者同樣可以消費公共物品並獲得效用。上述兩個原因使得每個消費者都選擇不付費,這種行為機制被稱為搭便車,說明了公共物品供給不足的原因。

三、連續性公共物品的最優供給數量

在前面的分析中,公共品是離散的,因而我們的分析局限在是否提供公共物品上,或者說他們面對的是一種非此即彼的選擇。但是我們還需要回答公共物品的最優供給數量問題。特別地,為了運用微積分的方法,我們希望能夠連續定義公共物品的量。

如果我們用 G 表示電視機的質量,那麼它就成了一個可以連續定義的變量,前面分析的電視機的例子就能夠用於分析目前的問題。不同質量的電視機的購買費用不同,我們用 $c(G)$ 表示。這就是說,如果同一個房間的兩人要購買一臺質量為 G 的電視機,那麼他們就得花費 $c(G)$ 才能夠買到。

仍然假設兩個消費者,他們可行的資源配置必須滿足:

$$q_甲 + q_乙 + c(G) = w_甲 + w_乙$$

從中我們可以看到,公共物品的數量和私人物品的數量之間存在替代關係。

如果把學生乙的效用固定在某一水平 $u_乙$ 上,那麼帕累托有效率的配置就變成了下面的優化問題:

$$\max_{q_甲, q_乙, G} u_甲(q_甲, G)$$
$$\text{s.t. } u_乙(q_乙, G) = \bar{u}_乙 \text{ 且 } q_甲 + q_乙 + c(G) = w_甲 + w_乙$$

這一優化問題的拉格朗日函數為:

$$L = u_甲(q_甲, G) + \mu[u_乙(q_乙, G) - \bar{u}_乙] - \lambda(q_甲 + q_乙 + c(G) - w_甲 - w_乙)$$

一階條件為:

$$L_{q_甲} = \frac{\partial u_甲}{\partial q_甲} - \lambda = 0$$

$$L_{q_乙} = \mu \frac{\partial u_乙}{\partial q_乙} - \lambda = 0$$

$$L_G = \frac{\partial u_甲}{\partial G} + \mu \frac{\partial u_乙}{\partial G} - \lambda c'(G) = 0$$

根據一階條件中前面兩個方程,可以得到:

$$\lambda = \frac{\partial u_甲}{\partial q_甲}$$

$$\mu = \frac{\partial u_甲}{\partial q_甲} \bigg/ \frac{\partial u_乙}{\partial q_乙}$$

代入第三個方程,可以得到:

$$\frac{\partial u_甲}{\partial G} \bigg/ \frac{\partial u_甲}{\partial q_甲} + \frac{\partial u_乙}{\partial G} \bigg/ \frac{\partial u_乙}{\partial q_乙} = c'(G)$$

這一結果是什麼意思呢?上式的第一項和第二項分別是兩個消費者在私人物品和公共物品之間的邊際替代率,從而帕累托有效率的公共物品數量滿足:兩個消費者對公共物品的邊際替代率之和等於公共物品的邊際成本。這個結論由薩繆爾森在1954年提出,也被稱為薩繆爾森規則,如圖13-11所示。

為什麼滿足這個條件就實現了有效率配置呢?我們知道,邊際替代率的經濟學含義是邊際支付意願,因此這裡的邊際替代率反應的是人們對公共物品的邊際支付意願。如果邊際支付意願之和大於公共物品的邊際成本,增加公共物品的數量就可以提高福利,而最優的配置正好是增加公共物品的邊際支付意願等於邊際成本。

在一般均衡分析中,我們知道,私人物品的交換均衡滿足所有消費者的邊際替代率相等,而且都等於邊際轉換率(即邊際成本)。公共物品的配置效率和私人物品不同。之所以有這樣的區別,就是因為公共物品具有消費的非競爭性,增加消費者的邊際成本為零。

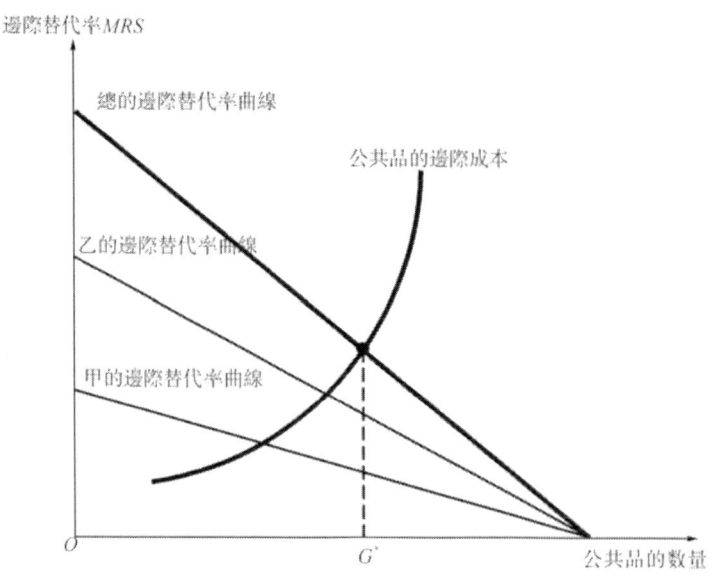

图 13－11 帕累托有效率的公共物品提供数量

註：邊際替代率之和等於邊際成本，決定了公共品的最優數量。

復習思考題

1. 假定有兩個具有相同偏好的人共居一室，他們的效用來自看電視的時間 x 與所吃的小吃量 y。特定的效用函數由下式給出：

$$u^i(x,y^i) = x^{\frac{1}{3}} y_i^{\frac{2}{3}} \quad (i=1,2)$$

假定每個人要花費 300 元，$p_x = 10$ 元，$p_y = 2$ 元，並且假定兩人是一起看電視的（禁止單獨收看電視）。那麼這兩個人該如何配置自己的收入，才符合薩繆爾森規則？

2. 假設兩個新聞紙生產廠商都位於河邊。上游廠商(Y)的生產函數為 $Y = 2,000L_Y^{1/2}$。這裡，L_Y 是每天雇傭的工人數量，而 Y 是以英尺計算的新聞紙的產出。下游廠商(X)具有同樣的生產函數，但其產出受廠商 Y 傾倒於河中的化學品的影響。

$$X = \begin{cases} 2,000L_X^{1/2}(Y-Y_0)^a, & Y > Y_0 \\ 2,000L_X^{1/2}, & Y \leq Y_0 \end{cases}$$

這裡，Y_0 表示河流對於污染物的自然承受能力。

假定新聞紙每英尺①賣 1 美元，工人每天掙 50 美元。

---

① 1 英尺 = 0.304,8 米。

(1) 計算無外部性時上游和下游廠商的利潤極大化產量和勞動雇傭量。

(2) 如果 $a = -0.1, Y_0 = 38,000$，計算存在外部性時上游和下游廠商的利潤極大化產量和勞動雇傭量。

(3) 假定廠商 X 和 Y 合併，管理者能夠對全部勞動力進行配置，證明在前述情況下分散做出的利潤最大化決策是無效率的。

3. 證明：在當事人為擬線性偏好的條件下，如果經濟中出現了外部性，那麼通過明晰產權的方法來解決外部性是能夠達到社會最優的，而且該結果與所有權的初始配置無關。

4. 處於不同地點的四家廠商向一條河中傾倒不同數量的廢水。廢水對下游居民的游泳質量產生不利影響。這些人可以建設游泳池來避免在河中游泳，而廠商可以購買過濾設備，消除向河中傾倒物質中的有害化學成分。作為一個地區計劃組織的政策顧問，你將如何比較下列消除廢水有害影響的選擇：

(1) 對位於河邊的廠商收同樣費率的廢水費。

(2) 對每家廠商可以傾倒的廢水水平規定同樣的標準。

(3) 實行可轉讓廢水許可證制度，確定廢水的總水平並給所有廠商一樣的許可證。

5. 一個養蜂人住在一個蘋果園旁邊。果園主人由於蜜蜂而受益，因為每箱蜜蜂大約能為一英畝[①]果樹授粉。然而，果園主人並不為這一服務付任何費用，因為蜜蜂並不需要他做任何事就會到果園來。蜜蜂並不足以使全部果園都得到授粉，因此果園主人必須以每英畝[②]果樹 10 美元的成本，用人工來完成授粉。

養蜂人的邊際成本為 $MC = 10 + 2Q$。式中，Q 是蜂箱數目。每箱蜜蜂產生價值 20 美元的蜂蜜。

(1) 養蜂人將會有多少箱蜜蜂？

(2) 這是不是經濟上有效率的蜂箱數目？

(3) 什麼樣的變動可以導致更有效率的運作？

---

① 1 英畝 ≈ 4,046.86 平方米。
② 1 英畝 ≈ 4,046.86 平方米。

第十四章 不對稱信息

由於獲得信息的難易程度和成本不同,市場上不同的交易主體擁有的信息數量和質量可能不同。在產品市場上,消費者可能難以分辨出哪些產品是高質量的,哪些產品是低質量的;相反,產品的銷售者(或生產廠商)卻可以輕而易舉地把高質量的產品和低質量的產品分離開來。在勞動市場上也存在類似的問題,雇員清晰地知道自己的能力和才干,但是雇主難以得到這些信息。如果交易的一方擁有更多的信息,我們稱之為信息不對稱。其中擁有信息較多的一方具有信息優勢,擁有信息較少甚至完全沒有信息的一方處於信息劣勢。

如果不對稱的信息產生於交易之前,我們稱之為隱藏信息或逆向選擇模型;如果不對稱的信息產生於交易之後,我們稱之為隱藏行動或道德風險模型。

本章分析說明信息不對稱的市場中的均衡,並且說明無效率是如何發生的及其解決機制。本章內容如下:第一節分析次品市場的逆向選擇模型;第二節介紹文憑的信號功能;第三節介紹勞動市場上的道德風險問題以及對經理人員的激勵問題;第四節介紹保險市場上的逆向選擇和道德風險問題。

第一節 次品市場的逆向選擇

由於阿科洛夫的思想貢獻,次品市場(Lemons)的典型代表是二手車市場。阿科洛夫創造性地指出信息不對稱導致同種質量的汽車在二手車市場上的售價遠遠低於新車市場上的售價。下面我們就以二手車市場為例,說明次品市場上的信息不對稱和逆向選擇問題。

一、逆向選擇和市場均衡

為了分析簡單,我們假設:①二手車市場的交易主體有兩個,一個是二手車的賣方(用下標 s 表示),另一個是二手車的買方(用下標 d 表示);②二手車的質量是賣方的私人信息,二手車的買方僅僅知道整個市場的質量分佈和質量均值(比如,買主可以通過買舊車前的信息搜索得知),此時買方的決策是不確定性下的選擇;③買方是風險中性的。

1. 買方的決策

假設潛在買主的效用函數為 $U_d = m + \alpha q n$。其中，m 表示舊車以外的消費，α 表示買方的偏好參數，q 表示舊車的質量，n 表示購買舊車的數量。假設每個買主最多購買一輛舊車，那麼 n 就是一個 0-1 變量，即如果購買就有 $n=1$，不買就有 $n=0$。

每一位潛在的買主面臨的預算約束為 $Y_d = m + pn$，或者寫成 $m = Y_d - pn$。其中，Y_d 表示潛在買主的收入。假設舊車之外的其他商品價格為 1，p 表示舊車的價格。由於信息不對稱，買主在面對魚龍混雜的二手車市場時無法在買車之前分辨出舊車的質量是高還是低，故此買主無法針對不同質量的舊車給出有差別的價格。因此，p 是獨立於舊車質量的單一價格。正是因為買主對質優和質次的舊車提供相同的價格，所以才會產生逆向選擇的問題。

由於買主僅僅擁有關於舊車質量的不完全信息，並且我們假設買主是風險中性的，因此其期望效用為 $E(U_d) = m + \alpha E(q) n$，即買主的期望效用 $E(U_d)$ 與舊車的期望質量的效用 $U(E(q))$ 是相同的。其中，$E(q)$ 表示二手車質量的均值。根據前提假設我們可以知道 $E(q)$ 是已知的。

把預算約束代入此期望效用函數，可得 $E(U_d) = Y_d + (\alpha E(q) - p)n$。顯然，當且僅當 $\alpha E(q) \geq p$ 時，買主會選擇 $n=1$，即購買一輛二手車。同時，因為一定時期內消費者的偏好參數 α 是固定的，所以 $\alpha E(q) \geq p$，也說明了買主願意支付的最高價格 p 取決於二手車市場的平均質量。

2. 賣方的決策

假設賣者的效用函數為 $U_s = m + \beta q n$，其中 β 表示賣者的偏好參數。假設賣者的預算約束為 $Y_s = m + pn$，代入賣者的效用函數，可得 $U_s = Y_s + (\beta q - p)n$。顯然，當且僅當 $\beta q \leq p$ 時，賣者會選擇 $n=0$，即出售自己的二手車。

3. 市場均衡和效率

假設 $\beta \leq \alpha$，表明發生交易是帕累托有效率的。如果信息是完全的，即買者也清晰地知道二手車的質量，那麼交易一定會發生，市場均衡是有效率的。但是，在不對稱信息約束下，交易發生的條件為 $\beta q \leq p \leq \alpha E(q)$，結果只有質量水平滿足 $q \leq \dfrac{\alpha}{\beta} E(q)$ 的商品才會成交。

從上面的分析過程中我們可以看出，當賣者擁有二手車的私人信息，並且買者在購買前不清楚舊車的實際質量時，買者在購買舊車時是按照平均質量出價的，這時只有低質量的舊車賣者才願意出售，高質量舊車的賣者不會出售他的商品。這時候逆向選擇就發生了，舊車市場上只有低質量的汽車可以賣出去。在賣者的逆向選擇發生後，買者會修正自己對二手車市場上汽車質量的預期，降低他的出價，而買者出價的降低又引發了新一輪的賣者逆向選擇。如果這樣的過程一直繼續下去，最終當逆

向選擇結束時,市場也就達到了均衡。此時,二手車市場可能徹底消失了。

二、例題

下面我們用具體的數字,按照上面的模型分析過程來說明二手車市場的逆向選擇問題。

令 $\alpha = \frac{3}{2}$, $\beta = 1$, $q \sim U[0,2]$(即二手車的質量 q 服從均勻分佈)。因為 $q \sim U[0,2]$,所以買主在二手車市場上挑到高質量汽車的概率和挑到低質量汽車的概率密度一樣大,即均為 $\frac{1}{2}$;二手車市場上的質量均值為 $E(q) = \int_0^2 \frac{1}{2} dq = \frac{1}{2} \times (2-0) = 1$;把各種已知數據代入買主決策的充分必要條件 $\alpha E(q) \geq p$,可以得到 $p \leq \frac{3}{2}$,即面對 $q \sim U[0,2]$ 的質量分佈,買主的最高出價為 $\frac{3}{2}$;在最高出價 $\frac{3}{2}$ 確定後,賣主根據自己決策的充分必要條件 $q \leq \frac{\alpha}{\beta} E(q)$,決定二手車市場上提供的汽車質量,即 $q \leq \frac{3}{2}$,也就是說此時只有那些質量小於 $\frac{3}{2}$ 的二手車才會被選擇賣出,而對於質量高於 $\frac{3}{2}$ 的汽車,賣主將選擇不賣。

於是,二手車的質量分佈退化為 $q \sim U[0, \frac{3}{2}]$,即由於高質量的二手車退出了市場交易,發生了第一次二手車市場上的逆向選擇。接下來,買主預見到了二手車市場上汽車質量的分佈發生了變化,並且迅速地修正了自己的預期。買主根據新的質量分佈 $q \sim U[0, \frac{3}{2}]$,得知此時的質量均值為 $E(q) = \frac{3}{4}$,買主願意支付的最高價格變為 $p = \frac{9}{8}$,此時賣主提供 $q \leq \frac{9}{8}$ 的汽車,質量高於 $\frac{9}{8}$ 的汽車將退出市場,第二次逆向選擇發生了。至此,二手車的質量分佈進一步退化為 $q \sim U[0, \frac{9}{8}]$,照此不斷繼續下去,高質量的二手車會不斷地退出舊車市場,市場上出售的舊車質量會越來越差。

那麼,什麼時候能夠達到均衡呢?根據均勻分佈函數的計算過程可以看出,只有 $p = 0$ 才是均衡解,所以二手車市場在經歷一次次的逆向選擇之後,最終會徹底萎縮。

第二節　文憑信號模型

在第一節中我們分析了次品市場存在信息不對稱時發生逆向選擇的過程及導致的市場無效率結果。逆向選擇不僅會出現在商品市場上,也會出現在勞動力市場上。在本節我們根據斯賓塞(Spence)於 1974 年建立的文憑信號模型來分析說明:勞動者的受教育程度提高即使不會提高其勞動生產率,也可以作為顯示能力的信號發揮作用。

假設所有工人可以分為兩種類型:高素質能幹的工人(用下標 1 表示)和低素質不能幹的工人(用下標 2 表示)。能幹的工人的邊際產量為 a_1,不能幹的工人的邊際產量為 a_2,且有 $a_1 > a_2$;用 w 表示工人的工資水平;廠商的生產函數是線性的 $Q = a_1 L_1 + a_2 L_2$。

假設廠商之間的競爭使得企業按照勞動者的邊際產量確定其工資水平。這樣在完全信息情況下,能幹的工人得到 $w_1 = a_1$ 的工資,不能幹的工人得到 $w_2 = a_2$ 的工資。

如果廠商僅擁有關於不同勞動者能力的不完全信息,那麼按照平均生產率確定平均工資率 $\bar{w}$,此時有 $w_2 < \bar{w} < w_1$。由於不同能力的勞動者面對相同的工資率 $\bar{w}$,並且因為 $w_2 < \bar{w}$,不能幹的勞動者一定會接受,但是能幹的勞動者未必會接受 $\bar{w} < w_1$ 的工資水平。如果他不接受就會發生逆向選擇,能幹的勞動者選擇退出勞動力市場。

下面我們要說明的是,高能力的勞動者可以通過選擇一個足夠高的受教育程度作為信號顯示自己的能力信息。用 e 表示受教育的程度,勞動者為此承擔的成本為 $C(e)$。假設高生產能力的人的教育成本要低於低生產能力的人,為此我們設低生產能力的人的教育成本為 $C(e) = e$,高生產能力的工人的教育成本為 $C(e) = ke$,其中 $k < 1$。勞動者的收益可以寫成 $U = w - C(e)$。

接下來我們考察工人和廠商是如何做出各自的決策的:工人要做出到底要接受多少教育的決策;廠商必須要做出應該向具有不同教育程度的工人支付多少工資報酬的決策。雖然行動的順序是勞動者先選擇受教育的程度,但是分析的順序正相反。

假設教育不改變勞動生產率,廠商根據勞動者的受教育程度判斷其能力類型。設有一個臨界教育水平 e^*,e^* 有這樣的功能:若工人的受教育程度滿足 $e \geq e^*$,則認為該工人具有高生產能力(即該工人是能幹的),此時廠商做出決策,即付給 $w_1 = a_1$ 的工資報酬;若工人的受教育程度滿足 $0 \leq e < e^*$,則認為該工人具有低生產能力(即該工人是不能幹的),此時廠商做出決策,即付給 $w_2 = a_2$ 的工資報酬。

認識到受教育的作用之後,勞動者如何選擇受教育的程度呢?由於教育不改變

生產能力,因而如果勞動者選擇用教育顯示信息,就一定會選擇 $e = e^*$ 的教育水平,而不希望用教育顯示信息的人則選擇教育水平為零。

下面,我們要分析的就是,e^* 滿足什麼特徵時,高能力的人會選擇接受教育,而低能力的人會選擇不接受教育。它需要滿足:能幹的工人選擇 $e = e^*$ 的收益要比選擇 $e = 0$ 的收益大;而不能幹的工人選擇 $e = 0$ 的收益比選擇 $e = e^*$ 的收益要大。有

$$\begin{cases} w_1 - ke^* > w_2 - 0, 對於能幹的工人 \\ w_2 - 0 > w_1 - e^*, 對於不能幹的工人 \end{cases}$$

由此我們可以得到教育臨界水平 e^* 應該滿足:

$$w_1 - w_2 < e^* < \frac{w_1 - w_2}{k}$$

在上述條件下,勞動者利用受教育的程度向廠商發送了能力信號,廠商由此擁有了勞動者的能力信息,針對不同能力的勞動者制定不同的工資率。這時勞動市場均衡被稱為分離均衡。上述條件就給出了實現分離均衡的受教育程度。

第三節 道德風險與激勵

所有者和管理者之間的關係是現代企業理論的核心內容。管理者的行動會影響所有者的利益,但是所有者往往無法完全監督管理者的行動,這時就存在道德風險問題。假設所有者是股東,管理者被稱為經理,下面我們考察股東如何激勵經理以增加自身的利益。

我們假設:①經理的行動用 a 表示,股東無法直接觀測到此行動;②經理的行動和無法控制的隨機事件 ε 共同決定產出,記為 y,可以表示企業在證券市場上的股票價格、利潤、產量或產值等;③經理採取行動 a 的成本為 $C(a)$,並且有 $C'(a) > 0$,$C''(a) > 0, C(0) = 0$;④股東提供給經理的工資記為 w。

股東和經理的行動順序如下:首先,股東確定經理的工資報酬合約;其次,經理選擇行動;再次,隨機事件和經理的行動共同決定產出;最後,股東根據實際產出支付工資給經理。

一、股東和經理都是風險中性的情況

為簡化分析,我們假設生產函數為 $y = f(a, \varepsilon) = a + \varepsilon$,其中 $\varepsilon \sim N(0, \sigma^2)$,即有 $E(\varepsilon) = 0, V(\varepsilon) = \sigma^2$。假設經理的工資合約是線性合約,即 $w = s + by$,其中 s 是固定工資,b 是獎金率或利潤留成比率。

經理的效用函數為 $U = w - C(a)$。根據生產函數的設定,以及其風險中性的假

定,經理選擇行動就是求解下面的優化問題:

$$\max_a E[s + ba - C(a)]$$

最優行動 a^* 滿足一階條件 $C'(a^*) = b$。其經濟含義是:經理的最優選擇滿足其行動的邊際成本正好等於邊際收益 b。其中,b 代表激勵強度,b 越大則激勵強度越大,b 越小則激勵強度越小。

若 $b = 0$,則代理人的報酬方案為固定工資合約。在股東無法監督經理行動的情況下,經理會選擇完全偷懶,即 $a = 0$,這就產生了道德風險問題。

當 $b = 1$ 時,經理就得到了對全部產出的剩餘索取權,為此他需要向股東支付固定的費用。在這種安排的激勵下,經理的行動是有效率的。但是這種安排使得經理面對全部的風險,從而只有經理是風險中性時才是最優的安排。

二、股東風險中性、經理風險規避的情況

假設風險規避經理的效用函數為 $u(x) = -e^{-rx}$,r 衡量的是經理對風險的不變的絕對規避程度。

由於經理的報酬滿足 $E(w - C(a)) = s + ba - C(a)$,$V(w - C(a)) = b^2\sigma^2$,因此其確定性等值為 $CE(s, b) = s + ba - C(a) - \frac{1}{2}rb^2\sigma^2$,這就是經理試圖最大化的目標函數。而委託人的目標函數為

$$E(\pi(s, b)) = (1 - b)a^*(b) - s$$

委託人面對的問題就是在經理的參與約束和激勵相容約束下選擇激勵合約並最大化自身的期望利潤,此優化問題為:

$$\max_{s,b}[(1-b)a^*(b) - s]$$

s. t. $a \in \arg\max_a \left[s + ba(b) - C(a(b)) - \frac{1}{2}rb^2\sigma^2\right]$ (激勵相容約束);

$s + ba(b) - C(a(b)) - \frac{1}{2}rb^2\sigma^2 \geq \underline{CE}$ (參與約束)

為了簡化分析,我們令 $\underline{CE} = 0$,設 $C(a) = \frac{1}{2}a^2$,則有 $C'(a) = a = b$,令拉格朗日乘數為 1,則這一最大化問題的解為:

$$b^* = \frac{1}{1 + \sigma^2 r}$$

從這一表達式可知:第一,若 $r \to \infty$ 則 $b = 0$。這是說,如果經理不願意承擔任何風險,那麼激勵系數為 0,即股東為經理提供完全保險,經理得到固定工資報酬合約。第二,若 $r = 0$ 則 $b = 1$。這是說,如果經理是風險中性的,那麼最優的激勵系數為 1,

此時經理雖然承擔全部的風險,但是要承擔行動的全部后果。第三,若 $r>0$ 則 $b<1$。這是說只要經理是規避風險的,最優的激勵取決於對經理的激勵和保險的權衡。

第四節　保險市場

保險市場是一個典型的信息不對稱市場,既存在隱藏信息(或者說逆向選擇)的問題,又存在隱藏行動或者說道德風險的問題。

下面的分析都遵循以下假設:①有兩類投保人:一類屬於高風險投保人,他們發生損失的概率為 π_H;另一類屬於低風險投保人,他們發生損失的概率為 π_L,且有 $\pi_H > \pi_L$。②投保人面臨兩個狀態且彼此獨立,狀態 1 表示沒有發生損失,狀態 2 表示發生了損失。③用 L 表示發生的損失。④用 X 表示發生損失時保險公司的賠付額,若 $X=L$,稱為完全保險,即發生的所有損失都由保險公司賠償;若 $X<L$,稱為不完全保險,即保險公司只賠償所有損失的一部分,另外一部分由投保人自行負擔,用 D 表示投保人自負部分的損失。⑤用 P 表示保險公司收取的保險費,那麼使保險公司的期望利潤為 0 的公平保險費為 $P=\pi X$,此時的保險費率等於投保人發生損失的概率。⑥用 a 表示投保人在預防措施上支付的金額。⑦用 W 表示投保人的財富水平,W_0 表示初始財富水平,W_1 表示狀態 1 時的財富水平,W_2 表示狀態 2 時的財富水平。⑧保險公司完全競爭,分析時不考慮保險公司的其他營運成本,假設其他營運成本為 0。

一、逆向選擇問題

「逆向選擇」一詞最早出現在保險市場上,保險市場的逆向選擇主要產生於保險公司和投保人之間關於所投保的不確定事件存在的信息差異。投保人比保險公司更清楚不確定事件發生的真實概率,換句話說,保險公司不能清楚地區分哪些是高風險的投保人哪些是低風險的投保人。下面我們將分析面對不同風險類型的投保人,保險公司是如何制定有效的保險合約的。

1. 信息完全

如果保險公司可以區分不同風險類型的投保人,那麼保險公司會收取公平的保險費,即對高風險的投保人收取 $P=\pi_H X$,對低風險的投保人收取 $P=\pi_L X$。追求自身期望效用最大化的投保人都會選擇完全保險,從而達到分離的均衡。圖 14-1 顯示了不同類型的投保人在公平保險和狀態獨立的情況下的選擇。如果對此模型和結論尚不清楚的,可以參考本書的第六章第三節內容。

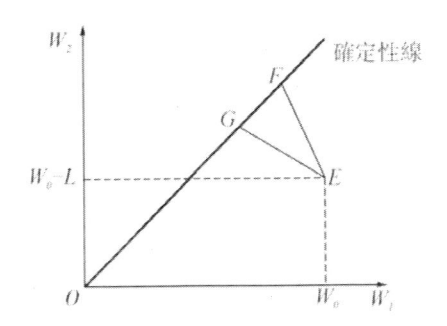

圖 14-1 信息對稱下的保險市場的分離均衡

E 點代表投保人的初始位置：在狀態 1 沒有損失的情況下得到 W_0；在狀態 2 有損失的情況下得到 W_0-L。此時兩種類型的投保人都將願意向確定性線移動以實現自身效用的最大化。EF 的斜率為 $-(1-\pi_L)/\pi_L$，EG 的斜率為 $-(1-\pi_H)/\pi_H$，分別表示了兩種類型的投保人通過購買公平保險用 W_1 交換 W_2 的市場機會，即每增加 1 單位的保險就會使 W_1 減少 π，同時使 W_2 增加 $1-\pi$。這樣，低風險的投保人在 F 點實現了效用最大化，高風險的投保人在 G 點實現了效用最大化，兩種風險類型的投保人分別選擇了 F 點和 G 點對所有損失進行完全保險，此時分離均衡就實現了。

2. 信息不對稱

信息不對稱的比較現實的情況是：保險公司並不十分瞭解要參加保險的人究竟是低風險類型的，還是高風險類型的，此時上述的分離均衡就很難實現了，原來的保險合約變得不再可行。保險公司只能根據期望風險確定平均保險費率 π，由於 $\pi_L<\pi<\pi_H$，這會導致低風險類型的投保人選擇投保不足，而高風險的投保人選擇過度保險。這就是保險市場上的逆向選擇問題。

那麼怎樣實現信息不對稱條件下的分離均衡呢？這就要求保險公司為兩種類型的投保人設計的保險合約滿足激勵相容條件，即為了阻止高風險的投保人隱藏風險信息，保險合約必須滿足：高風險的投保人如果選擇了為低風險投保人設計的合約將無利可圖。

高風險投保人之所以會有激勵選擇隱藏風險信息，是因為他希望買與提供給低風險投保人的較低保險費率相同的損失保險。這時，如果保險公司只為低風險投保人提供部分保險，而部分保險不足以滿足高風險投保人的需要就可以阻止高風險投保人隱藏信息。在實際操作中保險公司就可以通過選擇不同的自負部分 D 和保險費 P 來實現分離均衡。自負部分 D 和保險費 P 的替代作用如圖 14-2 所示：

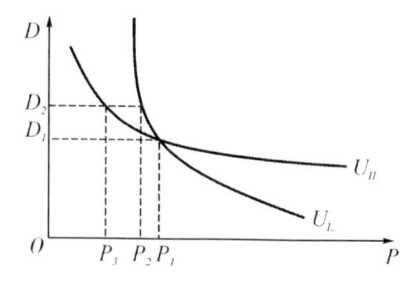

圖 14-2　信息不對稱下的保險市場的分離均衡

圖中 U_L 和 U_H 分別表示低風險投保人的無差異曲線和高風險投保人的無差異曲線。我們可以看出 U_H 比 U_L 要平坦一些,這是因為:

$$期望效用\ E(U(W)) = (1-\pi)U(W_1) + \pi U(W_2)$$

所以

$$-\frac{dW_2}{dW_1} = \frac{(1-\pi)U'(W_1)}{\pi U'(W_2)}$$

如果所有投保人的效用函數相同,僅是損失發生的概率不同,那麼由於 $1-\pi_H/\pi_H < 1-\pi_L/\pi_L$,高風險投保人的無差異曲線更平坦一些。

由圖 14-2 可以看出,從點 (P_1, D_1) 出發,當自負部分 D 由 D_1 上升到 D_2 時,低風險投保人認為對自己的影響不大,只要求保險費從 P_1 下降到 P_2 即可;對高風險投保人而言,這意味著他面臨的損失風險大大上升,只有保險費從 P_1 下降到 P_3 才能彌補自負部分上升帶來的損失。

由於不同風險類型的投保人的損失概率不同,因此他們對於 D 和 P 的偏好是不同的:低風險投保人因為面臨的損失概率小,所以更傾向於選擇較高的自負比率和較低的保費組合;高風險投保人由於面臨的損失概率大,因此更傾向於選擇較低的自負比率和較高的保費組合。

二、道德風險

發生在保險市場上另一個有趣的現象是道德風險,投保人的行動可以影響不確定事件發生的概率,比如:人們可以採取為汽車購買防盜裝置,或者把汽車停放在失竊率低、安全可靠的停車場的行動以降低汽車丟失的概率。但保險公司無法時時瞭解這些風險事件發生的真實概率,並且也不可能選擇支付高昂的代價以持續不斷地監督投保人的行動。從下面的分析中我們可以看出,保險公司在面對信息不對稱時,投保人的道德風險就會發生。

1. 完全監督

假設風險厭惡的投保人面對一項風險事件,如果他沒有參加保險,那麼他會有激勵採取一些預防措施,使得再多增加 1 單位的預防支出所帶來的邊際效用等於其邊

際成本,以達到個人期望效用的最大化。如果他參加了保險,情況就會變得不一樣了,假設保險公司對投保人的行動進行完全監督,此時信息是完全的,不存在投保人私人信息。

在兩種狀態下投保人的財富水平分別為:
$$W_1 = W_0 - a - P$$
$$W_2 = W_0 - a - P - L + X$$

這樣,其期望效用水平為 $E(U(W)) = (1-\pi)U(W_1) + \pi U(W_2)$。

投保人對 a 和 X 進行選擇,以達到期望效用最大化。顯然,這裡 P 是 X 的函數,即投保人支付的保險費由保險公司的賠償額決定;π 是 a 的函數,即預防性措施會改變風險事件發生的概率。在保險公司完全監督的情況下,他可以清楚地知道投保人是否採取了預防措施以及採取了多少預防措施,從而可以針對不同風險類型的投保人收取公平的保費 $P = \pi X$。在狀態獨立的假設前提下,投保人會選擇 X 的水平使得 $W_1 = W_2$,以實現期望效用最大化。在公平保險費率下,投保人選擇完全保險,即 $X = L$。

在完全保險下,投保人選擇 a 的水平以實現期望效用最大化,要滿足的一階條件為:

$$\frac{\partial E}{\partial a} = -U(W_1)\frac{\partial \pi}{\partial a} - (1-\pi)U'(W_1)\left(1 + L\frac{\partial \pi}{\partial a}\right) - \pi U'(W_2)\left(1 + L\frac{\partial \pi}{\partial a}\right) + U(W_2)\frac{\partial \pi}{\partial a}$$

$$= 0$$

我們可以得到 $-\frac{\partial \pi}{\partial a}L = 1$。等式的左邊是增加預防支出的邊際收益(即減少的保險費),等式的右邊是增加預防支出的邊際成本。當二者相等時,投保人實現了效用最大化。

2. 部分監督

如果保險公司無法對投保人的行為進行完全監督,保險公司就無法準確地知道損失的真實概率是多大,從而不能對每個投保人收取與他的真實風險類型相對應的保險費了。此時,保險公司或許會採取最簡單的保費收取政策,即利用一組人發生損失的平均概率來設定保費,並且不對任何個別防護性行動提供例外。那麼,所有的投保人都會有激勵減少自己的預防性行動,因為任何預防性行動都是要支付費用的,也就是說投保人因為參加了保險而發生了道德風險。這裡的道德風險只是反應了個人在面對風險事件時因採取了某些行動而改變了風險事件發生的概率,並不是倫理上的道德敗壞。

那麼,怎樣規避保險市場上的道德風險呢?實際上,保險公司並不想向投保人提供完全保險,他們希望投保人能夠共同分擔風險事件的損失。所以,保險合約中往往都包

含「免賠額」條款,在保險索賠中投保人都要支付這部分金額。這樣,保險公司就通過使投保人支付部分賠償金的方式,促使投保人有激勵採取一定的預防行動。現實中,保險公司規避道德風險的方法有很多,比如設定止付線、起付線、共保率等。這三種方法都是通過適度提高投保者的自付比例,最終達到控制道德風險的目的的。

復習思考題

1. 假設二手車市場上有100個人想出售他們的二手車,還有100個人想要買二手車,其中50%是高質量的,50%是低質量的。高質量二手車的所有者希望能夠賣2,000美元,低質量的二手車所有者希望能賣1,000美元。舊車的購買者願意對高質量的二手車支付2,400美元,對低質量的二手車支付1,200美元。那麼達到市場均衡時由交易產生的最大消費者剩餘是多少?

2. 假設有兩類工人:能幹的工人和不能幹的工人。工人的工資由能力決定——能幹的工人賺50,000元,不能幹的工人賺30,000元。廠商不能度量工人的能力,但是他可以瞭解工人是否有高中文憑。工人的效用由他們的工資與為獲得文憑所支付的費用的差額決定。

(1)如果能幹的工人與不能幹的工人在獲取高中文憑上的花費是一樣的,那麼在此情況下,是否可以存在一種能幹的工人拿高工資,不能幹的工人拿低工資的分離均衡呢?

(2)能幹的工人為了獲得高中文憑所願意支付的最高費用是多少?如果有一種文憑可以讓雇主去識別能幹的工人,那麼為什麼對於不能幹的工人來說,這種文憑一定要使其花費更多?

3. 請用逆向選擇說明強制保險的原因。

4. 請解釋為什麼很多保險都有免賠比例。

5. 經理對股東的貢獻為 $y = ka + \varepsilon$, a 是經理的努力程度, $\varepsilon \sim N(0, \sigma^2)$, 經理的努力成本函數為 $C(a) = ma^2, m > 0$。

(1)求當經理的努力可觀察時的最優契約。

(2)當努力不可觀察時,股東提供了一個線性契約 $w = s + by$, 求風險中性的經理的反應函數。

(3)如果經理是風險規避的且考察效用函數為 $u(x) = -e^{-rx}$, 請說明最優的激勵係數。

第十五章 社會福利與公共選擇

本章分析公共選擇機制和社會福利函數的形式及其含義。本章的內容安排為:第一節介紹不同的社會選擇機制中加總個體偏好的方法並提出著名的阿羅不可能性定理;第二節介紹幾種社會福利函數的表達式及其性質;第三節介紹有關公平配置的問題。

第一節 社會選擇

社會在面臨許多同時存在的帕累托有效率狀態時,該怎樣選擇呢? 怎樣的福利分配方案才是更好的呢? 要回答這些問題,我們需要找到一種可以加總個體福利為社會福利的方法,即從個體的偏好出發構造出社會的偏好。

在前面學習過的消費者行為理論中,我們定義的消費者偏好是消費者針對自己的商品束確定的。現在我們把這一概念擴大為:單個消費者對消費者之間整個商品配置的偏好。用 X 表示某一種資源配置,描述每個消費者所得到的每種商品的數量。給定兩種資源配置 X 和 Y,消費者 i 可以做出他對 X 和 Y 的偏好排序。在這裡,我們仍然假定消費者的偏好具有完備性和傳遞性。在所有經濟行為人的偏好給定的條件下(即我們可以獲知每個經濟行為人是如何排列各種資源配置的順序的),我們就可以借助這些信息來描述各種資源配置的社會排序,也就是說我們可以找到加總個人偏好為社會偏好的方法。要理解這個社會決策問題,我們先來看幾個簡單的例子。

加總個人偏好的一種方法是利用某種投票機制。我們先來考察多數人投票機制,這種投票機制認為:如果多數消費者偏好 X 勝過 Y,那麼社會偏好 X 勝於 Y。讓我們來考察一下表 15-1 所示的例子。

表 15-1　　多數人投票機制——導致非傳遞性投票偏好

投票人 A	投票人 B	投票人 C
X	Y	Z
Y	Z	X
Z	X	Y

表 15-1 是三個投票人對三種配置 X,Y,Z 所做的排列選擇。從表 15-1 中我們可以觀察到:大多數人偏好 X 勝過 Y,大多數人偏好 Y 勝過 Z,大多數人又偏好 Z 勝過 X。這表明由多數人投票決定的社會偏好不是理性的偏好,因為它不具有傳遞性。非傳遞性的偏好使得選擇集 (X,Y,Z) 中不存在最優的選擇,社會選擇哪種結果將取決於投票的順序,這被稱為投票悖論。

例如:我們先讓社會在 X,Y 之間選擇,然后再在勝者和 Z 之間選擇。由於在這一次選擇中多數人偏好 X 勝過 Y,因此第二次選擇在 X 和 Z 之間進行。又因為大多數人偏好 Z 勝過 X,所以最終的結果是 Z。

如果我們改變投票的順序:現在投票選擇 X 和 Z,Z 將勝出;再投票選擇 Y 和 Z,而大多數人偏好 Y 勝過 Z;最終結果是 Y,Z 被淘汰了。

后期的研究發現,之所以會出現投票悖論是因為某些投票者的偏好不是單峰的。偏好單峰指的是只有一個局部最大化選擇。按照表 15-1 所示的偏好順序,若投票人 C 的偏好不是單峰的,則他有兩個局部最大化選擇,如圖 15-1 所示:

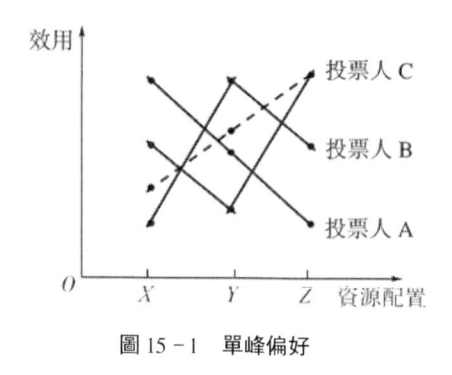

圖 15-1　單峰偏好

從圖 15-1 中我們可以看出投票人 C 的偏好是雙峰的,他有兩個局部最大化選擇即 X 和 Z,正是這些偏好導致了循環投票。如果修正投票人 C 的偏好,使其變成單峰的,如圖 15-1 中虛線所示,此時只有一個局部最大化選擇 Z。修正后,三個投票人的最優選擇是 Y。Y 正好是投票人 B 的最優選擇,即此時社會偏好和投票人 B 的偏好一致,投票人 B 被稱為中間投票人。我們可以用中間投票人的偏好來代替社會的偏好。這個結果具有一般性,適用於任何數量的投票人,如果選擇都是一維的並且偏好是單峰的,那麼多數人投票機制將會選擇出中間投票人最偏好的方案。中間投票人的偏好決定社會的選擇。從模型看上去是中間人獨裁,但他的選擇一定是獲得多數票的選擇。

我們來考察另一種投票方法——排列順序投票方法。每個人按照偏好排列不同的資源配置並據此標上一個表明順序的號碼,最優選擇為 1,次優為 2,以此類推。一種配置的社會評價就是所有投票人評價的加總,得分低的配置更為社會所偏好。假定只有 X 和 Y 可供選擇,並且投票人 A 和投票人 B 對 X 和 Y 的偏好不同;投票人 A 偏好 X,把 X 的序號定為 1,把 Y 的序號定為 2;投票人 B 的偏好正好相反,把 Y 的序號定為 1,

把 X 的序號定為 2。因此,兩種選擇加總后,投票的結果是均為 3,彼此不分勝負,社會無法做出選擇。如果我們引入第三種選擇 Z,投票人 A 和投票人 B 對這三種選擇的偏好排序如表 15-2 所示:

表 15-2　　　　　　　　　　　排列順序投票方法

投票人 A	投票人 B
X	Y
Y	Z
Z	X

從表 15-2 可以看出:X 的總分是 4,Y 的總分是 3,至此因為第三種選擇的引入,我們可以對 X 和 Y 做出判斷——社會對 Y 的偏好勝於 X。

多數人投票和排列順序投票都是存在問題的,多數人投票方法可能會因為改變投票表決的順序而被操縱,排列順序投票可能會因為引進新的選擇改變相關選擇的最終順序而受到操縱。既然兩種方法都存在問題,都有可能被操縱,那麼可以避免被操縱的社會選擇機制存在嗎? 如果這種機制存在,它應該滿足哪些要求呢?

如果理想的社會選擇機制滿足以下條件:①個人偏好滿足完備性和傳遞性;②如果每個人偏好選擇 X 超過 Y,那麼社會就偏好 X 勝於 Y;③X 和 Y 的偏好順序唯一地取決於人們對它們的排列順序,與其他選擇的排序無關。而阿羅證明了同時滿足上述三個條件的社會選擇機制是不存在的,這就是著名的不可能性定理:同時滿足上述三個條件的社會決策機制必定是一個獨裁的統治,即所有的社會偏好順序就是一個人的偏好順序。阿羅不可能性定理表明:滿足上述三個條件的社會決策機制是和民主不相容的,要尋找一個把個人偏好加總成社會偏好的方法就必須要放棄理想的選擇機制中的一些條件。

第二節　社會福利函數

社會福利函數是描述社會偏好的工具,是所有社會成員效用的函數,不同社會福利的區別僅僅在於從個體效用得到社會效用的方法不同。不同的加總機制反應著不同的價值觀,下面我們介紹三種社會福利函數。

一、邊沁社會福利函數

邊沁社會福利函數又稱為古典效用主義福利函數,其形式是:

$$W(u_1(x), u_2(x), \cdots, u_n(x)) = \sum_{i=1}^{n} u_i(x)$$

邊沁福利函數表明：社會按照這種方式進行選擇可以最大化全體社會成員的總效用。在只考察兩個行為人（即 $n=2$）時，社會偏好的無差異曲線是斜率為 -1 的直線。

上面的福利函數中每個經濟行為人的效用所占的權重是相同的，我們也可以賦予每個經濟行為人的效用不同的權重，用 a_i 表示每個經濟行為人的效用在社會福利中的重要程度，從而可以得到加權的社會福利函數：

$$W(u_1(x), u_2(x), \cdots, u_n(x)) = \sum_{i=1}^{n} a_i u_i(x)$$

二、羅爾斯社會福利函數

羅爾斯的思想是：資源配置的社會福利由境況最差的經濟行為人的福利決定，其表達形式為 $W(u_1(x), u_2(x), \cdots, u_n(x)) = \min[u_1, u_2, \cdots, u_n]$。這個社會福利函數支持個人效用均等的平均主義思想。

三、伯格森－薩繆爾森福利函數[①]

消費者也許只關心他們自己面臨的商品束，而不關心整體資源配置狀況，因此我們把消費者的效用只定義在他自己的商品束上。用 x_i 表示消費者 i 的消費束，$u_i(x_i)$ 表示消費者 i 選擇商品束 x_i 時的效用水平，據此構造的社會福利函數為 $W(u_1(x_1), \cdots, u_n(x_n))$。這個福利函數是個人效用水平的直接函數，同時又是單個經濟行為人自身消費束的間接函數。

不同的社會福利函數所表達的關於不同經濟行為人的福利比較的倫理判斷是不同的，而無論社會福利函數建立的假設前提如何，我們都可以通過建立福利函數來考察福利最大化的問題。

我們用 x_i^j 表示消費者 i 擁有的商品 j 的數量。假設有 n 個經濟行為人，k 種商品，每一種商品的總數分別為 $x^1, x^2, \cdots, x^k$，則社會福利最大化問題為：

$$\max W(u_1(x), u_2(x), \cdots, u_n(x))$$

$$\text{s.t.} \sum_{i=1}^{n} x_i^1 = x^1$$

$$\sum_{i=1}^{n} x_i^k = x^k$$

求解上述問題便可以得到能使社會福利最大化的可行配置。不同的配置代表的福利分配是不同的，但是福利最大化的配置必須是帕累托有效率的配置。其原因在於：若沒有實現帕累托有效率，那麼必然存在可以不降低其他人效用水平的同時能夠使至少一個人的效用水平上升的其他配置，但社會福利函數是每個經濟行為人效用

[①] Abram Bergson & Paul Samuelson 於 20 世紀 40 年代研究了這種福利函數的性質。

的增函數，因此新的配置必然帶來更高的福利水平，從而最初的配置就不是能夠實現社會福利最大化的配置。

下面我們用圖15-2進行分析。用 U 表示兩個經濟行為人的效用可能性集合。這個集合的邊界稱為效用可能性邊界，是帕累托有效率配置所對應的效用水平的集合。邊界上所有的點都是帕累托有效率的點，即如果一種配置位於效用可能性邊界上，那麼就不存在能給兩個經濟行為人都帶來更高效用的任何其他可行的配置。我們再畫出若幹條代表相同福利水平的等福利線以表示不同的福利水平，那麼最優點必然是等福利線和效用可能性邊界相切的點（見圖15-2）：

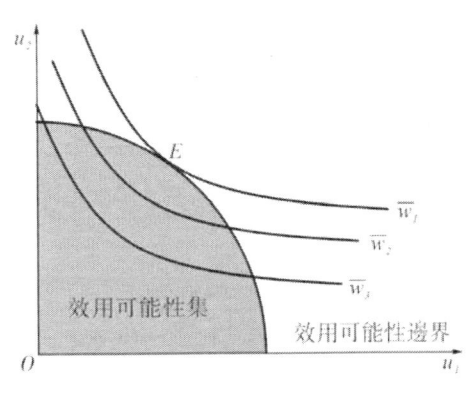

圖15-2　社會福利最大化

圖中的陰影部分表示效用可能性集合，其邊界為效用可能性邊界，$\overline{w}_1, \overline{w}_2, \overline{w}_3$ 是三條等福利線，E 點是社會福利最大化點。實際上，如果效用可能性集合如圖15-2所示是個凸集，那麼我們總能找到恰當的社會福利函數使得效用可能性邊界上的點就是福利最大化點。

下面我們用伯格森－薩繆爾森福利函數重新考慮在前面的一般均衡分析中所考察的資源配置問題。我們用轉換函數 $T(x^1, x^2) = 0$ 表示生產可能性邊界，其中 x^1，x^2 表示生產和消費的商品1和商品2的總量，社會福利最大化問題就是求解下面的問題：

$$\max_{x_1^1, x_1^2, x_2^1, x_2^2} W(u_1(x_1^1, x_1^2), u_2(x_2^1, x_2^2))$$
$$\text{s. t. } T(x^1, x^2) = 0$$

構造拉格朗日函數：

$$L = W(u_1(x_1^1, x_1^2), u_2(x_2^1, x_2^2)) - \lambda T(x^1, x^2)$$

一階條件為：

$$\frac{\partial L}{\partial x_1^1} = \frac{\partial W}{\partial u_1} u_1^1 - \lambda \frac{\partial T}{\partial x^1} = 0$$

$$\frac{\partial L}{\partial x_1^2} = \frac{\partial W}{\partial u_1} u_1^2 - \lambda \frac{\partial T}{\partial x^2} = 0$$

$$\frac{\partial L}{\partial x_2^1} = \frac{\partial W}{\partial u_2} u_2^1 - \lambda \frac{\partial T}{\partial x^1} = 0$$

$$\frac{\partial L}{\partial x_2^2} = \frac{\partial W}{\partial u_2} u_2^2 - \lambda \frac{\partial T}{\partial x^2} = 0$$

整理可得：

$$\frac{u_1^1}{u_1^2} = \frac{u_2^1}{u_2^2} = \frac{\frac{\partial T}{\partial x^1}}{\frac{\partial T}{\partial x^2}}$$

這恰好是帕累托有效率配置的條件，如圖 15-3 所示：

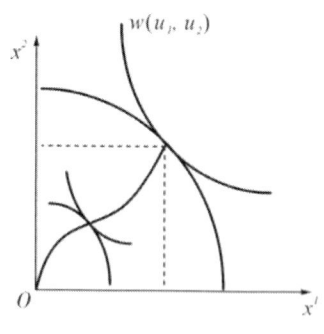

圖 15-3　社會福利最大化

第三節　公平配置

　　福利函數是一種把相關福利分配思想形式化的函數表達方式。它可以描述道德判斷的性質，但不對道德判斷的好壞做出判斷。本節我們將學習公平配置的思想並闡明它的經濟學含義。

　　公平配置和平等配置是不同的，平等配置是指：沒有一個經濟行為人對任何其他行為人的商品束的偏好超過對他自己的商品束的偏好。如果存在行為人 i 偏好行為人 j 的商品束，那麼就稱行為人 i 妒忌行為人 j，此時的配置就不是平等配置。平等配置的一種簡單方法是：把待分配的商品均勻地分配給每一個人，即讓每一個消費者都擁有相同的商品束，此時沒有一個人會妒忌他人，因為每個人都有相同的商品束。但是，平等配置並不一定就是帕累托有效率的配置。如果人們的偏好不同，那麼他們就有動力通過交換提高自己的福利水平。假設交換改變了資源的配置，那麼我們就來考察一下基於初始平等配置的交換能否實現交換結果的平等。

我們考慮一個只有 A,B,C 三個人的簡單情況,假設 A 和 B 有相同的偏好,C 有著與 A 和 B 不同的偏好。這意味著 A 和 B 不可能發生交換,但 A 和 B 都存在與 C 發生交換的可能。假設 A 和 C 發生了交換,那麼他們都會因為交換的發生而提高自身的福利,B 卻由於沒有機會進行交換而沒有使自身的福利水平得到任何提高。此時,和 A 擁有相同偏好的 B 會妒忌 A 的商品束,而且 B 的福利水平也會低於原本和他擁有相同初始配置的 A。這種結果的產生源自經濟行為人利用市場的機會不同。這也可以解釋擁有相同初始稟賦的個人、國家和地區為什麼會出現發展差異。

我們這樣定義公平配置:既是平等的又是帕累托有效率的配置為公平的配置。怎樣實現由平等配置到公平配置的轉換呢？圖 15-4 展示了這一過程:

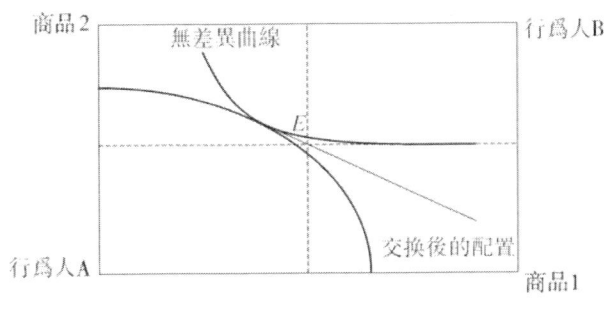

圖 15-4 公平配置

只要兩個經濟行為人交換各自商品束后的配置位於埃奇沃思方盒圖中兩條無差異曲線之間,那麼初始的配置就是一種平等的配置。圖中的 E 點不僅是配置平等的點而且是帕累托有效率的點,故 E 點是實現了公平配置的點。

競爭性的市場機制可以實現公平的配置。只要每個經濟行為人的初始分配是平等的,那麼通過市場競爭機制實現的均衡結果既實現了帕累托效率又是平等配置的公平配置。也就是說,競爭性的市場機制會在保持初始福利分配的前提下實現帕累托改善。

復習思考題

1. 按照尼採的思想,社會福利取決於處境最好的人的福利水平。請分析這種福利函數的數學表達式是什麼。假設效用可能性邊界是凸的,請分析哪種配置表示尼採社會福利最大化。
2. 請閱讀文獻資料並總結政府失靈的可能原因有哪些。
3. 分析說明什麼樣的社會福利函數支持收入的平均分配。
4. 假定一種配置是帕累托有效率的,每個人只關心自己的消費,請證明必存在

某些不忌妒他人的人。

5. 中國實行的是分稅制。假定中央政府和地區 i 之間的分成比例為 x_i，地區 i 的財政收入為 y_i，那麼地區 i 的預算收入為 $(1-x_i)y_i$，中央的財政收入為 $\sum_i x_i y_i$。如果中央政府的效用函數為 $\sum_i \log(1-x_i)y_i$，請分析中央政府在滿足自己支出需要的前提下的行為特徵。

國家圖書館出版品預行編目(CIP)資料

中級微觀經濟學 / 李毅、張樹民 主編. -- 第二版.
-- 臺北市：崧燁文化，2018.09
　面；　公分
ISBN 978-957-681-501-0(平裝)
1.個體經濟學
551　　107013277

書　名：中級微觀經濟學
作　者：李毅、張樹民 主編
發行人：黃振庭
出版者：崧燁文化事業有限公司
發行者：崧燁文化事業有限公司
E-mail：sonbookservice@gmail.com
粉絲頁　　　　　　網　址
地　址：台北市中正區重慶南路一段六十一號八樓815室
8F.-815, No.61, Sec. 1, Chongqing S. Rd., Zhongzheng Dist., Taipei City 100, Taiwan (R.O.C.)
電　話：(02)2370-3310　傳　真：(02) 2370-3210
總經銷：紅螞蟻圖書有限公司
地　址：台北市內湖區舊宗路二段 121 巷 19 號
電　話：02-2795-3656　傳真：02-2795-4100　網址：
印　刷：京峯彩色印刷有限公司（京峰數位）

　　　本書版權為西南財經大學出版社所有授權崧博出版事業有限公司獨家發行電子書及繁體書繁體版。若有其他相關權利及授權需求請與本公司聯繫。

定價：350 元
發行日期：2018 年 9 月第二版
◎ 本書以POD印製發行